느긋하게
밥을 먹고

느슨한
옷을 입습니다

느긋하게
밥을 먹고

느슨한
옷을 입습니다

차례

제2장

이야기와 함께
느긋하게 살아간다

제3장　　열린 네트워크,
　　　　　번화한 도시의 삶

제 4 장

모든 것은
공동체로 향한다

어느 여름날.

고보리 나츠카(小堀夏佳) 씨는 채소 등의 식재료를 인터넷에서 판매하는 기업인 오이식스(Oisix)의 바이어입니다. 고보리 씨는 어느 날 거래처에서 잡담을 나누면서 이런 이야기를 들었습니다.

"아이치현에 당도가 높고 맛있는 채소를 경작하는 농가가 있다는데요."

그 즉시 전화로 확인해 보았습니다. 전화를 받은 농가에서는 첫마디부터 완고한 어조의 지역 사투리로 말했습니다. "와도 안 팔아!" 그러고나서 되물었습니다.

"근데 우리 집 번호는 어떻게 알았소?"

"잘 아는 바이어에게 들었습니다."

"당신네, 인터넷 회사겠지. 못 믿어. 오지 마시오."

이런 말을 들었다고 해서 그대로 물러서면 바이어 자격 미달입니다. 강요하다시피 해서 농가 근처에 있는 커피숍에서 만날 약속을 받아 냈습니다. 그런데 만나자마자 시작된 것은 '우리 양배추가 얼마나 맛있는가?'에 대한 이야기였습니다. 이렇게 시작된 양배추 이야기는 그 후로 줄기차게 이어졌습니다. 그리고 다른 커피숍으로 자리를 옮겼는데 이번에는 당근 이야기가 시작되었습니다. 결국 커피숍 세 곳을 전전하며 이야기를 듣는 가운데 해가 저물고 말았습니다.

"벌써 해가 졌군요…… 혹시 채소를 파시겠습니까?"

"안 팔아요."

"밭도 아직 둘러보지 못했고……."

"안 팔아요. 돌아가세요."

결국 그해에는 그 농가에서 채소를 구입하지 못했습니다. 그러나 고보리 씨는 굴하지 않고 이듬해 다시 농가에 전화를 걸었습니다.

"아, 지난번 그분이군. 하지만 안 팔아요."

"일단 만나서 말씀하시지요?"

"안 팔아요. 그래도 오고 싶다면 말릴 수야 없지요."

이번에도 커피숍 세 곳을 전전하며 채소 이야기를 나누었습니다.

"밭이라도 보고 가면 안 될까요?"

"직접 보아도 잘 모를 텐데."

조르고 졸라 마침내 밭을 둘러볼 수 있었습니다.

"우리 밭 양배추랑 저쪽 것이랑 어떻게 다른 것 같소?"

"그러니까 음……."

"저쪽 것은 녹색이지만, 우리 것은 붉은색이죠."

화학 비료를 전혀 사용하지 않으면 안토시아닌이라는 색소가 생성되어 붉은색을 띤다고 합니다. 하지만 화학 비료를 많이 사용하면 양배추에 아린 맛이 생긴다고 합니다. 맛을 중시한다면 붉은색을 띠더라도 맛있는 양배추에 당연히 손이 갈 것입니다. 그분은 이런 생각으로 양배추를 기르고 있었던 것입니다.

"그럼 무 밭으로 가 볼래요?"

"다른 무 밭하고 소리가 다르죠?"

당시에는 바람 부는 소리가 매우 커서 주변이 소란스러웠습니다. 고보리 씨는 소리가 다른지 어떤지 솔직히 잘 모르겠다는 생각이 들었습니다. 한편 농부는 이런 설명을 해 주었습니다.

"저쪽 무 밭에서는 사락사락하는 소리가 나지만, 우리 무 밭에서는 금속 소리가 나지요?"

그 밭의 무는 민들레 잎처럼 가장자리가 깔쭉깔쭉하여 이것이 서로 부딪치면서 금속 소리를 낸다는 것입니다.

"미네랄과 질소와 인산 칼륨이 들어가면 이렇게 됩니다."

이렇게 설명해 주었습니다. 이야기를 들으면서 고보리 씨는 '이 사람은 예술가로구나!' 하고 생각했습니다. 마치 예술 작품을 만들 듯이 채소를 기르고 있었습니다. 과학의 근본적인 부분까지 모두 이해한 다음 이를 바탕으로 채소라는 예술 작품을 길러 낸 것입니다. 농부는 마지막으로 이렇게 말했습니다.

"댁이 우리 작물을 사려면 우리 채소만으로 세트를 구성해 사야 합니다. 다른 농가의 채소가 섞여 들어가면 공기가 변해 버리거든요."

"고맙습니다!"

고보리 씨는 뛸 듯이 기뻤습니다. 그리고 농부에게 물었습니다.

"세트는 어떤 채소로 이루어질까요?"

"샐러리 한 단, 당근 일 킬로그램, 무 두 개, 양배추 두 개. 이렇게 170세트 출하하겠소."

엄청난 양입니다. 이처럼 여러 종류의 채소로 구성된 세트가 과연 잘 팔릴까? 우선 도쿄의 오이식스 본사로 돌아가서, 채소 세트의 출하 건에 대해 설명했습니다. 그러자 상사는 불같이 화를 냈습니다.

"장난해? 한 품목부터 사는 것이 오이식스의 방침인데, 세트라니?"

기존의 식재료 택배와 달리, 온라인 통신 판매 기업인 오이식스는 '가입비 없이 한 개 품목이라도 주문할 수 있습니다!'라는 콘셉트로 판매해 왔기 때문입니다.

"잠깐만요."

고보리 씨는 견본으로 받아 온 당근을 가방에서 꺼내 놓았습니다. 얇게 잘라서 모두 시식하도록 권했습니다.

"뭐야, 이게! 마치 감 같잖아!"

시식을 한 모두가 크게 놀랐습니다. 지금까지 알던 당근 맛의 상식을 완전히 뒤엎는 아주 좋은 맛이었습니다. '과일이 되고 싶었던 채소', '감 못지않은 단맛을 지닌 당근', '배 같은 무'라고 표현할 만한 느낌이었습니다.

그리하여 마침내 채소 세트 판매 개시! 한 세트에 4000엔으로 상당히 높은 가격이었습니다. 그러나 일단 판매를 시작하자, 소비자들의 높은 평가와 함께 순식간에 완판. 이후 이 채소 세트는 오이식스의 단골 인기 상품이 되었습니다. 소비자가 보내온 메시지에 고보리 씨는 눈물이 날 정도로 감동했습니다.

"고보리 씨가 오감으로 느낀 채소를 여섯 번째 감각으로 샀습니다."

감동을 전해 주는 채소였습니다. 전후 일본에서는 식사의 형태가 육류나 유제품 중심의 서구형 식사로 바뀌어 가면서 채소의 소비량이 해마다 감소하고 있다는 지적이 끊이지 않았습니다. 또한 마트의 채소나 편의점 도시락 등이 보급되면서 신선한 식재료를 구입하는 사람의 수가 줄어든다는 지적도 있습니다.

물론 오가닉이라 불리는 무농약 유기농 채소도 있지만, 가격이 비싸고 판매점도 많지 않아서 일부 의식 있는 사람만이 소비하는 것으로 여겨졌습니다. 그러나 최근 이러한 분위기가 극적으로 변하고 있습니다.

오이식스의 다카시마 고헤이(高島宏平) 사장은 동일본 대지진이 이러한 큰 변화를 가져왔다고 짚습니다.

"동일본 대지진으로 급격하게 변했다는 것이 실감 납니다. 우선 지진으로 발생한 후쿠시마 원전 사고에 불안감이 있어서, 이러한 불안감을 잠재우고 안심할 수 있는 안전한 식재료를 제공하려는 방사성 물질 대책이 이 년여 간 집중적으로 쏟아져 나왔습니다. 이러한 분위기가 어느 정도 진정된 이후, 문화가 급격하게 변화하고 확산되었습니다. 지금까지 유기농 재료를 좋아하고 요리 솜씨도 뛰어난 사람들이 우리 사이트를 자주 방문했는데, 이제는 그렇지 않은 사람들도 '좀 더 제대로 된 식사'를 찾아서 사이트를 방문해 주고 계십니다."

이는 생활 문화의 커다란 변화로 보아야 할 것입니다. 오이식스의 고객 중 90퍼센트는 여성이 차지하고 있으며 삼십 대, 사십 대가 중심입니다. 절반 정도는 일을 하고 있고, 마찬가지로 그 절반 정도가 자녀를 키우는 사람들입니다. 이처럼 자녀 양육을 하면서 일도 하는 매우 바쁜 여성들이 호사로운 생활이 아닌 현실적이고 구체적인 안전한 생활을 갈구하고 있다는 것입니다. 다카시마 사장은 또 이러한 언급도 했습니다.

"대지진만이 아니라, 2008년의 금융 위기는 먹고산다는 것의 의미를 다시 살펴볼 기회를 잠재적으로 만들어 준 것이라고 생각합니다. 마트에서 구입하는 식재료를 단순히 먹기 위한 부품 같은 것으로 인식하다가, 이제는 살아가기 위해 반드시 필요한 것으로 보게 된 것이 아닐까요? 그리하여 '내가 딛고 서 있는 발밑을 다시 살펴보자, 지금 현재의 생활이 무엇보다 중요하다'는 생각을 하게 된 것입니다."

만약 이처럼 많은 사람의 인식이 변화하고 있다면, 그 흐름은 어디로 향하고 있을까요? 그리고 이러한 흐름은 먹는 것뿐 아니라 생활 전반에서 벌어지고, 나아가 우리의 생활 그 자체를 변화시키는 것은 아닐까요?

이러한 '변화'를 분석하고, 변화의 흐름 너머에 무엇이 보일지 조금씩 풀어 가는 것이 이 책의 목적입니다.

기분 좋은 생활을
동경하다

한 어머니의 이야기를 소개하고자 합니다. 바로 시하라 아키코(紫原明子) 씨의 이야기입니다. 시하라 씨는 가족이나 연애에 관한 이야기를 웹 미디어 등에 올리는 인기 작가이며, 2016년에는 『가족 무계획』이라는 첫 저서를 간행하기도 했습니다. 기업가이자 도쿄 도지사 선거에도 출마한 적이 있는 이에이리 가즈마(家入一真)의 전처입니다. 시하라 씨는 현재 중학생인 아들과 초등학생인 딸을 키우는 싱글 맘이기도 합니다.

시하라 씨는 요리 실력이 좋으며, 직접 운영하는 블로그의 이름도 '손안에서 부풀어 오르다'입니다. 빵을 굽는 행위에서 이미지를 따온 이름이라고 합니다. 그런 시하라 씨에게도 자신의 일을 하면서 아이들에게 건강한 식사를 매일매일 준비해서 먹이는 일은 보통 힘든 게 아닙니다.

압박감과의 싸움

"건강한 식생활을 잘 유지해야 한다는 압박감과의 싸움이 정말 엄청나지요. 어제는 집에서 요리를 하지 않았으니까 오늘은 무슨 일이 있어도 집에서 만들어 먹어야 한다는 생각이요. 하지만 결국에는 일 때문에 못 하기도 하고……."

그나마 안심이 되는 것은 아이들이 다니는 학교의 급식이 아주 훌륭한 재료로 제공된다는 점입니다. 콩소메 수프도 직접 조리하며 시판되는 화학조미료는 일절 사용하지 않습니다. 신뢰할 수 있는 점심 식사를 아이들에게 매일 제공해 주고 있습니다.

시판되는 콩소메를 사용하지 않고 맛있는 수프를 만드는 일은 생각보다 어려울 것 같습니다. 치킨 수프를 직접 만든다? 그럴 시간이 있는 사람은 지금 사회에 그리 많지 않을 것입니다.

하지만 맛있고 단순한 수프라면 의외로 간단하게 만들 수 있습니다. 제가 종종 만드는 초스피드 중화풍 수프의 레시피는 다음과 같습니다.

초스피드 중화풍 수프

작은 냄비에 잘게 다진 마늘과 잘게 다진 생강, 두반장 ½ 작은술, 꿀 1작은술, 굴소스 1작은술, 물 300밀리리터를 넣고 끓입니다. 냄비가 끓는 동안에 표고버섯이나 적당한 잎채소를 잘게 썰어서 넣습니다. 끓어오를 때 소금을 약간 넣어 간을 맞추면 바로 완성! 5분 정도밖에 걸리지 않습니다.

시하라 씨는 아침 식사의 경우, 금세 만들 수 있는 것으로 해결한다고 합니다. 예를 들어 식빵 토스트와 달걀 프라이에 채소를 곁들입니다. 때로는 전날 저녁에 만들어 먹고 남은 된장국에 밥을 넣어 끓인 죽. 간단하지만 건강을 생각한 메뉴입니다.

문제는 저녁 식사인데요. 중학생인 아들은 학원에 다녀서 오후 6시 50분에는 집을 나서야 합니다. 학원에 갔다가 집에 돌아오는 시간은 밤 11시 무렵이기 때문에 집을 나서기 전에 저녁 식사를 해야 하지만, 시하라 씨가 일을 마치고 퇴근해서 집으로 돌아오는 시간은 오후 6시쯤입니다. 저녁 식사를 준비해서 아들을 먹여 보내기까지 불과 오십 분 정도의 시간밖에 없어서, 음식을 조리하는 시간을 줄이는 것이 무엇보다 큰 고민입니다.

시간은 없지만 될 수 있는 대로 건강에 좋은 식사를 준비해서 먹이고 싶은 마음은 정말 굴뚝같습니다. 맛이 강한 서양식이 아닌, 소박하면서 영양가가 높은 전통 식사를 되도록 먹이고 싶어 합니다. 항상 이런 마음을 갖고 있습니다.

이를 실천에 옮기기 위해 주말에 시간이 있을 때 조리에 필요한 채소의 밑 손질을 한꺼번에 해 놓습니다. 시금치나 양배추, 브로콜리 등의 생채소는 한 입 크기로 잘라서 그대로 냉동 팩에 담아 공기를 빼서 얼리는 방법이 있습니다. 해동 과정이 따로 필요 없고 바로 익혀 먹을 수 있기 때문에 편리합니다. 예를 들어 시금치는 냉동고에서 꺼내 뜨거운 물에 담가 두는 것만으로 나물로 만들 수 있고, 된장국이나 우동을 만들 때에도 뚝배기에 그대로 넣고 조리하여 바로 먹을 수 있습니다.

우동, 덮밥, 된장국, 돈지루 같은 식단이라면, 조리하는데에 그다지 시간이 걸리지 않습니다. 이처럼 다양하게 궁리에 궁리를 거듭하면서 건강에 좋은 식사를 준비하려고 노력

합니다.

그렇지만 일이 바쁘면 좀처럼 시간을 내기 어렵습니다. 원고 마감이 촉박해지면 주말에도 컴퓨터 앞에서 일에 몰두해야 하기 때문에 조리에 필요한 재료를 준비할 시간이 없을 때도 있습니다.

아무리 해도 짬을 낼 수가 없을 때에는 급한 대로 조리가 거의 되어 있는 식품으로 해결하기도 합니다. 백화점 지하 식품관의 음식은 비싸면서 맛도 강해서 그리 건강에 좋지 않은 경우가 많아서 되도록 자주 이용하지 않으려고 합니다. 편의점이나 마트의 도시락은 더 저렴하게 구입할 수 있지만, 아이들에게 먹이려면 죄책감이 많이 든다고 시하라 씨는 한숨짓습니다.

그렇기 때문에 반조리 식품과 같은 제품도 가능한 한 이용하고 싶지 않습니다. 냉동식품을 이용하는 것은 편의점에서 도시락을 사서 먹이는 것과 별반 다르지 않다는 생각입니다. 외출해서 패스트푸드 소고기 덮밥을 아이들에게 먹이는 것보다 소고기를 적당히 볶아서 따뜻한 밥에 얹어 먹이는 쪽이 더 빠를 것 같기도 합니다.

시하라 씨가 특히 곤혹스러울 때는 젊은 학교의 여름 방학 등 장기간에 걸친 휴가 기간입니다. 학교 급식이 없기 때문에 아이들에게 매일 점심 식사를 준비해 주어야 합니다. 시하라 씨는 워킹 맘이기 때문에 딸을 보육 시설에 맡기고 있습니다. 하지만 이 보육 시설에는 급식이 없어서 도시락을 준비해야 합니다. 시간이 있을 때에는 어떻게 해서든 준비합니다. 어느 날에는 닭고기와 밥을 볶아서 그 위에 달걀 프라이를 얹은 오므라이스를 싸 주기도 합니다.

"오므라이스는 한 그릇 음식이지만 보기도 좋고 풍성한 느낌을 주기 때문에, 이것저것 만들지 않아도 되거든요."

도저히 도시락을 준비할 수 없을 때에는 1000엔짜리 지폐를 딸의 손에 쥐여 주며, "편의점에서 도시락 사서 먹어."라고 말하기도 합니다. 시하라 씨의 딸이 다니는 보육 시설의 아이들 중 절반 정도가 편의점 도시락으로 점심 식사를 한다고 합니다.

"편의점 도시락을 먹이는 것이 무엇보다 가슴 아픈 일이지요."

어느 해 연말에 시하라 씨는 너무 바빠서 시간을 낼 수 없었기 때문에 아이들만 시골 친정집으로 보냈던 적이 있는데, 그때는 친정어머니가 매일 손수 요리를 만들어 아이들의 식사를 챙겨 주셨습니다. 무슨 말로도 그때의 감사의 마음을 다 전할 수 없습니다. 하지만 어머니가 "매일 외식만 시켰지?"라고 묻자, "아니에요. 나도 집에서 밥해서 먹여요."라며 다소 자신 없는 목소리로 반박을 한 일도 있다고 합니다.

혀의 감각을 바꾸다

시하라 씨 가족이 살고 있는 지역은 도쿄에서도 비교적 풍족한 곳으로 알려져 있습니다. 그렇지만 현실을 들여다보면 대부분의 여성이 일을 하고 있는 맞벌이 가정인 경우가 많습니다.

"대략 70퍼센트의 여성이 아이를 키우면서 일을 하고 있을 거예요. 일을 하지 않는 경우라도, 둘째 아이가 어려서 육아 휴직 중인 경우가 많기도 하고요. 완전한 전업 주부는 아마도 10퍼센트 정도 되지 않을까 생각해요."

초등학생 아이를 키우는 경우에는 학부모회나 수업 관련 일로 연락을 받기도 합니다. 시하라 씨 역시 학부모회의 임원을 맡아 매달 회계 업무를 담당하고 있습니다.

시하라 씨가 결혼한 것은 열여덟 살 무렵이었습니다. 고향인 규슈에서 만난 이에이리 가즈마와 결혼해서 남편의 창업 후 함께 도쿄로 상경했습니다.

결혼 후에는 남편을 위해서 요리를 하기도 했지만, 그 당시에는 오야코동 정도밖에 만들지 못했습니다. 도쿄로 이사하고 나서 마쿠우치 히데오(幕內秀夫)의 『초라한 밥상』이라는 책을 우연히 접하면서 큰 감명을 받았다고 합니다.

마쿠우치 히데오는 전통적인 식사를 중심으로 가정 요

기분 좋은 생활을 동경하다

리를 만들어 보자는 주장을 펼치는 음식 평론가로, 그의 저서 『초라한 밥상』은 사회적으로 크게 주목 받은 책입니다. 가정 요리에 관한 조언도 있는데요. 사실 저 역시 십여 년 전에 마쿠우치 씨의 도움을 받은 일이 있습니다. 집에서 어떤 음식을 만들어 먹으면 좋을까? 하는 개인적인 의문에 대한 마쿠우치 씨의 다음과 같은 대답이 지금까지도 매우 인상 깊게 남아 있습니다.

"가타카나가 아닌 히라가나 이름을 가진 음식을 드세요. 파스타가 아니라 우동, 빵이 아니라 밥, 샌드위치가 아니라 주먹밥을요.

저녁 식사 식단 네 가지를 준비할 때, 모두 채소 중심의 소박한 음식으로만 채운다면 점점 스트레스가 쌓일 우려가 높습니다. 너무 참고 먹다 보면 간편식으로 되돌아갈 위험이 높으므로 무턱대고 참지 않는 편이 좋지요. 따라서 네 가지 음식 중에서 하나 정도는 무엇이든 상관이 없으니까, 자신이 좋아하는 것으로 준비하도록 하세요. 불고기도 좋고 돈가스도 좋으니까 참지 말고 맛있게 먹는 거예요. 그 대신에 나머지 세 가지 음식은 삼삼한 된장국, 무를 간 것, 나물 같은 건강에 좋은 요리로 준비하세요.

술안주의 경우에는 되도록 조금씩 나누어서 맛보도록 하세요. 아주 사소한 이야기라는 느낌이 들 수도 있겠지만,

저 역시 땅콩을 사 오면 둘로 나누어서 반씩 먹고 있다니까요, 하하.”

마쿠우치 씨의 이러한 이야기들이 왠지 제 마음에 큰 울림을 주었기 때문에, 마쿠우치 씨의 조언을 받은 경험은 우리 가족의 식생활에 커다란 변화를 가져다주는 계기가 되었습니다. 서양식 요리 중심이던 식단을 전통 요리 중심으로 바꾼 것입니다. 아마도 이를 통해 '혀의 감각'을 바꾸게 되었던 것 같습니다. 강하고 진한 맛이 아니라 삼삼한 국물 맛에 익숙해지면서 채소 등 재료 본연의 맛을 천천히 느끼게 되었습니다. 이렇게 나 자신의 요리 스타일을 크게 바꾸었습니다. 맛을 낼 때에도 최대한 간단한 방법과 순서로 스윽 만들 수 있는 미니멀 레시피를 완성하게 된 것입니다.

소박하고 만드는 순서도 간단하지만, 재료의 맛이 살아 있는 맛있는 요리. 예를 들면 다음과 같은 요리의 레시피는 어떤가요?

여름의 몰로키아 덮밥

몰로키아는 줄기 부분의 식감이 나쁘기 때문에, 잎을 대충 뜯고 물에 씻어 끓는 물에 30초 정도 살짝 데칩니다. 소쿠리에 담아 물기를 제거하고 식혀 둡니다. 몰로키아가 식는 동안 토마토의 씨를 제거하여 적당한 크기로 썰어 두고, 오이는 세로로 길게 반으로 잘라 얇게 저며 둡니다.

몰로키아가 손으로 만져도 될 정도로 식으면, 손으로 꽉 짜 수분을 제거하고 부엌칼로 두드려 잘게 썹니다. 대접에 몰로키아와 토마토, 오이를 넣어 잘 섞고 소금을 충분히 뿌립니다. 여름에 먹는 요리니까 매콤한 양념이 필요하겠죠. 여기에 잘게 다진 청고추나 유자 후추(규슈 지역 특산물인 향신료 중 하나), 혹은 간즈리(니가타현에서 만드는 향신료로, 소금에 절인 고추를 눈 속에 노출시켜 잡내를 제거하고 유자나 누룩 등과 섞어서 발효 숙성시킨 것)로 매운맛을 살짝 더해 잘 섞어 줍니다. 막 지은 따뜻한 밥을 그릇에 담고 그 위에 양념된 몰로키아를 올려 주면 완성.

소박하지만 안심할 수 있는 음식

시하라 씨도 『초라한 밥상』을 읽고 소박한 전통 식사의 소중함에 깊은 감명을 받았다고 합니다. 그러다 보니 점점 전통 식사를 만들어 차를 준비해서 저녁 식사를 즐기는 스타일로 변했습니다. 몇 년 전 일이 힘들게 느껴지던 시기에 힐링을 위해 제빵도 시작했습니다.

"일이 힘들게 느껴질 때에 빵을 만들면 기분이 안정돼요. 반죽을 만들어 일차 발효를 할 경우, 사람 체온 정도에서 발효하기 때문에 부풀어 오르는 반죽을 만지고 있으면 마치 사람 손을 만지는 듯한 느낌과 안도감을 느끼게 되거든요. 빵은 변덕쟁이라 잠시 잠깐의 차이로 변덕을 부려, 너무 부풀거나 제대로 부풀지 않는 경우가 있어요. 하지만 빵은 제대로만 하면 어디로 달아나지 않고 잘 자라 주거든요. 사랑스러운 맛이에요."

이런저런 일을 겪은 뒤 시하라 씨는 이혼 후 두 명의 자녀를 데리고 독립해 싱글 맘으로 살게 되면서 건강한 식사를 준비할 시간을 내기가 한층 어려워졌습니다. 그렇지만 될 수 있는 대로 소박하고 맛있는 음식을 아이들에게 주고자, 늘 정성이 담긴 식사에 많은 신경을 쓰고 있습니다.

시하라 씨의 고향인 규슈에서는 잘 마른 날치로 육수를 내고 간장과 맛술로 맛을 낸 장국에, 유부도 정성껏 매콤달콤하게 조려서 메밀 유부국수를 만듭니다. 채 썬 양배추에 소금에 절인 다시마를 넣어 버무린 주먹밥과 함께 먹기도 합니다.

부드러운 오믈렛과 소시지도 만듭니다. 주말의 브런치는 어느 때보다 여유로운 시간이기 때문에 아주 즐겁게 요리를 합니다. 아이들은 한창 자랄 시기여서 그런지 고기를 먹고 싶어 해서 전통 식사를 준비해도 반응은 신통치 않습니다. 그럴 때 시하라 씨는 진지하게 한마디 합니다.

"우리 집은 외식을 많이 하기 때문에 이렇게 여유가 있을 때라도 이런 식사를 해야 하거든. 어서 먹으렴."

아이들이 좋아하고, 만들기도 간단하고, 안심하고 아이들에게 줄 수 있는 요리. 이런 바람을 모두 충족할 수 있는 요리를 만들기란 여간 어려운 일이 아닙니다. 제게 아이는 없지만 이런 요리를 만들어 보았습니다.

간단한 토마토 그라탱

그라탱은 무엇보다도 화이트소스 만드는 과정이 번거롭습니다. 밀가루에 버터를 넣어서 같이 볶아 주다가 우유를 조금씩 넣어 가면서 풀어 주는데, 순식간에 덩어리지기 때문에 한눈을 팔아서는 안 됩니다. 레토르트 팩으로 나와 있는 시판용 화이트소스로 만들어도 크게 상관은 없지만, 여기서는 토마토 맛으로 만들어 보려고 합니다. 마트에서 파는 토마토 파스타 소스를 이용하면 보다 간단합니다.

먼저 마카로니 또는 나비 모양의 파르팔레 같은 파스타를 삶습니다. 파스타를 삶는 동안 프라이팬에 잘게 썬 마늘과 애호박, 가지, 양파 등 좋아하는 채소를 잘게 썰어 약한 불에서 볶아 줍니다. 다 삶은 파스타에 볶아 놓은 재료를 넣고 파스타 소스를 넣어 버무려 줍니다. 파스타용 접시에 옮겨 담고 준비해 놓은 치즈를 그 위에 얹어 오븐에서 치즈가 녹을 때까지 익혀 주면 완성.

화이트소스보다 가벼운 느낌의 맛을 가진 그라탱이어서 질리지 않고 마음껏 먹을 수 있습니다.

시하라 씨는 종종 '아이들만 들어가서 먹어도 안심할 수 있는 식당이 있으면 참 좋겠는데……' 하고 생각합니다. 그러고 보면 예전에는 맛있는 밥과 간단한 반찬으로 식사를 할 수 있는 대중식당이 어느 거리에나 있었지만 요즘에는 완전히 자취를 감춰 버렸습니다. 개인이 경영하는 선술집이나 레스토랑이 있기는 해도, 성인들을 위한 곳이라 아이들이 가서 식사를 하기에는 그리 적합하지 않습니다.

최근에는 이러한 분위기를 반영하듯이 '어린이 식당'을 만드는 시도도 여기저기에서 나오고 있습니다. 백 엔짜리 동전 몇 개만 가지고 오면 아이 혼자서 가도 식사를 할 수 있도록 해 주는 식당을 만드는 운동입니다.

"오늘 저녁밥은 저 혼자 먹어요.", "엄마는 회사에 일이 있어서, 편의점 도시락을 살 거예요."라고 말하는 아이들에게 영양만점의 따뜻한 식사를 제공해 주자는 운동입니다. 빈곤이나 부모의 방치로 만족스러운 식사를 하지 못하는 아이들을 위한 대책이기도 합니다. 밥과 된장국 그리고 안심하고 먹을 수 있는 소박하고 맛있는 요리들.

시하라 씨가 바라는 것은 결코 고급스러운 식사가 아니라 간단하게 먹을 수 있는 소박한 식사입니다. 인터넷에서 무농약 유기농 채소를 주문하는 일도 있습니다. 비싼 가격에도 계속 구입하는 이유는 무농약 유기농 채소를 먹어야 안심이 되고 안전하다는 생각이 들기 때문입니다. 시하라 씨는 소비자 운동에 참여하는 사람도 아니며, 농약을 사용한 채소를 거부하는 사람도 아닙니다.

식품 안전의 변화

농약이나 화학 비료를 사용하지 않는 '오가닉', 즉 무농약 유기농 채소는 예전에 소비자 운동의 상징과 같은 측면이 있었습니다. 제이 차 세계 대전 이후 역사를 돌이켜 보면, 1960년대 무렵까지는 오가닉 식품을 찾는 사람이 극히 일부였습니다. 오히려 오가닉보다는 화학적인 제품이 첨단이면서 멋진 것이라는 인식이 있었습니다. 오늘날에는 상상도 할 수 없지만, 이러한 분위기가 오래된 토착 농촌 문화와 상반되는 이미지와 함께 크게 유행했습니다.

예를 들어 1966년의 대기업인 일용품 회사가 제품 홍보를 위해 내보낸 텔레비전 광고를 보면, 식기를 씻기 위해 만든 중성 세제로 사과나 레몬, 오이 등의 과일과 채소를 씻는 장면이 나옵니다. 지금 보면 깜짝 놀랄 만한 장면인데요. 당시에는 이것이 '미래 지향적이고 진보적'인 느낌으로 비춰졌습니다. 이와 비슷한 시기에 나온 식품 회사의 광고에는 맛을 내는 조미료를 식탁 위에 차려진 요리에 듬뿍듬뿍 뿌리는 영상이 방영되기도 했습니다. 예전부터 사용된 다시마나 가다랑어포 육수보다도 화학의 힘을 빌려서 맛을 더하는 것이 훨씬 멋지게 느껴졌던 것입니다. 그러고 보면 인스턴트 라면이나 일회용 용기에 들어 있는 카레도 당시에는 매우 미래 지향적인 이미지였습니다. 식품 첨가물도 당연하게 받아들여졌고, 비엔나소시지는 빨갛게 착색된 제품이 아주 일반적이었습니다.

　그러나 1970년대에 들어오면서 공해 문제나 환경 문제가 크게 부각되자, '식품 안전'을 요구하는 운동이 본격적으로 고조되었습니다. 여기에서는 자세한 내용을 다루지 않겠지만, 1970년대에는 착색제나 표백제의 추방 운동, 1980년대에는 식품 첨가물의 규제 완화 반대 운동, 그리고 1990년대에는 유전자 변형 식품, 다이옥신으로 인한 건강 피해 문제 등이 시대마다 큰 화제를 낳았습니다. 이와 같은 활발한 소비자 보호 운동은 커다란 성과를 얻었으며, 식품 안전 문제는 큰 진전을 보였습니다.

그러나 한편으로, 지나친 측면을 보이기도 했습니다. 과격한 '유기농 원리주의' 같은 사고방식이 만연하기 시작했던 것입니다. 식품 첨가물은 위험하다, 무농약이 아니면 먹어서는 안 된다, 편의점의 빵은 첨가물 덩어리여서 곰팡이가 슬지 않는다 같은 주장이 그러한 예라고 할 수 있습니다.

그러나 이러한 주장이 다 옳지는 않습니다. 식품 첨가물에 대해서는 상당히 엄격한 규제가 시행되고 있어서 위험한 첨가물은 거의 배제되고 있습니다. 대량 생산되고 있는 빵에 곰팡이가 슬지 않는 것은 첨가물 때문이 아니라 매우 청결한 공장에서 무균 상태에 가까운 형태로 제조되기 때문입니다. 집에서 빵을 구우면 부엌이 무균 상태가 아니기 때문에 얼마 지나지 않아 곰팡이가 스는 것입니다.

무농약 유기농 채소가 아니면 위험하다는 것도 어폐가 있습니다. 정부에서는 농약에 관해서 더 나은 방법을 찾을 수 없을 정도로 안전을 강조하고 있으며, 하루 농약 섭취 허용량은 '평생 동안 매일 먹어도 건강에 전혀 영향을 주지 않는 양'으로 규정되어 있습니다.

합성 보존제를 기피하는 사람도 있지만, 합성 보존제가 없으면 식품을 장시간 보존할 수 없습니다. 바쁜 일상 속에서 자녀를 키우는 여성에게는 참으로 큰일입니다. 예전의 전통적인 식품에는 합성 보존제를 사용하지 않았지만, 그 대신에 매실 장아찌나 절임 반찬처럼 다량의 소금을 사용하기도 했습니다. 전통 식품으로 회귀하면 고혈압이나 위암이 발생할 위험이 높아질 수도 있습니다. 따라서 무엇보다 균형이 중요합니다. 인공적인 것은 모두 위험하다고 치부해 버리면, 다른 위험을 짊어져야 하는 것입니다.

유기농 채소니까 모두 맛있다고 하는 것도 무리입니다. 이바라키현에서 농업 법인 히사마츠 농원(久松農園)을 운영하고 있는 히사마츠 다츠오 씨는 제가 농원을 취재할 때 "채소의 맛은 재배 시기, 품종, 신선도의 세 가지 요소로 결정됩니다."라고 말했습니다.

다시 말해서 가장 맛있게 익은 제철에 맛있는 품종의 채소를 골라서 신선도가 좋을 때에 요리해서 먹는 것. 이것이 채소를 가장 맛있게 먹는 방법으로, 유기농인지 아닌지는 중요하지 않다는 것입니다. 제철이 아닌 시기에 신선도도 떨어지는 유기농 채소를 먹으면 맛은 별로 없을 것입니다.

다만 유기농 재배를 하고 있는 농가에는 맛있는 채소를 기르고 싶다는 마음으로 정성을 다해서 안심과 안전을 바라는 소비자에 응답하고자 노력하는 농가가 대다수입니다. 그렇기 때문에 유기농이라는 이름을 달고 팔려 나가는 채소

기분 좋은 생활을 동경하다

는 맛있는 것이 많을 수밖에 없는 결과가 나옵니다. 결론은 같을 수 있지만 인과 관계가 다르다는 것을 알 수 있습니다.

지나치게 유기농 원리주의로 나가는 것은 균형을 깨뜨리게 되므로, 결국 그로 인해 위험 수준이 더 높아지며 이상한 사이비 과학에 빠져 버릴 가능성도 높아집니다. EM균(유용 미생물균), 동종 요법, 수소수 등 미심쩍은 유사 과학이 곳곳에 퍼져 유기농 원리주의자들에게 손짓을 하고 있습니다.

저항 문화의 성립

왜 이처럼 지나친 원리주의가 만연하게 되었을까요? 저는 그 배경에 현대의 대중 소비 사회에 대한 반감이라는 요소가 자리해 있는 것이 아닐까 하는 생각을 합니다.

"많은 소비자들은 속고 있다."

이런 사고방식 말입니다. 여기에는 대중 소비 사회를 뒷받침하고 있는 정부나 기업에 대한 불신도 자리해 있습니다.

"대기업은 우리를 속이려고 한다."

"정부를 믿을 수 없다."

민주주의 사회에서 정부는 우리가 신임하고 선택한 것입니다. 기업도 시장 경제의 시스템 속에서 영리 활동을 한 것이고 크게 성장했을 뿐입니다. 그런데도 지나치다 싶을 만큼 정부나 기업을 불신하는 것은 과연 왜일까요?

캐나다의 철학자인 조지프 히스는 『혁명을 팝니다』에서 그 이유를 제이 차 세계 대전 후의 문화 흐름이라는 관점으로 분석했습니다. 일본의 단카이 세대(전후 1947년에서 1949년 사이에 태어난 세대)에 해당하는 미국의 베이비 붐 세대는 1960년대부터 1970년대 초에 걸쳐서 흑백의 인종 차별이나 베트남 전쟁으로 인한 혼란, 심각해지는 환경 오염 등으로 벽에 부딪친 주류 문화에 반대하면서, 저항 문화를 만들기 시작했습니다. 바로 마약, 로큰롤, 히피로 대변되는 문화 풍조입니다.

히스는 저항 문화가 탄생한 데에는 두 가지 요인이 있다고 설명했습니다. 그 요인 중 하나는 제이 차 세계 대전 후의 급속한 경제 성장으로 대중 소비문화가 급속하게 전파되었다는 점입니다. 하지만 이것만으로는 대중 소비문화를 부정하는 방향으로 나아가게 된 의미를 파악할 수 없습니다. 여기서 또 하나의 요인으로 문명이 나치 독일의 대두를 허락하고 말았다는 점이 지적됩니다.

나치 독일이 자행한 것은 폭력으로 국민을 지배하는 공포 정치가 아닙니다. 스스로 기꺼이 순응하면서 협력하도록 국민을 선동했던 파시즘입니다. 게슈타포라는 나치의 가공할 만한 비밀경찰이 존재해서, 당시 독일인과 유태인은 밤낮으로 공포에 떨면서 게슈타포를 두려워했다는 것이 통념입니다. 그러나 실제로는 그렇지 않았습니다. 독일 국민 대부분은 게슈타포에 순응했으며, 그 결과 게슈타포가 일을 다 처리할 수 없을 정도로 밀고가 끊이지 않았습니다.

이처럼 사람들이 쉽게 순응한 것이 결국에는 유태인의 죽음의 수용소라고 불리는 집단 학살을 일으켰던 것입니다. 권력에 대한 순응이 무시무시한 참극을 불러일으킨 것입니다. 이 사건은 유럽과 미국의 사람들에게 커다란 트라우마로 남았습니다.

독일 국민의 순응만이 전부가 아닙니다. 죽음의 수용소를 운영하도록 지도한 나치의 고위직 간부인 아돌프 아이히만은 전후 이스라엘에서 재판을 받고 교수형에 처해졌습니다. 이 재판을 방청한 철학자인 한나 아렌트는 아이히만을 '평범한 악'이라 표현했습니다. 아렌트는 "악은 악인이 아니라 사고가 멈춘 평범한 사람이 만들어 내는 것이다."라고 말했습니다. 다시 말해서 아이히만은 평범한 사람으로, 당시 관료 조직이나 법률, 규범을 따라 엄숙하게 행동에 옮겼을 뿐이었다는 것을 지적한 것입니다.

이 평범한 악이라는 용어는 사회 규범이나 조직의 논리, 법률 등에 따르는 것이 사실은 악으로 이어지는 경우가 있다는 점을 세계 사람들에게 인식시켰습니다. 하지만 그러한 규범이나 관료 조직은 사회의 기본적인 골격이기도 합니다. 이러한 것들을 한꺼번에 부정하는 데에도 문제가 있습니다. 그럼에도 "나치에 대한 트라우마가 너무나도 강했기 때문에, 파시즘이 다시 등장하는 것을 우려하면서 전후의 저항 문화는 이를 모두 부정하는 방향으로 강하게 나아갔던 것이다." 이것이 『혁명을 팝니다』의 설명입니다.

저항 문화의 엘리트 의식

이러한 반(反)권력적인 사고방식은 여러 가지 모순을 초래했습니다. 공해 문제가 발생하면서 공장에서 나오는 오염물질 배출에 규제를 가할 필요성이 제기되었던 것입니다. 이러한 문제가 발생했을 때 국회의원과 협력하거나 관료에게 손을 쓰는 것이 아니라, 시위 등 개인적인 운동을 통해서 호소하는 방법을 선호했던 것은 '반관료 조직'적인 심리를 표출한 것이기도 하다고 히스는 지적했습니다. 정부를 내부에서부터 바꾸는 것이 아니라, 스스로 아웃사이더의 길을 걸으면서 자기계발에 열중하거나 정신문화를 필요 이상으로 무턱대고 강조하는 것도 이와 마찬가지라고도 말합니다.

기분 좋은 생활을 동경하다

다시 말해서 사회의 주류로서 정부나 자치단체 등과 협력하면서 제도를 개선하여 내부로부터 사회를 바꾸어 가는 것이 아니라, 사회의 아웃사이더로서 초연하게 무정부주의를 표방하는 것이 더 낫다는 방향으로 나아갔다는 설명입니다.

이처럼 '순응을 거부하고 사회의 외부에 머물면서 사회에 적응하지 않는' 태도는 미국의 저항 문화의 기조가 되어 갔습니다. 여기에서 어떤 철학이 탄생하게 되는지에 대해서 히스는 이렇게 말했습니다.

"일반 대중이란 무리의 일부이며 조직의 톱니바퀴이자 어리석은 순응의 희생자이다. 천박한 물질주의 가치관의 지배를 받고 알맹이 없는 공허한 인생을 보낸다."

이와 같은 철학에서 저항자라는 존재는 강력한 동경의 대상이 됩니다. 그리고 그 저항자들은 '사람들과 전혀 다른 것'을 하자고 주장하며 1960년대의 비트 세대나 히피, 1980년대의 펑크와 같은 문화를 이루었습니다.

이는 사회의 주류가 되기를 거부하는 것으로, 말하자면 사회의 대다수를 차지하는 사람들을 부정하는 것으로도 이어집니다. 다시 말해서 다음과 같은 사고방식에 쉽게 이르는 것입니다. '나는 당신들과 달리 체제에 속는 일은 없다. 어리석은 톱니바퀴가 아니다.'

여기에는 엘리트 의식이 은연중에 작동하고 있습니다. 안타깝게도 이러한 발상은 저항 문화의 곳곳에서 발견됩니다. 예를 들어 1942년에 태어난 활동가 칼레 라슨의 저술 『안녕, 소비 사회』를 통해서 살펴보겠습니다. 칼레 라슨은 이 저술에서 펑크와 히피, 다다이스트, 아나키스트 등의 저항 문화에 대해서 이렇게 기술했습니다.

> 우리를 포함해서 여기서 언급한 모든 활동가에게 공통적으로 나타나는 것은 낡은 가치관을 무너뜨리고 새로운 시대를 구축하고자 하는 열망이다. 권위에 대해서 난폭하게 군다는 점은 물론이고 인생을 살아가면서 커다란 위험을 마다하지 않는다. 사소한 것이라도 나름 자발적으로 '진실의 순간'에 관여하고자 하는 강한 의지를 가지고 있다. …… 자신의 내면에 있는 진정한 소리에 귀를 기울이면, 근대적인 소비문화가 비대하게 키워 온 속임수가 주변에 가득하다는 것을 알게 될 것이다. "보이지 않는 곳에서 조용하게 음모가 진행되고 있을 때 진실의 한마디는 총소리처럼 울려 퍼진다."

여기에 '음모'라는 말이 나옵니다. 아웃사이더로서 '대중은 이해하지 못하는 진실을 우리만이 이해할 수 있다'고 여기는 위치에 서기 위해서 대중은 언제나 속기 쉬운 존재로 있어야 하며, 대중을 속이는 존재도 있어야 합니다. 자신들이 사회의 내부에 있으면서 함께 사회를 만드는 존재일 경우에는 '누가 누군가를 속인다'는 발상이 생겨나기 어려울 테지만, 스스로를 외부에 있는 존재로 가정하면서 '내부에 있는 사람들은 속고 있다, 진실을 모른다'는 논리에 빠지게 되는 것입니다.

이는 사실 유기농 원리주의에도 그대로 적용될 수 있는 논리입니다. '대중은 속임수에 당해 오염된 채소를 먹을 수밖에 없다. 우리만이 먹을거리의 진실을 알고 있다'는 발상을 가지고 있기 때문에 사려 깊지 못한 음모론으로 내달리는 경향이 있습니다.

안정에 대항하는 쿨한 저항

이와 같은 음모론까지 낳는 엘리트 의식, 이것이야말로 저항 문화에 잠재되어 있는 함정이라고 할 수 있습니다. '저항이야말로 쿨한 것'이라는 의식, 이러한 의식을 가지고 있는 상태를 이 책에서는 임시방편으로 '쿨한 저항'이라고 부르겠습니다. 저항하며 아웃사이더로 나가는 것이 멋진 일이라는 이러한 쿨한 저항의 엘리트 의식은 1980년대 무렵까지는 일본 사회에도 짙게 깔려 있었습니다.

돌이켜 보면 제가 신문 기자를 지망했던 것도 회사원이면서 저널리스트로 불리는 기자라는 직업에서 반항적인 멋을 찾으려 했기 때문입니다. 일반 회사원이 아침에 제시간에 일어나서 회사에 출근하고, 저녁이 되면 퇴근해서 귀가하는 틀에 박힌 생활을 하고 있는 데에 반해, 기자는 새벽까지 술을 마시며 활약하고, 점심 때에나 회사에 나오기도 합니다. 모든 걸 내던져 버린 듯하고 패션도 용서 받는 언론인은 마치 아웃사이더로서 쿨한 저항을 하는 이미지가 제 머릿속에 가득 차 있었습니다.

이러한 쿨한 저항은 '내일은 지금보다 나아질 것'이라는 희망찬 안정감과 표리일체의 관계에 있었습니다. 내일에 대한 희망이 안정되어 있었기 때문에 이것을 부정하고 싶어지는 것입니다. '내일도 모레도 글피도 그다음 날도, 미래까지도 변함없이 매일 종신 고용의 회사원으로 지낼 수 있기 때문에(지내야만 하기 때문에), 회사원이라는 신분에 저항하고 싶어진다'는 역설적인 생각을 갖게 되는 것입니다. 그러므로 쿨한 저항을 추구하는 한편, 당시 우리는 출세를 지향하는 마음도 동시에 가지고 있었습니다.

저만의 극히 개인적인 기억입니다만, 2008년 금융 위기가 일어나기 직전에 지인인 여성 경영자와 '기대치'를 화제로 이야기를 나눈 적이 있습니다. 거품 경제 세대인 그는 이렇게 말했습니다.

"우리는 기대치로 소비하고 있잖아요. 사사키 씨도 그렇지 않나요?"

그는 고가의 자동차나 고급 브랜드의 명품을 사거나 고급 레스토랑에 가는 것은, "나는 이 정도로 돈을 쓸 수 있는 사람이 되고 싶다는 바람을 이루기 위한 장치"라고 분석했습니다. 다시 말해서 '나는 앞으로도 더 위로 올라 갈 수 있고 더 풍요로워질 수 있다'는 바람을 실현하기 위해서 힘을 주어 큰 소비를 한다는 것입니다.

당시에는 저 역시 여전히 거품 경제 시대의 꿈을 손에서 놓지 못하는 경향이 있었는지, 그 의견에 꽤 동의했던 기억이 있습니다. 고급 레스토랑에 자주 가고 고급 수입차에 매료되었던 배경에는 '이제 앞으로 수입은 더 늘어 갈 것'이라며 기대치가 높았다는 사실이 있을 것입니다. 확실히 금융 위기 이전에는 제 주변에도 외화 예금을 하거나 주식 투자를 하면 자산 운용 이익을 받는 사람들이 많았습니다. 외국 자본 계열 투자 은행에서 근무하는 사람들이 크게 주목을 받는 등 사회 전체에 출세 지향의 의지가 매우 강했던 시대였습니다. 당시는 1990년대의 '잃어버린 십 년'이 일단 일단

락되고, 사람들이 다시 한번 꿈을 꾸어 보고자 노력했던 시대였습니다. '연 수입 열 배'를 표방하는 자기 계발서가 크게 인기를 끌었던 것도 바로 이 무렵의 일이었습니다.

이와 같은 출세 지향 의식을 가지고 있었기 때문에 오히려 '출세를 지향하지 않는다'는 의식이 멋지게 보이는 측면도 성립할 수 있었던 것입니다. 그렇다면 출세 지향 의식을 버리는 쿨한 저항은 과연 진정한 아웃사이더라고 할 수 있느냐 하는 의문이 생깁니다.

부르주아 보헤미안의 출현

캐나다의 여성 칼럼니스트인 나오미 클라인이 2000년에 저술한 『슈퍼 브랜드의 불편한 진실』의 첫머리에서 클라인은 자신이 토론토의 쇠락한 공장 지대에서 살고 있다고 기술했습니다.

도시의 쇠락한 지역에서 자주 발견되는 현상이지만, 이 스파디나 거리에서도 낡음은 새로움과 융합하여 신선한 매력을 낳고 있다. 옥상이나 스튜디오에는 자신이 '도시 예술'의 일부라는 사실을 잘 알고 있는 멋진 사람들이 모여든다. 이들은 이러한 사실을 다른 사람들이 알지 못하도록 최대한의 노력을 기울인다. 만약 누군가가 '진정한 스파디나스러움'를 강력하게 주장하기 시작한다면, 도시의 예술은 그 즉시 싸구려 '시골 연극'이 되고 만다. 이렇게 되면 모든 분위기는 깨지고 만다.

쿨한 저항의 우월감이 은연중에 배어나는 문장입니다. 그러나 클라인이 좋아했던 이 공장 지대는 그 후 시 당국에 의해 기획 정리되면서 주택과 상업 시설 등을 만들 수 있도록 인가를 받았습니다. 그 결과 새로운 아파트와 레스토랑이 건설되기 시작했습니다. 바로 '싸구려 시골 연극'이 시작된 것입니다.

이 이야기를 히스는 다음과 같은 내용으로 분석했습니다. 클라인이 스파디나 거리에 살았던 이유는 그것이 바로 쿨한 것이었기 때문입니다. 그러나 많은 사람들이 이와 같은 쿨함을 동경하면서 주택의 가격이 상승했고 다락방을 구입하려는 사람도 증가했습니다. 이러한 현상은 클라인의 입장에서 생각하면 그리 달가운 일이 아니었습니다. 스파디나 거리의 쿨함이 점차 퇴색하면서, '나오미 클라인은 쿨한 저항 정신을 지닌 엘리트'라는 자신의 가치를 잃게 되고 만 것입니다. 결국 클라인은 다시 이사를 해야 하는 상황을 맞이합니다. 클라인은 또 다른 쿨한 장소를 찾아 나서고 다시 이사를 하며 "나는 일반 대중과 달리 쿨하기 때문에 새로운 바로 이 장소에서 살겠다."라고 선언합니다. 그러나 이곳 역시 클라인의 쿨함을 동경하던 사람들이 몰려들게 되었고…… 또 그렇게…… 결국 그 끝을 알 수 없는 이러한 상황이 계속 반복되는 것입니다.

히스의 분석이 갖는 예리함은 이와 같은 반복 그 자체가 사실은 소비 사회의 본질이 아닐까 하고 간파한 부분에 있습니다.

만약 소비 사회의 주류 문화가 클라인과 같은 저항 문화를 전혀 받아들이지 않는다면, 쿨한 저항이 담당하는 아웃사이더의 새로운 문화는 형성되지 못할 것입니다. 그런데 전후 미국에서는 베이비 붐 세대가 성장함과 동시에 주류 문화와 저항 문화가 융합되는 양상을 보이기 시작했습니다. 다시 말해서 나오미 클라인이 생각하는 쿨함이 주류 문화의 중추를 담당하는 현상이 일어난 것입니다. 본래 저항 문화는 부유층에 저항하는 기조를 보였으나, 저항 문화를 담당하던 사람들 자체가 부유층이 되어 가는 현상이 발생한 것입니다. 이해하기 쉬운 예를 들어 보면, 애플의 창업자 스티브 잡스가 그런 경우입니다. 잡스는 젊은 시절에 히피 그 자체였으며 환각제인 LSD를 사용하면서 명상을 하거나, 동양의 정신세계를 이해하고자 직접 인도를 찾아가기도 했습니다. 잡스가 보여 준 미국 서부의 히피 문화 속에 미국 컴퓨터 업계의 발상이 자리해 있는 것입니다. 그렇기 때문에 미국의 컴퓨터 업계 바탕에는 지금도 여전히 이와 같은 히피 문화의 정신과 이념이 짙게 드리워져 있습니다. 컴퓨터 업계가 미국을 이끄는 성장주로 부상하면서 히피 문화 등의 저항 문화를 주류로 끌어 올려놓았다는 것을 이해할 수 있을 것입니다.

이러한 '부자들만의 저항 문화'를 향유하는 사람들을 부르주아 보헤미안이라는 용어로 부르는데, 이를 줄여서 '보보스'라고 부르기도 했습니다. 『보보스』라는 책에는 이렇게 기술되어 있습니다.

텔레비전에서는 마이크로소프트나 갭 같은 거대한 기업이 간디 혹은 잭 케루악 등과 같은 인물들을 인용한 광고를 내보내고 있었다. 신분이나 계급에 따른 기본 규범까지도 완전히 뒤바꾸어 버린 것이다. …… 특히 놀라운 것은 오래전부터 존재했던 인간 분류법이 그 의미를 완전히 잃어버리고 말았다는 사실이다. 20세기에 들어와서는 줄곧 자본주의적 부르주아와 보헤미안적 저항 문화의 세계를 구분 짓는 것이 그다지 크게 어려운 일이 아니었다.

전통적으로 부르주아는 성실하고 실리를 본위로 하며 전통을 귀중하게 여기는 사람들입니다. 기업에서 일하며 교외에 살면서 일요일에는 교회에 열심히 다니는 사람들이었습니다. 한편으로 아웃사이더인 보헤미안은 인습에 얽매이는 것을 싫어하며 자유를 사랑하는 사람들입니다. 예술가, 지식인, 히피, 비트 등의 이미지를 떠올립니다. 그런데 이 두 가지가 전후 미국에서는 서로 융합되어 간 것입니다. 보보스라는 집단이 가진 고정관념인 쿨한 저항의 이미지에 대해서 『보보스』에서는 이렇게 묘사했습니다.

최고급 트래킹화에 수백 달러를 사용하는 것은 받아들일 수 있으나, 양복에 어울리는 최고급 구두를 사는 것은 천박한 일이다. 인간은 운동 등의 활동을 해야 한다는 이유에서, 마린 XLM 교외 활동용 산악자전거에 4400달러를 투자하는 것은 인정할 수 있으나, 화려한 대형 모터보트를 구입하는 것은 내면에 든 것이 없는 인간이라는 표시인 것이다. 천박한 사람은 캐비아에 수백 달러를 지불한다. 내면의 깊이가 있는 사람은 캐비아 가격과 같은 금액을 최고급 퇴비를 구입하는 데에 기꺼이 사용할 것이다.

뭔지 모르게 터무니없기도 하고 어이가 없기도 하지만

『보보스』는 이에 대해서 정말 진지하고 긍정적으로 기술하고 있습니다. 이것이야말로 말 그대로 쿨한 저항의 개념이며, 어쩌면 21세기를 살아가는 오늘의 일본에도 이러한 감각을 갖고 살아가는 사람이 분명 존재할 것입니다.

출세 지향과 쿨한 저항은 하나

그럼, 이처럼 저항 문화와 주류 문화가 융합을 이루면 무슨 일이 일어나는 것일까요? '사회의 아웃사이더로 있는 것이 쿨한 것'이라는 감각이 사회 전체에서 공유하는 중심적인 개념으로 변모하는, 정말 역설적인 일이 일어나는 것입니다.

이로써 모든 사람이 쿨한 저항을 동경해, 아웃사이더를 목표로 삼게 되었습니다. 예를 들어 패션과 관련해서 말하자면, 아웃사이더로 보이는 사람들이 입고 있는 스트리트 패션을 사람들이 동경하는 현상이 발생해서, 사회의 많은 사람들이 스트리트 패션을 따라서 옷을 입기 시작합니다. 그렇게 되면 그때까지 스트리트 패션을 즐기던 아웃사이더들은 이제는 다른 패션에 주목하기 시작합니다. 그리고 또다시 많은 사람들이 아웃사이더의 패션을 따라 하고…… 이러한 일이 반복해서 일어나게 됩니다. 앞서 말한 나오미 클라인의 공장 지대에 마련했던 거주지 이야기와 완전히 똑같은 현상이 일어나는 것입니다.

　이것은 정말 흥미롭고 기이한 구도입니다. "'반소비 사회'를 소비하면서 '소비 사회'가 더욱 성장해 나아간다."라는 선문답 같은 구도인 것입니다.

　소비 사회와 쿨한 저항은 언뜻 보아 대립하고 있는 듯이 보이지만, 실은 그렇지 않은 것입니다. 소비 사회의 에너지원이 바로 쿨한 저항이며, 동시에 쿨한 저항 역시 소비 사회의 대중들의 동경을 에너지원으로 삼고 있는 것입니다. 이 둘은 이처럼 서로 도움을 주고받는 관계입니다. 다시 말해서 쿨한 저항이야말로 소비 사회의 한가운데에 자리하고 있다고 할 수 있습니다.

　쿨해지고 싶기 때문에 아웃사이더를 동경합니다. 이것이 소비 사회에 편입되어 대중화하면, 더 이상 쿨한 것이 아니라는 생각이 듭니다. 그러면 또다시 새로운 쿨함을 찾아나서는 것입니다. 이와 같은 끝나지 않을 것 같은 반복은 실로 기호 소비이자 대중 소비 그 자체입니다.

　근대 성장 시대에 많은 사람들은 대중 소비 사회 속에서 출세를 목표로 삼았으며 부자가 되기 위해 출세 지향 의식을 가지고 있었습니다. '위로, 더 위로!'를 외쳤던 것입니다.

그리고 한편으로 이와 다른 사람들은 출세 지향을 부정하고 아웃사이더로서 소비 사회를 멸시하는 쿨한 저항의 길을 선택했습니다. '밖으로, 밖으로!'를 외쳤던 것입니다.

그러다가 문득 정신을 차리게 됩니다. '위로!' 든 '밖으로!' 든 어느 쪽이든 빙 돌아서 결국 같은 위치, 같은 자리에 서 있게 된다는 사실을 깨닫습니다. 다시 말해서 출세 지향을 가진 사람도, 쿨한 저항도, 이러한 대중 소비 사회를 지탱하는 일심동체였다는 것입니다.

정성을 담은 생활

자, 그럼 다시 본래 이야기로 돌아가겠습니다. 그렇다면 지금 우리가 살아가는 21세기 사회에서 사람들은 쿨한 저항을 하는 엘리트가 되기를 바라고 있을까요?

결코 그렇지 않다고 저는 자신 있게 말할 수 있습니다. 시하라 아키코 씨 같은 어머니들이나 우리 사회를 함께 만들어 가는 많은 사람들은 결코 '대중과 나는 다르다'며 엘리트 의식을 가지고 있지도 않고, '정부가 우리를 속이려 한다'는 음모론을 믿지도 않습니다. 그렇다고 해서 부유한 사람들이 향유하는 주류 문화처럼 고가의 미식 세계를 추구하면서 출세 지향을 추구하는 것도 아닙니다.

그저 건강하고 안심할 수 있고 매일매일 즐길 수 있는 식생활을 추구하고 있을 뿐입니다. "편의점 도시락은 아이들에게 주고 싶지 않다. 나 역시 먹고 싶지 않다. 하지만 맞벌이고 일이 너무 바빠서 일일이 제대로 요리할 여유가 없다."라고 말하는 난처한 상황에서 벗어나, 정성을 담은 식사를 할 수 있는 날이 절실하게 필요하다고 생각합니다.

안심과 안전은 참으로 중요한 것이지만, 필요 이상의 시간과 수고를 들이지 않고 아주 평범한 일상생활 속에서 유지할 수 있는 그런 간편하면서도 깔끔한 식생활이 필요합니다. 이러한 생활의 변화를 이끄는 지금의 흐름은 과연 어디를 향해서 나아가고 있는 것일까요?

도대체 우리는 생활 속에서 무엇을 찾고자 하는 것일까요? 한창 유행하는 '정성을 담은 생활'이라는 말이 있습니다. '호화로운 생활' 혹은 '세련된 생활'이 아니라, '정성을 담은 생활'을 말합니다. 하지만 '정성을 담은 생활'이란 어떠한 생활을 말하는 것인지 정의가 아직 명확하지 않습니다.

미국에서는 '클린 이팅'이라는 말이 있습니다. 깨끗한 식생활이라는 의미입니다. 이것은 다음과 같은 일곱 가지 요소로 설명되어 있습니다.

첫 번째로, 가공식품이 아니라 가공되지 않은 식재료를 직접 조리해 먹읍시다. 냉동식품이 아닌, 슈퍼마켓이나 백화점 지하 식품 코너에서 구입한 반찬이 아닌, 채소를 구입해서 먹읍시다.

두 번째로, 정제되지 않은 식품을 먹읍시다. 흰 밀가루나 흰 설탕, 흰 쌀이 아니라 통밀이나 사탕수수, 꿀, 현미를 먹읍시다.

세 번째로, 단백질과 탄수화물, 지방을 균형 있게 섭취합시다.

네 번째로, 지방과 설탕, 소금을 지나치게 섭취하지 않도록 주의합시다.

다섯 번째로, 하루의 식사를 5회에서 6회로 나누어 조금씩 먹읍시다. 식사를 하지 않아 생기는 공복감을 피할 수 있으며, 혈당치가 지나치게 올라가는 것을 막아 줍니다.

여섯 번째로, 칼로리가 높은 청량음료를 마시지 맙시다.

일곱 번째로, 몸을 움직입시다.

이 일곱 가지 제안에 대해서는 더 이상의 설명이 필요 없습니다. 하지만 우리가 지금 생활 속에서 추구하고 있는 생각이나 바람은 위에서 말하는 '클린'이나 '정성'만이 아닙니다. 이보다 더 풍부한 이미지를 내포하고 있지 않을까 하는 생각이 듭니다.

식탁에서 찾는 일상의 중요성

『카모메 식당』이라는 무레 요코의 소설을 알고 계신가요? 핀란드에서 일본인 여성이 레스토랑을 열고 식사를 제공하는 아주 따뜻한 이야기의 소설입니다. 2006년에 간행되어 같은 해에 영화화되기도 했습니다. 소설도 영화도 모두 매우 잘 만들어진 작품입니다.

이 작품에서 말하는 '식사라는 것을 어떻게 인식할 것인가?'라는 주제는 지금 우리가 추구하고 있는 새로운 식생활에 대해서 제대로 표현해 주고 있습니다. 마치 '어린이 식당'의 어른 버전과 같은 느낌입니다. 『카모메 식당』에서 표현된 식생활의 의미를 저 나름대로 이해해서 몇 가지로 정리해 보았습니다.

첫 번째로, 비일상이 아니라 건강하고 꾸밈이 없는 일상이 중요합니다.

두 번째로, 화려한 미식이 아니라 간편하고 소박한 요

리가 가장 맛있습니다.

세 번째로, 인생에는 여러 가지 어려움이 있습니다. 그럴 때에는 먼저 맛있는 요리를 모두 함께 먹으면서 이야기를 나눕니다. 그렇게 하고 나면 다시 나아갈 수가 있습니다. 다시 말해서 식생활은 인생의 축이 됩니다.

영화에서 고바야시 사토미가 연기하는 주인공 사치에는 삼십팔 세의 여성입니다. 복권이 당첨되어 일억 엔을 손에 쥐게 되면서 오래전부터 간직한 꿈을 실현하고자 핀란드의 헬싱키로 날아갑니다. 어머니가 일찍 돌아가셨기 때문에, 옛 무술의 달인이었던 아버지와 함께 둘이서 생활해 오던 주인공 사치에는 어려서부터 요리 등의 가사를 도맡아 왔습니다.

2006년에 삼십팔 세라는 설정이니까, 사치에는 대략 1968년 무렵에 태어난 것으로 추정해 볼 수 있습니다. 거품 경제가 끝나 갈 무렵을 살아가는 세대이기도 합니다. 따라서 사치에가 대학을 다닐 무렵에는 주변 친구들이 모두 미식을 동경하면서, "저 레스토랑의 이탈리아 요리가 맛있다.", "프랑스 요리는 역시 이 레스토랑이야."라는 대화를 당연하게 나누던 시기일 것입니다. 하지만 사치에 씨는 이러한 대화에 위화감을 느끼면서 이렇게 혼잣말을 합니다. "그런 멋진 레스토랑의 음식도 좋겠지만, 사람이 진짜로 먹는 매일매일의 식사는 그것과 좀 달라.”

그래서 학교에서 “나는 맛있는 밥과 김치와 된장국이 있으면 다른 것은 필요 없어!”라고 말하는데 주변 친구들은 “할머니 같아.”라며 크게 웃습니다. 거품 경제 시대에 어울리는 반응입니다. 그러나 이와 같은 사치에의 감각은 2010년대인 지금에는 많은 사람이 공감할 수 있는 것이 되었습니다. 『카모메 식당』의 내용을 잠시 인용해 보겠습니다.

이런 식당 저런 식당에서 식사를 해 보지만, 식재료를 기름이나 조미료로 맛을 내서 그 맛을 얼버무리는 경우가 많기 때문에 사치에의 입맛에는 맛이 너무 강하게 느껴졌지만, 학과 친구들은 그러한 강한 맛을 맛있다고 하면서 즐겨 먹었다. 모두들 삼삼한 맛보다 진하고 강한 맛을 더 좋아했고, 음식 관련 학과에 다니면서도 자신의 식사는 언제나 컵라면으로 해결하는 친구도 있었다.

사치에는 이렇게 말합니다. “화려하게 보이도록 음식을 담지 않아도 상관없다. 오히려 소박해도 좋으니까 제대로 된 식사를 할 수 있는 식당을 만들고 싶다.” 바로 이거다! 싶습니다.

영화 「카모메 식당」에는 이러한 장면도 있습니다. 우연히 카모메 식당에 들렀다가 식당에서 일하게 된 사십 대의 미도리(가타기리 하이리가 호연을 펼칩니다.)가 장사가 잘 되지 않는 모습을 보고, 일본의 가이드북에 헬싱키에서 즐길 수 있는 식당으로 소개해 글을 올려서 관광객을 대상으로 하는 가정식 식당이라는 강점을 부각시켜 보는 것은 어떠하겠냐고 제안합니다. 이에 사치에는 이렇게 대답합니다.

"음…… 하지만 가이드북을 보고 가정식 식사를 하고 싶어서 찾아오는 일본인도 있고, 일본 음식이라고 하면 초밥이나 일본 전통술을 연상하고 찾아오는 사람들도 있을 텐데, 그런 사람들은 우리 식당의 분위기와 좀 맞지 않을 것 같다는 생각이 들어요. 레스토랑이 아니라 식당이거든요. 훨씬 더 친근한 느낌이랄까? 식당 앞을 지나가는 사람이 불쑥 가볍게 들를 수 있는 그런 식당이랄까요?" 바로 이것이 일상의 중요성을 보여 주는 것이지요.

소박하고 건강하며 맛있는 식사

영화 「카모메 식당」의 메인 요리는 오니기리, 바로 주먹밥입니다. 단순한 하얀 접시 위에 자그마한 김으로 두른 삼각형 모양의 가다랑어 포, 연어, 매실 주먹밥이 세 개 나란히 누워 있어서, 보기만 해도 맛있겠다는 느낌이 절로 납니다. 이와 함께 나오는 컵에는 녹차 색깔의 음료가 보이는 것으로 보아 호지차가 함께 나오는 것 같습니다. 미도리에 이어서 이 카모메 식당에 우연히 들렀다가 함께 생활하게 되는 세 번째 인물은 오십 대의 마사코인데, 이 마사코를 연기하는 모타이 마사코가 여유롭게 이 주먹밥을 한입 가득 베어 무는 장면은 매우 인상적입니다.

여담으로, 영화에서는 사치에와 미도리의 이러한 대화 장면도 있습니다.

"식당에서도 역시 가정식을 제공하나요?"

"네."

"왜 굳이 여기서?"

"아무래도 일본에서 굳이 일본 가정식을 할 필요가 없겠구나 하는 생각이 들어서요."

"그래서 핀란드였나요?"

"이곳 사람들이라면 소박하지만 맛있는 음식을 분명 알아줄 것 같다는 느낌이 들었거든요."

"무슨 근거라도 있나요?"

"예를 들어 이탈리아라고 하면 피자와 파스타를 떠올리죠. 독일이라면 소시지? 한국에서는 불고기에 김치이고

요. 인도의 경우에는 카레가 있고요. 태국이라면 똠얌꿍, 미국이라면 햄버거겠지요. 그런데 핀란드는?"

"연어?"

"네, 그래요. 그렇다면 아침에 무엇보다 하얀 쌀밥과 함께 먹고 싶은 구운 생선하면 떠오르는 것은?"

"연어!"

"바로 그거예요! 일본 사람도 핀란드 사람도 연어를 정말 좋아하거든요."

"오, 정말 그러네요."

"미안, 사실 지금 막 생각해서 억지로 갖다 붙인 변명이에요."

참 재미있는 대화입니다. 하지만 주먹밥을 주문하는 핀란드 사람들은 아직 없습니다. "까만색 종이가 붙어 있네.", "흰색에 까만색의 대비를 이루는 음식이라니 도대체 들어 본 적이 없군.", "밥을 나무토막처럼 쌓아 놓은 것 같네." 등 호된 반응이 나왔습니다. 북유럽의 요리와는 완전히 다른 음식이기 때문에 좀처럼 손이 가지 않는 것이겠지요.

그러고 보니 신시아 가도하타라는 일본계 미국인 작가가 저술한 『키라키라』라는 소설이 있습니다. 1960년대의 미국 조지아주를 무대로 한 일본계 미국인 가족의 유대 관계를 묘사한 소설인데, 이 소설 속에 주먹밥이 등장하는 장면이 있습니다.

라이스 볼은 오니기리라는 이름을 가지고 있었으며, 내가 만드는 방법을 아는 유일한 음식이었다. 이 주먹밥을 만들기 위해서는 먼저 손을 씻고 손바닥에 소금을 바른다. 그러고 나서 밥을 한 손 가득 쥐어 들고 모양을 잡으며 단단하게 만들어 간다. 어머니는 해초와 소금에 절인 서양 자두를 넣어 예쁜 삼각형의 주먹밥을 만들지만, 나는 아무것도 들어가지 않은 주먹밥밖에 만들지 못한다.

해초와 소금에 절인 서양 자두라니…… 아마도 김과 매실 장아찌를 말하는 것 같은데요. 이렇게 표현하니까 전혀 다른 음식처럼 느껴집니다. 일본인에게는 아주 일상적인 매실 장아찌가 들어간 주먹밥이지만, 매실 장아찌가 낯설고 익숙하지 않은 사람에게는 이렇게 다르게도 보이는 것이겠지요.

그렇기는 하지만, 최근에 일본 음식에 대한 붐이 일면서 마침내 오니기리도 해외에 알려지기 시작했습니다. 2015년 이탈리아의 밀라노에서 세계 박람회가 열렸는데, 그중에서도 일본관은 대성황을 이루며 인기를 끌었습니다. 아홉 시간이나 기다려야 하는 긴 행렬이 생겼을 정도였다고 하니 그저 놀라울 따름입니다. 전시가 훌륭하고 아름다웠다는 점도 작용했겠지만, 일본 음식의 맛이 이탈리아 사람들에게 재발견되는 계기가 되었다는 것도 크게 작용한 것으로 보입니다.

세계 박람회에서의 인기가 계기가 되어, 밀라노에는 오차즈케(お茶漬け, 밥에 차를 우려낸 물을 부어서 먹는 가벼운 식사 — 옮긴이) 식당과 오니기리 식당이 잇달아 등장하면서 크게 인기를 끌고 있습니다. 최근에는 초밥이나 튀김 같은 고급스러운 음식만이 아니라 라면, 카레, 가츠 카레 등의 대중적인 음식이 해외에 알려지면서 그 흐름이 오니기리의 인기에도 영향을 미친 것으로 보입니다. 어쩌면 이러한 인기에 힘입어 가츠동, 오코노미야키, 타코야키 등도 인기를 끄는 날이 와서, 일본의 일상적인 음식이 세계를 석권할지도 모를 일입니다.

이제 다시 『카모메 식당』 이야기로 돌아가 보겠습니다. 주먹밥 이외에 다양한 일본 정식은 핀란드 사람들에게 매우 인기를 끌었습니다. 생강 돼지고기 구이, 연어 구이, 돈가스, 닭고기 튀김, 달걀말이, 고기 감자 조림 등.

핀란드에서의 영화 로케이션 때에는 이 영화에 출연한 배우들이 제빵 업체인 파스코의 빵의 텔레비전 광고도 찍었습니다. 이 광고 시리즈도 보고 있으면 매우 맛있어 보이고 침이 절로 나옵니다. 핀란드 숲속에서의 캠프 장면인데요. 모닥불 위에 철망을 올리고 사치에가 두툼하게 썰어 낸 식빵을 노르스름하게 굽고 있습니다.

아마도 버섯은 베이컨이나 허브와 함께 굽고 있을 것입니다. 식빵을 손으로 찢어 김이 모락모락 올라오는 버섯을 조금 그 식빵에 올려서 크게 한입 베어 뭅니다. 라클렛 치즈로 보이는 치즈 덩어리를 꼬챙이에 끼워서 모닥불에 그을리듯 굽다가 살짝 녹기 시작하면 나이프로 치즈를 떼어 빵 위에 바릅니다. 마치 『하이디』에 나올 듯한 맛있는 요리입니다.

이와 같이 『카모메 식당』에서 먹을 수 있는 음식을 일상속에서 즐길 수 있다면, 이 얼마나 멋지고 흐뭇한 삶과 생활이겠습니까? 앞에서 제가 말한 『카모메 식당』의 요소를 다시 한 번 여기에 적어 보겠습니다.

소박하고 건강하며, 그리고 정말 맛있는 식사.

이러한 식사를 모두가 맛보면서 대화를 즐기고 행복을 음미할 수 있는 시간. 그리고 삶을 살아가는 기쁨을 서로 나누며, 앞으로도 열심히 살 수 있는 용기를 얻을 수 있는 그런 식사.

오감으로 즐기다

이것이야말로 오감을 소중히 여기면서 즐기는 삶일지도 모르겠습니다. 여기저기 돈을 많이 들인 호화로운 인테리어나 요리는 없어도 상관없습니다. 예를 들어 5월의 어느 기분 좋은 날, 창문을 열어 놓기만 해도 햇빛이 춤을 추며, 초여름의 산뜻한 바람이 방 안을 드나드는 그런 날 말입니다.

어느 더운 날의 점심 식사에는 여름 채소를 곁들입니다. 토마토, 오이, 오크라, 양하, 양상추, 피망 등의 여름 채소들이 잘 손질되어 시원한 물로 샤워를 하고 도마 위에 싱싱하게 나란히 놓여 있는 모습을 떠올려 보세요.

콥 샐러드라는 요리가 있습니다. 로버트 콥이라는 미국 할리우드의 한 레스토랑 셰프가 처음 내놓은 샐러드이기 때문에 그의 이름을 따서 콥 샐러드라고 부르는데, 그릴에 잘 구운 닭고기와 바짝 구운 베이컨을 중심으로 해서 아보카도, 양상추, 토마토, 블루치즈 등을 잘 섞어서 만든 샐러드입니다.

이 콥 샐러드와 비슷한 느낌의 샐러드로, 최근에는 춉 샐러드라는 요리가 있습니다. '춉'이란 말은 식재료를 토막을 내듯이 잘게 썬다는 것으로, 요컨대 음식에 들어가는 모든 식재료를 주사위 모양의 크기로 잘게 잘라서 버무린 샐러드를 춥 샐러드라고 합니다. 이때 샐러드 재료로 사용하는 채소는 무엇을 더해도 상관없기 때문에 자유롭게 샐러드의 맛을 낼 수 있습니다.

식재료는 무엇이든 상관없지만, 물이 잘 생기지 않는 채소가 보기에도 좋고 맛도 좋은 샐러드로 완성될 수 있습니다.

춥 샐러드

토마토는 우선 반으로 잘라 씨를 제거하고 주사위 모양의 크기로 자릅니다. 그래야 물이 배어나지 않습니다. 오이, 양상추, 파프리카, 피망, 치커리, 양하, 래디시, 무, 차조기 잎 등 생으로 먹을 수 있는 채소는 무엇이든 좋습니다.

육류는 닭다리 살을 프라이팬에 잘 구운 다음 한 입 크기로 썰어 놓습니다. 바짝 구운 베이컨을 준비합니다. 삶거나 구운 소시지와 햄, 여러 가지 고기를 넣는 것도 맛의 깊이를 더해 주므로 적극 추천합니다.

치즈도 기호에 맞게 무엇이든 한 입 크기로 썰어 놓습니다.

이렇게 준비한 재료를 모두 넓은 그릇에 담습니다. 드레싱은 되도록 시판용은 피하고 간단한 프렌치드레싱으로 준비합니다. 넓은 그릇에 올리브유를 한 바퀴 뿌리고, 식초나 레몬, 또는 감귤 과즙을 뿌립니다. 소금을 두 꼬집 정도 뿌려 준 뒤, 마지막으로 살살 가볍게 섞어서 접시에 담아 냅니다.

여기에 집 근처 빵집에서 바게트 빵을 사와서 곁들입니다. 참고로 바게트 빵은 대체로 칼로 둥글게 잘라 놓은 것을 보게 되는데, 사실 수평으로 잘라 위 아래로 나누어 먹는 것이 훨씬 더 맛있습니다. 바삭한 바게트 빵 겉면의 맛을 충분히 맛볼 수 있기 때문입니다.

피부의 감각, 혀의 감각, 귀를 통해 들어오는 다양한 소리들. 부엌에서 스멀스멀 번져 오는 맛있는 냄새. 이와 같은 오감을 듬뿍 즐길 수 있는 기분 좋은 생활. 마음의 여유가 많이 필요하지만, 그렇다고 굳이 부자일 필요는 없습니다.

하지만 이러한 마음의 여유를 갖는다는 것은 사실 매우 어려운 일입니다. 예를 들어 채소를 맛있게 먹을 수 있는 방법에 대해서 생각해 봅시다. 맞벌이 부부나 일인 가구가 당연하게 받아들여지는 시대에 일상 속에서 채소를 즐기기 곤란한 점이 많습니다. 그것은 바로 요리를 하는 데에 손이 많이 간다는 점입니다. 예를 들어 소고기나 돼지고기는 프라이팬에 구워 고기용 소스를 찍어 먹는 것만으로 충분히 맛있는 일품요리가 될 수 있습니다. 돌이켜 보면 저 역시 학생 시절에 이처럼 '프라이팬 하나로 만들 수 있는 간단 요리'

를 자주 만들어 먹었습니다.

채소 볶음 정도는 프라이팬 하나로 만들 수 있지만 반대로 말하면 프라이팬 하나로 만들 수 있는 채소 요리는 채소 볶음밖에 없습니다. 프라이팬을 사용해서 조금이라도 맛있는 요리를 만들어 먹으려면 좀 더 손이 가는 경우가 많습니다. 예를 들어 피망과 양배추가 있다고 가정해 봅시다. 당신이라면 무엇을 만들겠습니까?

가장 간편하고 단순한 것은 지금 말했듯이 채소 볶음입니다. 피망과 양배추를 잘게 썰어 놓고 여기에 잘게 썬 돼지고기 등을 넣고 볶다가 간장이나 불고기용 소스 등을 적당히 뿌려 줍니다.

그러나 매일 채소 볶음만 먹을 수는 없습니다. 일인 가구라면 그런대로 괜찮지만, 가족이 있는 경우, 특히 자녀가 있는 가정이라면 더욱 균형 잡힌 양질의 식사를 자녀에게 제공해 주고 싶을 것입니다.

평범하고 건강한 생활을 원해

저라면 어떤 요리를 만들까요? 피망은 고기 요리에 사용하고, 양배추는 입안을 개운하게 해 주는 반찬으로 곁들

여 냅시다. 여기에 흰 쌀밥을 더하면 이것만으로도 충분히
훌륭한 저녁 식사 메뉴가 될 것입니다.

매콤 달콤한 피망 소고기 볶음과
조물조물하지 않은 소금 절임 양배추

먼저, 양배추는 채를 썰고 대접에 담아 소금을 가볍게 두 꼬집 정
도 뿌려 손으로 살살 버무려서 간이 배도록 합니다. 그러고 나서 그대로
10분 정도 둡니다.

그동안 피망을 손질합니다. 피망은 소고기와 맛의 궁합이 좋습니
다. 어린 시절에 도시락에 들어 있던 그리운 매콤 달콤한 요리를 재현해
봅니다.

먼저 피망의 꼭지를 따서 씨를 제거하고 아주 얇고 둥글게 썰어 놓
습니다. 생피망 그대로 먹을 수 있을 정도로 얇게 자르면 아삭아삭한 피
망을 즐길 수 있습니다.

소고기를 볶기 전에 양배추를 확인합니다. 소금에 잘 절인 양배추를
보통은 꽉 짜서 부드럽게 만들지만, 여기서는 굳이 그렇게 하지 않습니
다. 양배추를 전부 다시 한 번 가볍게 버무려서 평평한 접시에 봉긋하게
담아 냅니다. 이름하여 '조물조물하지 않은 소금 절임 양배추'입니다.

이제 프라이팬에 기름을 두르고 잘라 놓은 소고기를 볶습니다. 색

이 변하면 맛술과 간장을 넣어 잘 섞어 볶습니다. 수분이 날아간 시점에 얇게 썬 피망을 듬뿍 넣고 재료 전체를 재빠르게 섞어서 볶아 주면 완성. 피망에 불 맛을 주는 것은 아주 잠깐, 10초 정도면 충분합니다. 큼직하고 깊은 접시에 완성된 요리를 담습니다.

이로써 두 가지 메뉴가 완성되었습니다. 깊고 진한 소고기의 감칠맛과 아삭하면서 매콤한 피망의 날카로움이 좋은 조화를 이루어 맛있습니다. 그리고 '조물조물하지 않은 소금 절임 양배추'는 마치 초여름 이른 아침에 어느 밭에서 양배추가 아침 이슬을 머금고 있는 듯한 싱싱한 식감을 느끼게 해 줍니다.

여기서 사용한 조미료는 소금과 간장, 맛술뿐입니다. 이것조차 귀찮다고 느껴진다면 피망과 소고기용 소스로 간장과 맛술 대신에 장국을 사용해도 무방할 것입니다. 양배추의 소금 절임도 소금만으로 충분히 맛을 낼 수 있습니다. 요리책을 보면 다시마 국물을 넣는다, 소금에 절인 다시마를 넣어 버무린다, 닭 껍질 국물을 사용한다, 마늘도 편으로 잘라 넣는다 등 여러 가지 요리 방법이 나와 있습니다만, 요리하는 과정이 하나라도 늘어나면 손이 한 번 더 가야 해서 요리를 더 귀찮게 여기게 됩니다. 특히 '요리를 할 거라면 제대로 해야지!'라는 의무감을 갖고 있는 사람이라면 더더욱 그렇습니다.

이처럼 '요리를 할 거라면 제대로 해야지!'라며 행동에 옮기는 것은 지금 시대에는 현실적으로 많은 어려움이 따릅니다. 무엇보다 모두가 아주 바쁘게 살고 있습니다. 급여 수준도 예전같지 않아서, 옛날처럼 전업주부라는 신분을 유지하는 것은 여간 어려운 일이 아닙니다. 그렇기 때문에 남녀 모두가 일을 해야 하는 상황을 당연하게 받아들이고 있습니다. 그리고 어느 기업에서나 비용 절감을 위해 인건비를 줄이니 모두가 업무에 쫓기고 있습니다. 정신적인 여유도 없습니다.

20세기의 소설이나 영화에서는 "주인공은 평범한 사립 대학을 졸업하고, 평범한 중소기업에서 근무하다가 평범한 결혼해서 아이를 두 명 낳고, 어디에서나 볼 수 있는 건설 회사가 지은 주택을 은행의 대출을 받아 구입했다. 어디에나 있는 평범한 인생이다." 같은 내레이션을 자주 들을 수 있었습니다. 하지만 이런 20세기의 '평범'은 지금 21세기에는 그림의 떡이 되어 버렸습니다.

우리는 선민의식에 취한 '쿨한 저항'의 엘리트가 되고 싶은 것이 아니라, 극히 평범하고 건강한 생활을 하고 싶을 뿐입니다. 그렇다면 이처럼 어려운 시대를 살아가야 하는 우리는 어떻게 마음 편안하고 안락한 생활을 해 나갈 수 있을까요? 머릿속에 떠오르는 건강한 이미지에만 머무르지 않고 이를 어떻게 구체화할 수 있을까요?

사실 이와 같은 과제에 눈을 돌린 사람들과 기업들이 최근 여기저기에서 등장하고 있습니다. 다음 장에서는 이들의 활동을 소개하면서 이들의 활동이 만들어 내는 새로운 태동에 대해 살펴보고자 합니다.

제 2 장

이야기와 함께
느긋하게 살아간다

편리하고
안전한 채소를

— 오이식스

유기농 원리주의적인 '쿨한 저항'도 아닌, 편의점 도시락도 아닌, 고가의 미식도 아닌 것. 그러한 일상의 건강함과 마음 편안한 생활을 유지해 가려는 한 무리의 신흥 기업과 사람들이 등장하고 있습니다.

그중 하나가 '머리말'에서 소개한 인터넷 식재료 유통 기업인 오이식스입니다. 이 회사의 흥미로운 부분은 바로 이 회사가 서 있는 위치입니다. 종래의 산지 직송 비즈니스처럼 생산자의 시각에서 출발한 것도 아니고, 그렇다고 해서 거대한 슈퍼마켓이나 거대한 편의점처럼 저렴한 식재료를 대량으로 공급하고 있는 것도 아닙니다. 유통을 지배하는 것이 목적이 아니라, '주요 고객층인 어머니의 시각에서 동등한 형태로 생활을 뒷받침하고자 노력하고 있다'는 강한 의지를 이 기업에서 느낄 수 있습니다.

이러한 위치에 서게 된 배경에는 오이식스의 성립 과정이 있다고 할 수 있습니다. 이 회사는 식생활에 관해 전혀 지식이 없고 아직 세상 경험도 많지 않은 젊은이들이 창업했습니다.

1990년대 말 인터넷이라는 새로운 기술을 능숙하게 다루는 사람들이 전 세계에서 등장했고, 일본에서도 많은 새로운 기업이 큰 야심을 품고 창업을 시작했습니다. 야후, 라쿠텐, 사이버 에이전트 등은 모두 이 시대에 설립된 회사입니다.

오이식스를 창업한 다카시마 고헤이도 당시에 큰 야망을 가진 젊은이들 중 한 사람으로, 도쿄 대학을 졸업한 뒤 외국계 컨설턴트인 맥킨지를 거쳐, 2000년에 동료들과 함께 오이식스를 창업한 것입니다.

창업 멤버는 모두 당시 이십 대의 독신 남성으로, 이들 중에는 자신이 직접 요리를 해 본 경험이 있는 사람조차 없었습니다. 놀랍지 않나요? 그러나 이것이 오히려 식문화나 식품 업계에 대한 선입견을 갖지 않도록 하는 긍정적 요인으로 작용하지 않았나 하는 생각이 듭니다.

당시에는 식생활과 인터넷을 연계한 서비스는 아주 적었고, 식품을 인터넷으로 산다는 개념도 일반적이지 않았습니다. 지금은 신선한 채소나 육류, 생선까지 택배로 받아 볼 수 있으며, 한 발 더 나아가서는 아마존의 '프라임 나우'처럼 인터넷으로 주문한 다음 불과 한두 시간 만에 받아 볼 수 있게 해 주는 서비스까지도 등장했으므로 격세지감이 느껴집니다.

오이식스의 젊은이들은 식품을 인터넷에서 판매하는 서비스를 시작해 보자고 생각했을 때, 도대체 어디에서부터 손을 대면 좋을지 막막하기만 했다고 합니다. 그렇기 때문에 지인의 연줄에 의지하여, 가사를 전담하는 수십 명의 여성들로부터 여러 의견을 수집했습니다. 직접 가정을 방문해 주부들로부터 이야기를 듣는 것은 당시 이십 대의 젊은 남성으로서 너무나도 익숙하지 않은 일이었습니다. 울기 시작한 아이를 어떻게 다루어야 할지 몰라 쩔쩔매야 했던 일 등 참으로 여러 가지 일을 겪어야 했지만, 이러한 과정을 통해 정말 다양한 사실을 알게 되었습니다.

"슈퍼마켓에서 장을 볼 때에 어떤 식재료가 안전한지 알 수가 없습니다. 어떤 기준으로 고르고 구입해야 좋은가요?", "아무런 정보도 없이 아이들에게 먹을거리를 만들어 주는 일은 정말 불안합니다.", "안심할 수 있고 택배도 가능한 자연 식품은 너무 가격이 비싸서 평범한 주부가 구입하기에 문턱이 높아요."

주부들은 이와 같은 의견을 내놓았습니다. 앞 장에서 소개한 시하라 아키코 씨와 마찬가지의 고민을 하는 사람들이 참 많다는 것을 반증해 주는 에피소드라고 할 수 있습니다.

그 당시부터 이와 같은 서비스를 이용해 온 저로서는 '택배가 가능한 자연 식품은 문턱이 높다'는 의견을 100퍼센트 이해합니다. 생활 협동조합 등이 전형적인 예라고 할 수 있습니다. 하지만 독자적인 배송망을 갖추고 있기 때문에 배달 일시가 자동적으로 결정되어, 해당 시간에 집에 있어야만 물품을 수령할 수 있습니다. 당시에는 '공동 택배'라고 해서 같은 아파트나 근처에 사는 사람이 함께 물품을 의뢰하는 방식이 중심을 이루고 있었기 때문에 택배 구조 역시 그 문턱이 매우 높았던 셈입니다.

채소도 세트로만 구입해야 하는 방식 중심이어서, 주문한 채소는 상자로 포장되어 떡하니 배송됩니다. 계절 채소가 배송되므로 그 맛이 정말 일품인 것은 사실입니다. 하지만 한편으로 계절 채소가 선별되어 배송되기 때문에 어느 주에는 소송채, 어느 주에는 무, 또 어느 주에는 토란 등 같은 채소가 연속해서 배송되는 일이 많습니다. 그래서 한 가지 식재료를 이용해 다양한 요리를 만들 수 있도록 궁리에 궁리를 거듭해야 해서, 요리를 잘하지 못하는 사람은 정말 고충이 많았을 것입니다.

게다가 오가닉이라는 무농약 유기농 채소 전문 서비스의 경우에는 그 판매 가격이 상당히 높아서, 프리미엄 슈퍼마켓 못지않은 가격이었습니다. 이러한 식재료를 일상적으로 구입하려면 나름의 경제적 여유 없이는 여간 어려운 일이 아닐 것입니다.

본래 채소 직송 사업은 '농가를 지키자!'는 운동에서 파생되기 시작한 경우가 많습니다. 그렇기 때문에 이 사업은 농가의 시선에서 이루어지고 있으며, 농가에 대한 지원이라는 의미를 강하게 띠고 있어서, 농가를 배려하는 사업의 성향이 있습니다. 물론 그렇다고 해서 결코 나쁜 사업은 아닙니다. 하지만 소비자의 입장에서 바라보면, '정기적으로 구입해야' 하고, '채소를 세트로만 구입해야' 하는 등 이용하기에 주저되는 점이 많기도 합니다. 농업이나 식재료에 대해서 상당히 높은 의식을 갖고 있지 않으면, 지속적으로 이용하기에는 다소 어려운 측면이 있다는 점을 부정할 수 없을 것입니다.

굳게 잠긴 농가의 문을 두드리다

적절하면서 합리적인 가격으로 안심할 수 있는 채소를 인터넷으로 구입할 수 있다면, 많은 주부들이 이를 자주 이용하게 되지 않을까요?

오이식스가 바로 이러한 생각을 갖게 된 것은 당연한 결과였다고 할 수 있습니다. 가입비나 연회비를 내지 않아도, 채소를 세트가 아닌 단품으로 살 수 있습니다. 전문 택배망이나 공동 택배가 아니라, 일반적인 택배를 이용하기 때문에 부재중일 때에는 재배달도 가능해 언제나 수령할 수 있다는 점도 특징입니다.

물론 일반적인 택배를 이용하면 운송비가 추가되기는 합니다만, 실제로 고객들은 단품만 구입하는 것이 아니라 대개 몇 가지 물품을 한꺼번에 구입할 것입니다. 살 수 있는 상품의 선택지가 많을수록 한 번 주문에 구입하는 물품 수는 늘어날 것이므로, 이 수익으로 운송료를 보충할 수 있습니다. 더구나 인터넷을 통해 판매하기 때문에, 기존 방식의 종이 카탈로그를 따로 만들 필요도 없으며, 주문 용지의 마크 시트를 처리하는 비용도 들지 않습니다. 고객 지원 센터도 비교적 크게 마련할 필요가 없습니다. 오이식스 관계자들은 이러한 점들을 예측한 것입니다.

하지만 무엇보다 큰 문제는 바로 농가와의 접촉이었습니다. 오이식스의 젊은이들은 사실 농가와의 접점이 전혀 없었습니다. 처한 상황이 상당히 난감하기는 했지만, 이들은 우선 채소나 과일을 취급하는 도쿄의 유명한 대형 시장, 오타 시장(大田市場)을 둘러보기로 했습니다. 유기농 채소를 취급하는 도매 시장을 찾아 가서 그곳에 쌓인 채소와 과일 상자를 살펴보았습니다. 그러고 나서 상자에 농장 이름 아래에 적힌 성명과 전화번호를 메모한 다음, 그 전화번호로 다짜고짜 전화를 걸었습니다.

지금이야 농업 법인 등이 인터넷 사이트를 갖고 있는 것이 매우 당연하고 자연스러운 일로 여겨지지만, 2000년 무렵에는 지금과 같은 사이트를 가진 농업 법인은 거의 존재하지 않았습니다. 아직 미국에서 구글이 창립한 지 이 년 정도밖에 지나지 않은 시기였습니다. 검색 엔진도 제대로 사용할 수 있는 상황이 아니었습니다. 그렇기 때문에 이처럼 현장에 직접 나가 농가의 연락처를 발로 뛰어 알아보는 수밖에 달리 방법이 없었던 것입니다.

게다가 그런 시대였기 때문에 농가에 직접 전화해서 '인터넷을 이용해서 채소를 판매하려고 한다'고 제안하더라도 즉각적인 반응을 얻을 수는 없었습니다. 애당초 '인터넷' 자체에 대해 알 리가 없었기 때문입니다.

이
야
기
와
함
께
느
긋
하
게
살
아
간
다

"따르릉, 따르릉, 따르릉!"

"네, 여보세요."

"여보세요, 저, 이번에 인터넷을 이용해서 채소를 택배로 배송하는 사업을 시작하려고 합니다. 그래서 거래 문의를 드리려고 이렇게 전화를 드렸습니다……."

"……네? 무슨 말씀이세요?"

"바로 찾아뵙고 말씀드리고 싶은데, 한 번 찾아 뵐 기회를 주시겠습니까?"

"오고 싶으면 오세요."

그렇게 해서 받은 주소로 한걸음에 달려갔는데, 고집스러워 보이는 한 남성이 땅을 손질하고 있었습니다.

"지난번에 전화를 드렸던 사람인데요……."

"아, 당신들이었군요."

"경작하신 채소들을 인터넷에서 판매하고자 합니다. 저희들이 판매할 수 있도록 허락해 주시겠습니까?"

"에? 인터? 그게 뭐예요?"

"인터넷입니다. 컴퓨터상의 웹 사이트에서 전 세계 사람이 모두 볼 수 있게 되어 있습니다."

"전 세계가? 무슨 말을 하는 것인지 전혀 이해가 안 되네요. 당장 그만두고 돌아가 주시죠!"

이와 같은 상황이 오이식스의 설립 초반에 빈번히 발

생했습니다. 그러나 몇 번이고 계속해서 찾아가 인사를 하고 이야기를 나누면서 얼굴을 익히기 시작했습니다. 그러다가 "이봐, 젊은이, 잠깐 좀 와 봐요. 잡초를 뽑아야 하는데 잠시 일손 좀 빌리자고! 아직 힘이 팔팔하니." 이렇게 농사일을 돕게 되었습니다. 젊은이들은 밭 한가운데에서 흙투성이가 되면서 일손을 도왔습니다. 그러자 "오늘 하루 수고 많았어요. 정말 고맙네! 잠깐 올라와서 한 잔 하지."라며 술을 권하는 사람도 있었습니다. 이렇게 열릴 것 같지 않던 단단한 문이 조금씩 열리듯이 농가의 마음이 조금씩 열리면서, 이 젊은이들과 농가의 거래가 시작되었습니다. 농가 입장에서는 "솔직히 뭐가 뭔지 잘은 모르겠지만, 젊은이들이 열심히 노력했고, 그런 모습을 보니 안타깝기도 해서 있는 것 조금 나누어 준다는 마음으로 시작했다."라며 동정심에서 거래를 시작했다고 말합니다. 그렇지만 이 젊은이들은 지치지 않는 노력을 통해 굳게 닫혔던 문을 조금씩 비집고 들어갔으며, 농업이라는 오래되고 고집스러운 업계에 발을 들여놓을 수 있었던 것입니다.

복숭아 맛이 나는 순무, 이름하여 피치 순무

그렇기 때문에 이들은 전통적인 식품 업계에서는 상상도 할 수 없었던 일을 보란 듯이 해냈습니다. '머리말'에서도 등장했던 오이식스의 바이어 고보리 나츠카 씨는 어느 날 거래처인 지바현의 한 농가 다나카 가즈히토(田中一仁) 씨의 밭을 방문한 적이 있습니다.

방문 목적은 여름에 출하할 수박의 생육 상황을 확인하는 것이었습니다. 그런데 수박밭을 걷다 보니 문득 눈에 들어오는 것이 있었는데, 바로 밭 가장자리에 한 줄만 심어 놓은 순무였습니다. 고보리 씨는 바이어가 된 지 얼마 안 되었을 때라서 채소에 대해 잘 몰랐습니다. 그래서 땅에서 반쯤 몸통을 드러낸 순무가 일렬로 줄지어 있는 것을 보고,

"와, 귀엽다! 마치 병사들처럼 일렬로 줄을 서 있네!"

그렇게 순무에 완전히 마음을 빼앗겨 버렸습니다.

"이 순무는 정말 맛이 좋다니까!"

다나카 씨가 그 자리에서 순무 하나를 뽑아 흙을 털어 내고 날 것 그대로 맛을 보게 해 주었습니다.

"와, 이게 뭐예요?"

충격적이었습니다. 순무라고는 믿어지지 않을 만큼 수분이 가득했고 게다가 단맛까지 났습니다.

"마치 복숭아를 먹은 듯한 느낌이에요."

고보리 씨는 지난해에 출하했던 복숭아를 떠올렸습니다. 그 복숭아는 아직 숙성되지 않아 수분기 하나 없이 단단해서 전혀 맛이 없었습니다. 회사에서도 혼쭐이 났고 고객에게도 항의를 받았습니다. 그 농가에서는 "고보리 씨가 무슨 일이 있어도 그 날짜에 출하해 달라고 해서 무리를 해서 출하했던 것뿐인데……" 라며 응수해 언쟁이 일기도 했습니다.

"그때 그 복숭아보다 이 순무가 훨씬 달고 수분도 가득해서 맛이 있어요. 마치 복숭아처럼 말이에요. 이 순무를 복숭아 순무 혹은 피치 순무라고 이름을 붙여서 판매하면 좋을 것 같아요."

다나카 씨에게 이러한 제안을 해 보았는데, 다나카 씨는 의외로 냉담한 반응을 보였습니다.

"이것은 검은 순무라서 말이지…… 팔 수가 없어요."

"네? 검은색이 아니라 하얀색이잖아요. 왜 검은 순무라고 하지요?"

"껍질이 얇아서 씻으면 쉽게 상처가 생겨서 거무스름하게 색이 변해 버려요."

이 순무는 정식 품종명은 '하쿠레이(はくれい)'라고 부르는 샐러드용 순무인데요. 보통 순무는 껍질이 두꺼워서 단단한 데 반해, 이 순무는 껍질이 얇아서 다루기가 어렵다고

합니다. 그렇기 때문에 시장에서 평가가 낮은 편이라고 합니다. 순무는 겉보기에 색깔이 얼마나 하얗고 크기가 얼마나 큰지가 시장에서 중요하게 작용하기 때문에, 달고 맛이 있다고 하더라도 겉보기에 좋지 않으면 시장에 유통시킬 수 없었던 것입니다.

그러나 이러한 시장성 평가는 어디까지나 농협과 같은 큰 규모의 유통 시장일 경우에 유효한 이야기라고 할 수 있으며, 실제 소비자와는 크게 관련이 없습니다. 더구나 소비자의 감각은 분명 1990년대 이전 시대와는 크게 달라지고 있습니다. 겉보기에 보기 좋고 모양이 잘 정리되어 있는 것보다도, 맛있고 안심하고 먹을 수 있는 채소를 더 선호하는 사람이 늘어나고 있습니다. 고보리 씨는 '분명 잘 팔릴 것'이라고 직감하고 다나카 씨에게 부탁했습니다.

"이 순무를 재배해 주세요. 제가 팔아 볼게요!"

과묵하고 고집이 센 다나카 씨는 처음에는 고개를 절레절레 저었습니다. 그는 "상처가 난 작물은 출하하고 싶지 않다."라며 반대했으나, 고보리 씨의 열의에 결국 두 손을 들고 말았습니다. "그럼, 시험 삼아 가을 겨울에 조금만 출하해 보겠다."라고 수락한 것입니다.

그러나 '하쿠레이'라는 이름으로는 일반 소비자들에게 깊은 인상을 주지 못합니다. 다나카 씨가 웃으면서 농담 삼아 "그럼 이름을 지어 보든가?"라고 말했기 때문에, 고보리 씨는 "그럼, 제가 지어 볼게요. 음…… 피치 순무라는 이름으로 판매하겠습니다!"라고 선언했던 것입니다.

그런데 채소의 이름을 이렇게 마음대로 바꾸어도 문제가 없는 것일까? 회사로 돌아가서 상사에게 "굉장한 순무를 발견해서요…… 이름을 바꾸고 싶은데, 바꾸어도 될까요?" 하고 물어 보았는데, "글쎄, 잘 모르겠군. 좀 알아보아야 할 것 같은데."라는 대답을 들었습니다.

그래서 종묘 회사에 문의해 보기도 하고, 오타 시장에 가서 물어보기도 했습니다. 본래 그 무렵 채소 업계에는 여성이 거의 활동을 하지 않았던 시기여서, 시장 안을 걸어 다니면 금방 눈에 띄었습니다.

"피치 순무라는 이름은 어떨까요?"

"글쎄, 그런 느낌의 이름은 좀…….."

그렇지만 조사 결과 어디까지나 품종은 품종이고, 상품으로 판매하는 경우에는 다르다는 것을 알게 되었습니다. 마음대로 이름을 바꾸어 판매해도 크게 문제 될 것이 없다는 것입니다. 정해진 규칙이 따로 있는 것도 아니었습니다.

이렇게 해서 다나카 씨의 '피치 순무'는 오이식스를 매개로 세상에 나올 수 있었습니다. 이것이 고보리 씨가 채소에 이름을 붙인 최초의 경험이었습니다. 그리고 피치 순무는 예상을 훨씬 뛰어넘는 폭발적인 성적을 기록했습니다.

두말할 것도 없이 느낌 있는 이름을 붙이는 묘미가 있었을 것입니다. 그뿐 아니라, 이름에 지지 않는 제대로 된 맛을 분명 갖추었다는 점이 대히트의 요인이었을 것입니다. 실제로 다나카 씨는 제대로 된 맛의 피치 순무를 재배하는 데에 엄청난 수고를 아끼지 않았던 것입니다.

날것으로 먹는 순무이므로, 순무 특유의 냄새가 나서는 안 됩니다. 순무는 납작한 모양으로 기르면 냄새가 나므로, 비료를 바꾸거나 물을 주는 빈도를 바꾸거나 해서 가능한 한 둥근 모양을 유지하도록 조정해야 합니다. 날씨가 불안정하면 갑자기 크게 웃자라기도 하고, 깨져 버리기도 합니다. 똑같은 모양으로는 좀처럼 만들 수 없습니다. 씻을 때에도 얇은 껍질에 상처가 생기기 않도록 다나카 씨는 자비를 들여 맞춤형 세척 기기를 만들었습니다. 이렇게 해서 마침내 싱싱하고 맛있는 피치 순무를 출하할 수 있었던 것입니다.

이름을 지으며 시작되는 이야기

이처럼 훌륭하고 섬세한 피치 순무를 시작으로 이후에도 고보리 씨는 채소에 여러 가지 특별한 이름을 붙였습니다. "이렇게 이름을 붙이면 잘 팔릴까?" 하는 마케팅적인 발상이 아닙니다. 고보리 씨는 "채소들이 말을 걸어옵니다."라고 말합니다. 실제로 채소를 입에 넣어 씹어서 먹어 보면, 그 감동과 함께 이름이 마치 강림하는 것 같다고 합니다.

"와, 정말 녹아서 걸쭉함이 느껴지는 가지예요! 스르르 녹아요.…… 이것은 '살살 녹는 가지'다!"

"이 호박, 날것으로 먹으면 오도독 오도독 씹혀서 맛있어요. '오도독 호박'이네!"

이런 느낌으로 이름을 붙이게 된다는 겁니다.

'살살 녹는 가지'는 처음에 백(白)가지라는 이름으로 판매했습니다. 색깔은 새하얀 것이 아니라 오히려 녹색을 띠고 있지만 어쨌든 보라색을 띠는 가지와 비교하면 하얀 느낌이기 때문에 백가지라는 이름을 붙여 보았다고 합니다. 그러나 이 이름으로는 역시 전혀 팔리지가 않았습니다. 녹색을 띠고 있으니까 녹색 가지라는 이름을 붙이는 것이 나을까 싶어서 이름을 바꾸어 보았습니다만, 이 역시 잘 팔리지 않았습니다. 회사에서는 "이제 이 가지는 판매하지 않는 것이 어떨까?"라는 의견이 나왔습니다. 그렇지만 다시 한번 생각해 보자는 회사 팀장의 의견에 따라 모두 함께 시식해 보는 시간을 가졌습니다. 이 가지는 보통 가지와 비교해서 육질이 쫀득하기보다 무른 식감이었고 게다가 점성이 더 강한 품종이었습니다. 프라이팬에 구워 먹어 보았을 때에 직감적으로 번뜩이는 것이 있었습니다.

"이 가지는 참마 같은 느낌이 들게 해요!"

'살살 녹는 가지'의 탄생입니다. 이 가지가 판매된 지 이제 사 년째가 되었습니다. 이름을 바꾸고 나서 폭발적으로 팔리기 시작했습니다. 저 역시 이 '살살 녹는 가지'를 애용하고 있습니다. 튀김으로 해도 좋고, 마파 가지 요리로 만들어 먹어도 맛있지만, 제가 자주 만드는 요리는 바로 이 요리입니다.

살살 녹는 가지 볶음

대체로 2~3센티미터 정도의 도톰한 두께로 가지를 둥글게 썰어 놓습니다. 여기에 소금을 뿌려서 15분 정도 그대로 재워 둡니다.

잠시 뒤에 수분이 생기면 이 수분을 꽉 짜 줍니다. 그리고 프라이팬에 식용유를 넉넉하게 두르고 가지를 굽습니다. 양면을 노릇노릇하게 구워 줍니다. 색깔이 보기 좋은 갈색으로 구워지면 기름기를 잘 빼서 접시에 옮겨 담습니다. 그 위에 소금과 산초 가루를 살짝 뿌려 주면 완성.

사르르 녹는 듯한 가지의 맛이 돋보이는 간편한 일품요리가 되었습니다.

채소의 씨앗을 판매하고 있는 종묘 회사는 봄이나 가을에 새로운 품종이 나오면 종묘 품평회를 개최합니다. 이 품평회에 참석한 고보리 씨는 그곳에서 자그마한 호박을 발견했습니다. 이 호박을 시식해 보니, 수분감이 많이 느껴졌습니다. "이 호박, 수분이 많네요."라고 종묘 회사 관계자에게 말을 하자, 그 관계자의 말이 "그렇지요. 생육 효율이 좋다는 것이 이 품종의 장점이어서……."라면서 그다지 적극적이지 않은 반응이었습니다.

하지만 여기서 고보리 씨는 생각합니다. '수분이 많다는 것은 샐러드로 만들어 먹어도 좋다는 것이 아닐까? 날것으로 먹을 수 있는 호박이라면, 생생한 노란색을 띠는 코린키라는 품종도 있었던 것으로 기억하는데.'

호박을 식재료로 쓸 때 귀찮게 여겨지는 부분은 호박 하나를 통째로 자르는 데 힘이 너무 든다는 점입니다. 껍질이 두꺼워서 여성의 손으로 직접 자를 때 굉장히 힘에 부칩니다. 그리고 호박의 둥근 모양은 고정하기가 어렵기 때문에 손이 미끄러져 다치기가 쉽다는 단점도 있습니다. 하지만 이 호박이라면 크기도 작고 부드럽기 때문에 부엌칼이 쑤욱 들어가서, 기존의 호박이 가지고 있던 문제점을 완전히 해결할 수도 있지 않을까 하는 생각이 고보리 씨의 머리를 스쳤다고 합니다.

"이 아이는 가능성이 보이는데……."

고보리 씨는 채소들을 '아이'라고 부른다고 합니다.

호박은 완전히 숙성되면 대개 줄기가 약해져 버립니다. 그러나 이 호박은 숙성되지 않은 상태에서 출하하면 줄기가 약해지지 않는다는 사실도 알게 되었습니다.

"이것은 농가에도 유익한 작물이다. 숙성되지 않은 상태로 출하하자!"

"호박이지만 씨도 껍질도 먹을 수 있습니다. 부엌칼로 쉽게 자를 수 있습니다."라는 문구를 부각시켜 전면에 내세우면서 상품 이름도 '오도독 호박'으로 정하고, 마침내 오이시스를 통해 시장에 데뷔했습니다. 그렇지만 출하 초기에는 소비자들의 반응이 신통치 않았습니다. "호박을 날로 먹는다는 게 좀……"이라는 의견이 많아 호박에 대한 선입견이 생각보다 강하다는 것을 알게 되었습니다. 그래서 가열해서 조리하는 레시피를 만들어 보았습니다만, 이번에는 "수분이 많아서 맛이 없네요."라는 불만의 소리가 날아들었습니다.

다시 원점으로 돌아가서 젊은 여성이 '오도독 호박'을 통째로 베어 무는 영상을 만들어 유튜브에 올려 보았는데, 이를 계기로 미디어에서도 취재를 오면서 하루아침에 주목의 대상이 되었습니다.

버섯의 '기둥'을 판매해 보자는 의견을 발의한 것도 고보리 씨였습니다. 양송이나 팽이의 밑동 부분만 팔아 보자는 것이었습니다. 요리할 때에 칼로 잘라서 버리는 사람도 많을 것 같지만, 사실 먹어 보면 버섯의 기둥 부분이 참 맛있습니다. 조개의 관자 같은 씹는 맛이 있고, 맛이 응축되어 있습니다. 그렇기 때문에 농가에서는 일상적으로 버섯의 기둥을 요리해서 먹지만, 이것을 판매하려면 위아래를 잘라 길이를 잘 맞추어야 하기 때문에, 상당히 손이 많이 가는 작업입니다.

하지만 "이렇게 맛있는 식재료를 팔지 않는다는 것은 너무 안타까운 일이다."라고 생각한 고보리 씨는 양송이와 팽이, 표고 등 세 가지 버섯의 기둥만을 모아서 하나의 세트로 만들었습니다. 그러자 발매를 시작하고 삼 주 동안에 무려 1만 3000팩이나 판매되는 대히트 상품이 되었습니다.

채소에 이름을 붙여 새로운 이야기를 부여합니다. 이러한 노력이 소비자들에게 큰 반향을 불러왔습니다. 실제 물품을 보지 않는 인터넷 통신 판매인데도 판매가 성황을 이룬 것입니다. 여기에서 채소의 새로운 소비 형태가 탄생합니다.

신화를 깨는 규격 외의 발상

고보리 씨는 본래 농업이나 식품 업계와는 전혀 관련이 없는 일에 종사했습니다. 대학을 졸업하고 대형 은행에 신입 사원으로 입사했습니다. 종합직으로 외근 영업을 담당하면서 외화 예금이나 투자 상품을 판매했습니다.

은행 업무가 결코 싫지는 않았고, 오히려 적성에 아주 잘 맞았습니다. 금융 상품을 판매하면서 사람들의 꿈을 실현시켜 주는 일은 보람 있었습니다. 그렇지만 역시 처음부터 목표로 삼고 관심을 가졌던 식품 관련 회사에 들어가기로 마음을 먹고, 오이식스에 입사한 것입니다.

금융 업계 출신으로, 식문화와는 전혀 관련이 없는 일을 해 왔던 고보리 씨가 오이식스에 입사하면서 하고 싶었던 일은 아마도 오래된 '식문화'의 신화를 깨뜨리고, 완전히 새로운 이야기를 구축하는 것이 아니었을까 생각합니다.

유통 본연의 자세도, 규격도, 맛에 대한 사고방식도, 일본의 식문화는 수많은 오래된 신화에 단단히 사로잡혀 있습니다.

예를 들어 채소나 과일의 유통을 생각해 볼까요? 전후 오랜 기간에 걸쳐서 일본의 생산물은 대부분 농협이 그 유통을 담당해 왔습니다. 크기나 형태, 상처가 있나 없나 등의 규격까지 모두 농협에서 좌지우지했으며, 맛이 어느 정도로 잘 들어야 하는지에 대해서는 고려하지 못하는 경우가 대부분이었습니다. 과일의 경우에는 1990년대부터 일본 각 지역의 농협에 당도 센터를 도입하면서, 어느 정도로 단맛이 나는지를 측정할 수 있게 되었습니다. 그러나 좋은 과일을 말할 때, 당도만으로는 판단할 수 없습니다. 당도에 못지않게 산미와의 밸런스가 중요하다고 할 수 있습니다.

피치 순무를 경작하는 다나카 씨가 처음 경작을 시작했을 때에 고보리 씨에게 이렇게 질문한 적이 있습니다.

"규격은 어떻게 할까요?"

고보리 씨는 크기에 대해서는 그리 신경을 쓰지 않았기 때문에 깊게 생각하지 않고 정했습니다

"대략 두세 개에 500그램 정도면 어떨까요?"

그때까지만 해도 이미 규격이 정해져 있는 채소를 그저 사들이기만 해 왔던 터라, 새로운 채소를 경작하는 처음부터 규격까지 염두에 두고 경작한다는 것에 대한 경험이 없었던 것입니다. 그런데 경작을 시작한 어느 날, 밭에 직접 가서보니 소중한 피치 순무가 대량으로 밭에 그대로 버려져 있는 것을 보았습니다. 고보리 씨는 깜짝 놀라서 다나카 씨에게 물어 보았습니다. 그러자 이런 대답이 돌아왔습니다.

"지난번에 말한 규격에 맞지 않아 버렸을 뿐이에요."

농가 분들에게 규격은 절대적인 것이기 때문에, 다나카 씨처럼 훌륭한 농부라도 기존의 사고방식에서 벗어날 수가 없다는 것을 잘 보여 주는 에피소드입니다.

　　이와 같은 규격 외의 생산물을 '모양이 고르지 않은 채소'라는 이름을 붙여서 판매하려고 하자, 다른 농가의 거센 반대에 부딪치고 말았습니다.

　　"이런 작물을 판매 할 수 없다."

　　"창피만 당할 것이다."

　　그러나 소비자들에게 설문 조사를 해 본 결과, "안전하고 맛만 있다면, 모양이 못생겼어도 사겠어요.", "규격에 맞지 않아도 저렴하게 살 수 있다면 그것만으로도 기쁘다."라는 의견이 압도적으로 많았습니다. 이 결과를 농가 분들에게 보여 주면서 설득해 규격품보다 30퍼센트 정도 저렴한 가격에 판매를 시작하자, 상상을 훨씬 뛰어넘는 판매 양상을 보여 주었습니다.

　　21세기가 되어도, "모양이 예쁘지 않으면 팔 수 없다.", "규격에서 벗어난 생산물은 인기가 없다."라는 전후 시대의 신화가 여전히 농가들 사이에 뿌리 깊게 있는 것입니다. 그러나 식문화를 둘러싼 1990년대 이전 시대의 신화는 바로 지금 해체의 길을 걷기 시작했다고 할 수 있습니다.

채소로 시작되는 가족 간의 대화

전후 일본 가정요리의 '전통'이나 '풍습'이라고 강조된 것 중에는 참 어설프고 의심스러운 것이 많습니다. 이제는 거의 사라졌지만 많은 가정에서 채소를 합성세제로 씻기도 했고, 식탁에서는 화학조미료를 거의 모든 요리에 듬뿍 넣기도 했습니다. 흙냄새가 배어 있는 자연에 가까운 상태에 대해서 '낡아 빠졌다', '촌스럽다'고 하면서 기피했으며, 인공적이면서 화학적인 것이 '미래 지향적이고 진보적'이라는 이유로 인기를 끌기도 했습니다. 그렇기 때문에 채소도 크고 가지런한 모양으로, 가능한 한 똑같은 크기로 맞추어 내는 것이 판매 성적도 좋았던 것이지요. 슈퍼마켓에 가면 모든 모양이 똑같은 채소가 마치 공산품처럼 판매대에 나란히 누워 있는데, 이러한 광경을 바람직하게 여기던 그런 시대였던 것입니다.

이와 같은 1990년대 이전의 감각은 거품 경제의 미식 시대를 거쳐, 2000년대에 들어와서는 급속하게 쇠퇴해 갑니다. 이러한 변화에 민감하게 반응하기 시작한 것이 기존의 식품 업계와 무관한 상태에서 출발한 오이식스 같은 회사, 고보리 씨 같은 바이어였다고 할 수 있습니다.

고보리 씨는 "중요한 것은 '가격' 파괴가 아니라 '규격'

파괴입니다."라고 말한 적이 있습니다. 규격 같은 오랜 관례를 버리고, 소비자와 농가와 기업이 대등한 관계에서 새로운 이야기를 만들어 간다는 것입니다. 채소의 이름 짓기 역시 이와 같은 새로운 이야기를 만들어 가는 하나의 노력이라고 할 수 있습니다.

오이식스의 직원들이 고객의 메일 등을 통해 받는 후기를 읽으면서 알게 된 것이 있습니다. 바로 고객 본인 이외의 누군가가 반드시 글 속에 등장한다는 사실입니다. 예를 들면 이러한 내용입니다.

"남편에게 칭찬을 들었습니다."

"아이가 채소를 더 달라고 했습니다."

"토끼가 당근을 거침없이 먹었습니다."

채소를 구입한 본인 이외의 인물이 이야기 속에 등장한다는 것은 무엇을 의미할까요? '이것은 어쩌면 우리가 판매하는 채소를 통해서 가족 간에 서로 대화가 이루어지고 있다는 것이 아닐까?' 오이식스의 스태프들은 바로 이런 점을 알게 되었습니다.

"가정에서 가족 간에 대화가 잘 이루어져서, 채소를 구입하고 느낀 감상 같은 메시지를 오이식스에 더 많이 보내 주고 있는 것이 아닐까요?"

"그렇다면 대화가 더 잘 이루어질 수 있게 해서 고객과 우리의 연결 고리를 더욱 강화할 수 있지 않을까요?"

그래서 판매하는 채소에 메시지를 적어 보기로 했습니다. 시금치를 구입하면, 농가의 메시지를 함께 볼 수 있는 것입니다.

"시금치 농가의 사카모토입니다. 저는 이렇게 시금치를 재배했습니다. 아린 맛이 없는 것이 이 시금치의 특징입니다. 데치기 전에 우선 소금만 한 번 찍어서 날로 드셔 보세요."

저녁 식탁에 이런 시금치가 올라오면, 가족들은 궁금해서 "이게 뭐야?"라고 묻습니다. 시금치를 날것으로 먹어 본 적이 없는 사람이 많기 때문에, 이런 과정에서 대화가 풍성해집니다. 그리고 주저하면서도 메시지에 적힌 대로 한 번 먹어 보니, 정말 맛이 있어서 대화는 더욱 풍성해집니다. 이렇게 채소를 통해 기쁨을 맛본 고객은 판매자에게 그 느낌을 적은 메시지를 보내 주는 것입니다.

맛있는 채소가 자아내는 이야기

채소의 맛을 느끼게 하기 위해서는 채소가 전면에 등장하는 요리를 만들어야 합니다. 예를 들어 시금치라면 아삭한 나물 요리를 만들어 봅니다.

제가 시금치나물 요리를 만들어 먹는 방법을 소개해 보겠습니다. 너무 데쳐진 시금치는 이에 오도독오도독하거나, 미끈미끈하게 느껴지기도 하지만, 제가 제안하는 방법으로 시금치나물 요리를 하면 오독오독하거나 미끈미끈하게 느껴지지 않고 완벽하게 맛있는 시금치나물 요리를 간단하게 만들 수 있습니다.

시금치나물 요리

먼저 큰 그릇에 차가운 물을 담고 흐르는 물에 시금치를 흔들어 씻어 냅니다. 뿌리 부분을 통으로 잡고 물속에서 흔들면서 씻습니다. 먼저 뿌리 쪽을 잘 씻어서 흙을 깨끗하게 제거하고, 뒤집어서 잎사귀 부분은 잎사귀가 잘려 나가지 않도록 부드럽게 씻습니다.

다시 그릇에 차가운 물을 담고 시금치를 담가 둡니다. 가능하면 30분 정도 담가 둡니다. 시금치가 물을 빨아들여서, 쳐다보고 있으면 싱싱하게 되살아나는 것을 알 수 있습니다.

시금치가 살아나면 냄비 가득 물을 끓여 시금치를 한 포기 넣고 10초 정도 데칩니다. 꺼내서 곧바로 얼음물에 담가 둡니다. 이러한 과정을 한 포기씩 반복합니다. 시금치를 얼음물에서 꺼내면 부드럽게 짜서, 칼로 4등분합니다. 소량의 간장으로 버무려서 오목한 그릇에 소복하게 담아내면 완성입니다.

　그다음으로 양파를 생각해 봅시다. 양파는 쓰임새가 다양하기 때문에 대개는 모든 집에 양파가 있습니다. 누구나 카레를 만들 때 양파를 넣을 테지만 카레의 맛 때문에 양파의 맛이 감춰져서, 양파 본연의 맛을 느끼기는 다소 어렵습니다. 물론 미각이 민감한 사람이라면 카레 안에 들어간 양파의 단맛을 분명 느낄 것입니다. 하지만 음식의 세계에 그다지 익숙하지 않은 초등학생 자녀들이라면 어떨까요? 양파의 좋은 맛을 함께 맛보았으면 한다고 독려해 보지만, 아마도 자녀들은 좀 곤혹스러워 하지 않을까 싶습니다.

　저라면, '양파 프리타타'를 권해 드리고 싶습니다. 이 요리는 요리 연구가인 요네자와 아이(米澤亞衣)가 『이탈리아 요리책』에서 소개한 요리입니다. 이 책은 정말 적극 추천하고 싶은 책입니다. 책의 모양도 참 아름답습니다. 금박으로 된 이탈리아어가 들어가 있어서, 단순하면서도 고급스러운 디자인이 눈에 띕니다. 책을 펼쳐 보면 더 놀랍습니다. 페이지마다 가득 인쇄된 사진들은 모두 다소 어슴프레한 느낌을 줍니다. 흐릿하면서 아련한 느낌이 감돌고 있으며 선명한 원색은 거의 없습니다.

　그렇다고 사진 속에 등장하는 음식이 맛이 없어 보이는

가 하면, 전혀 그렇지 않습니다. 뭐라고 할까요? 남미의 아주 강렬한 태양의 빛, 반짝반짝 빛나는 지중해의 수면 같은 이미지입니다. 그런 광경을 보면서 찾아간 곳은 친근하게 느껴지는 현지 아주머니가 경영하는 식당입니다. 식당 안으로 들어가자 강렬한 빛은 차단되어 있고, 썰렁하면서 부드러운 어슴프레함이 몸을 부드럽게 감쌉니다. 식당의 아주머니는 현지 요리를 그 맛 그대로 만들어 줍니다. 앉아서 기다리면 닭고기와 마늘을 익히는 아주 좋은 향이 친밀한 공간에 퍼져 갑니다.

저는 이 책에서 몇 가지 요리의 레시피를 배우면서 많은 자극을 받았습니다. 그중에서도 가장 마음에 들어서 자주 만들어 먹는 요리가 바로 양파 프리타타입니다. 이탈리아 레스토랑에서 프리타타를 주문하면, 대개의 경우 얇은 오코노미야키나 전 같은 느낌으로, 각종 식재료를 넣고 달걀로 얇게 구워 낸 요리가 나옵니다. 하지만 이 레시피의 프리타타는 전혀 다릅니다. 요네자와 아이 나름의 레시피로 다시 탄생한 것입니다. 아래와 같이 단순한 요리입니다.

양파 프리타타

먼저 커다란 양파 하나를 얇게 썹니다. 그러고 나서 올리브유를 많다 싶을 정도로 넉넉히 두른 프라이팬에 천천히 볶습니다. 양파의 숨이 죽어서 걸쭉해지면 소금을 약간 넣어 간을 하고 달걀 하나를 잘 풀어서 넣어 줍니다. 이를 잘 섞어 주고 달걀이 살짝 반숙이 되기 시작하면 불을 끕니다.

레시피는 단지 이것뿐입니다. "그냥 양파 볶음이잖아!"라고 생각하는 사람도 있을 수 있습니다. 그런데 많다 싶을 정도로 넉넉하게 올리브유를 두르고 볶는다는 점, 그리고 커다란 양파 하나에 달걀을 하나만 넣어서 요리한다는 점이 이 요리를 일반적인 양파 볶음과는 전혀 다른 요리로 만듭니다. 단순한 요리인 듯 보이는 이 요리가 사실은 그리 간단한 요리가 아닙니다. 양파는 설익으면 전혀 맛이 없고, 지나치게 볶으면 질척해져서 역시 식감이 그다지 좋지 않습니다. 적당하고 알맞게 걸쭉해진 정도로 볶는 것이 포인트입니다. 달걀도 퍼석퍼석하게 되면 전혀 맛이 없어지고, 그렇다고 해서 잘 익히지 않으면 달걀물이 그릇으로 흘러내립니다. 전체적으로 봉긋하게, 게다가 양파와 잘 섞이도록 만드는 것이 포인트입니다.

이야기와 함께 느긋하게 살아간다

양파 프리타타를 맛있게 만들면, 이 요리를 한 번 맛 본 사람은 "양파가 이렇게 맛있는 식재료였어?" 하며 틀림없이 놀라움을 금치 못할 것입니다.

저자인 요네자와 아이는 다음과 같은 멋진 추억 이야기를 이 요리책에 소개합니다.

> 늘 고기가 식탁에 오르는 토스카나의 가정에서, 가끔 오늘은 고기가 없으니까…… 하며 만들어 주는 요리가 프리타타였다. 양파, 양파와 돼지호박, 카르치오피와 자른 생햄. 함께 들어가는 식재료는 이와 같이 세 가지 조합이 있으며, 달걀은 이들 식재료들이 잘 붙도록 해 주는 역할에 그친다. 달걀 요리이면서도 정말 적은 양의 달걀을 이용해서 만든 요리이지만, 이처럼 달걀의 존재감을 느낄 수 있는 요리를 나는 그 어디에서도 보지 못했다.

이것이 바로 음식에 대한 '이야기'입니다.

이야기의 필요

신선한 채소와 맛있는 식사를 앞에 두면, 우리는 여러 이야기가 나누고 싶어집니다. 오이식스의 고보리 씨는 채소 이야기를 시작하면, 정말 기쁘기 그지없는 표정으로 이야기를 멈출 줄 모릅니다. 그 모습이 아주 행복해 보여서, 보고 있으면 이야기를 듣고 있는 저도 왠지 행복해지는 기분이 듭니다.

"연근은 그 껍질을 깎아서 버리지 말고 함께 먹자는 운동을 전개하고 있습니다. 껍질째 그대로 스테이크처럼 구워 보세요. 껍질을 벗기지 않으면 연근 요리는 그리 귀찮을 것이 없고 아주 간단하게 만들 수 있거든요. 본래 판매하는 연근의 껍질이 갈색을 띠거나 검은색을 띠는 것은 상해서 그런 것이 아닙니다. 철분이 들어 있기 때문에 그 색이 밖으로 나와서 그런 색을 띠는 것뿐입니다. 오히려 너무 하얀색을 띤 연근은 표백제에 담갔을 가능성이 있습니다. 그러므로 갈색이나 검은색을 띠더라도 껍질째 먹는 것이 간편하기도 하고 맛도 더 있거든요. 영양가는 어떤 채소든 잎사귀, 뿌리, 껍질에 있습니다. 오이식스에서 저농약으로 재배한 채소를 판매하는 것은 바로 이 부분까지 먹기를 바라기 때문입니다.

일반적인 콩나물의 경우, 에틸렌 가스와 물로 키우기 때문에 매우 약합니다. 그러나 오이식스의 콩나물이 다소 비싼 것은 기존의 대두를 이용해 흙에서 키우기 때문입니다. 그런 까닭에 뿌리도 길고 힘이 있어서 생각보다 오랫동안 보존할 수 있습니다. 긴장을 풀어 주는 효과가 있다고 알려진 영양 성분인 감마 아미노낙산도 다른 콩나물보다 풍부하게 들어 있습니다. 잘 여물고 단단하기 때문에 콩나물을 고기로 싸서 만드는 요리도 만들 수 있습니다. 가볍게 삶아서 된장을 풀면 육수를 별도로 만들지 않아도 된장국을 만들 수 있습니다. 이 된장국이 정말 맛있거든요!

우리 아이가 다니는 보육원에서 다른 아이의 어머니들에게 '우리 집에서는 샐러리 잎을 먹인다'고 말하자, 모두들 깜짝 놀라는 모습이었습니다. '네? 샐러리 잎도 먹을 수 있나요?'라며 놀랍니다. 샐러리 그 자체도 쓰다고 하며 잘 먹지 않는 아이가 많은데, 그 잎을 먹인다고 하니 믿을 수 없다는 것이지요. 그렇지만 우리 집에서는 아이들에게 어려서부터 여주도 먹이고 있습니다. '달리기를 잘할 수 있어.', '팔씨름이 세질 거야.'라고 격려하면서 얇게 썰어 소금을 넣어 박박 주물러 쓴맛을 제거한 다음 잡채를 만들어 먹습니다. 그렇게 만들어 주면 아이들은 아주 잘 먹습니다."

잡채는 참기름을 넣고 당면과 소고기를 볶아서 달고 짭짤하게 맛을 낸 요리입니다. 그러고 보니 확실히 이렇게 요리하면 여주나 샐러리의 잎을 함께 넣어도 아이들이 잘 먹을 것 같습니다.

고보리 씨의 이야기를 듣고 있으면, 배에서 꼬르륵 소리가 요동을 칩니다. 저 역시 뭔가 요리해서 먹고 싶어집니다.

만들어 볼까요? 오늘은 에비스의 오이식스 매장에서 구입한 소금 맛 인스턴트 라면을 이용해서 요리를 만들어 보겠습니다.

기름에 튀긴 면이지만 이 면이 제법 탄력이 있어서 쫄깃합니다. 그리고 수프는 개운하고 맛이 좋습니다. 인스턴트 라면은 등산할 때 가져가는 정도로 평소에 집에서는 잘 먹지 않지만, 이 라면은 즐겨 먹고 있습니다.

다만 면과 수프 이외에 다른 재료는 들어가 있지 않아 좀 더 연구가 필요하다는 생각이 듭니다. 그럼, 어떻게 할까요? 냉장고에 채소가 많으니, 탕면을 만들어 볼까요?

채소 듬뿍 탕면

샤부샤부용으로 판매하는 얇게 저민 돼지고기, 양배추, 당근, 콩나물, 소송채(小松菜) 등 좋아하는 채소와 전분 가루를 준비합니다. 채소는 가늘고 잘게 썹니다. 돼지고기는 한 입 크기로 손으로 찢어 녹말가루를 조금 입혀 놓습니다. 물이 끓으면 돼지고기를 넣고 잠시 더 끓입니다. 위에 떠오르는 거품을 걷어 냅니다. 거품을 다 걷어 낸 다음, 채소를 넣고 더 끓입니다. 냄비 하나를 더 준비해서 물을 넉넉히 넣고 끓인 후 면을 삶습니다.

채소는 지나치게 데치지 않도록 주의합니다. 돼지고기와 채소가 들어 있는 냄비에 수프를 넣어서 잘 풀어 놓습니다. 면을 삶은 물은 버리고 면만 그릇에 담습니다. 그 위에 수프를 풀어 놓은 냄비의 재료를 부으면 완성.

면 위에 수북하게 냄비의 재료를 담으면, 아주 맛있어 보이는 결과물을 마주하게 됩니다. 맑은 수프가 시원하면서도, 돼지고기의 기름에서 나오는 감칠맛이 입안 가득 퍼집니다. 녹말 가루 덕분에 돼지고기는 탱글탱글한 식감을 내며, 수프도 살짝 걸쭉해서 맛의 깊이를 한층 더합니다.

이제 배가 어느 정도 기분 좋게 채워졌으니, 고보리 씨의 이야기를 좀 더 들어 보도록 하겠습니다. 고보리 씨는 사람들의 식탁에 무엇을 올리고 싶어 하는 것일까요?

채소 상품의 이름 짓기도 그렇고, 의표를 찌르는 여러 가지 레시피도 그렇고, 모두 식탁에서 '화제'를 이끌어 내는 역할을 하고 있습니다. 다시 말해서 이름 짓기를 원동력으로 채소를 둘러싼 이야기의 실타래를 풀어내고, 식탁에서 대화를 이끌어 내며, 함께 식탁에 둘러앉은 가족이나 지인, 친구들과의 즐거운 시간을 채워가는 것입니다.

그럼, 이야기의 의미를 좀 더 생각해 보겠습니다. 과연 이러한 이야기가 왜 필요한 것일까요? 식탁에서의 이야기란 도대체 어떠한 것일까요? 왜 우리는 단순히 채소를 구입하면서 '이야기'를 찾아내고 감동할 수 있는 것일까요?

채소 같은 일상적인 물품을 구입하는 행위에 '즐거운 체험'을 결합하는 것이 가능할까 하는 의문을 갖는 사람이 있을 것입니다. 좋아하는 옷이나 가방을 사러 갈 때에는 마음이 설레는 사람이 많을 것입니다. 마음에 맞는 친구들이나 연인과 레스토랑에 식사하러 갈 때에도 말입니다. 하지만 늘 마시는 1.5리터짜리나 2리터짜리 생수를 사러 근처 편의점에 가면서 "기대되는데!" 하며 가는 사람은 거의 없을 것입니다. 채소도 생수와 마찬가지 아닐까요?

실제로 인터넷 쇼핑은 고독한 행위입니다. 친한 친구들과 아이 쇼핑을 하는 것과 달리, 컴퓨터 화면이나 스마트폰 화면을 들여다보고 있을 때에는 대개 혼자입니다. '가족을 위해 맛있는 채소를 산다'는 생각을 하면서도, 이것이 결코 즐거운 행위로는 이어지지 않는 것이 현실입니다. 쾌락과 즐거움은 다릅니다. 즐거움만을 제공하는 것이라면, 그저 무거워서 구입하기 어려운 물품을 인터넷으로 구입하는 것만으로는 인터넷 매장이나 오프라인 매장 모두에서 새로운 체험을 하는 것과는 다소 거리가 있습니다.

비일상적인 엔터테인먼트, 미식

한편으로 미식은 쾌락이며, 최고의 엔터테인먼트입니다. 반짝반짝 빛이 나는 레스토랑의 개방형 주방. 청결한 조리복으로 몸을 감싸고 부지런히 척척 일을 해내는 셰프들의 홀딱 반할 듯한 멋진 몸짓들. 테이블에 놓인 김이 모락모락 나고 맛있어 보이는 여러 요리들.

고급 레스토랑에서 즐길 수 있는 미식은 지금은 놀라울 정도로 진화하고 고급스러워지고 다양해지고 있습니다. 한 마디로 말해서 말머리에 '초(超)'라는 글자가 붙을 정도로 재미가 넘치는 세계로 변모하고 있는 것은 분명합니다.

얼마 전에 세계 곳곳에 있는 레스토랑을 찾아다니며 맛의 세계를 탐구한 젊은 소믈리에를 만나 이야기를 나눌 기회가 있었습니다. 그는 이러한 이야기를 했습니다.

"요즘 미식의 조류는 완전히 엔터테인먼트로 흐르고 있습니다. 스페인의 엘 불리나 덴마크의 노마라는 레스토랑의 요리가 전형적이라고 할 수 있는데요. 예를 들어 접시에 담긴 요리를 보면 마른 잎이 떨어져 있는 땅바닥처럼 보이는데 실제로 먹어 보면 아주 맛있는 요리라거나, 때로 드라이아이스 연기로 연출하는 등, 그저 먹는 데에 그치는 것이 아니라 체험을 중시하는 경향을 보이고 있습니다."

마치 할리우드 대작 3D 영화라든가 디즈니랜드 등을 연상시키는 미식으로 경향이 흘러간다는 것입니다. 식문화는 단순히 '먹는다'는 것에서, 체험형 엔터테인먼트로 변모하고 있는 것입니다. 단지 맛있는 요리를 먹는 것에 그치는 것이 아니라, 독특한 참신함으로 깜짝 놀랄 만한 체험을 동반하는 방향으로 미식이 흘러간다는 것은 틀림없는 사실입니다.

요리 평론가인 야마모토 마스히로(山本益博)의 『미식의 세계지도, 요리의 최신 조류를 찾아서』라는 책은 멋지고 맛깔스러운 표현으로 새로운 첨단 요리의 세계를 묘사하고 있어서, 여기서 조금 인용해서 소개하고자 합니다. 런던의 '더 팻 덕'이라는 레스토랑 이야기입니다.

그럼 이어서 '사운드 오브 더 시', 바다의 소리라는 이름이 붙은 이 요리는 유리판에 고등어와 가자미, 전복이 나란히 올라와 있으며, 여기에 톳이 더해지고, 그 위에 해초와 채소의 에센스로 만든 거품이 사뿐 폭신폭신하게 올라가 있다. 해산물 아래에 깔려 있는 것은 타피오카와 치어들로 만든 모래이다. 그리고 이와 함께 소라고둥의 껍데기가 테이블에 올라간다. 껍데기에는 아이팟이 장식되어 있는데, 이는 이어폰을 귀에 꽂고 들으면서 식사를 하라는 의미로 해석된다. 이어폰을 통해 들려오는 소리는 파도 소리와 갈매기의 울음소리다. 게다가 기적 소리까지 더해져 있다. 눈을 감으면 해변에 있는 듯한 느낌이 들어 신비롭기까지 하다. 먹는 사람을 해변으로 데려다 주는 한 접시의 요리.

일상 속의 요리와는 전혀 다른 별천지 같은 느낌을 잘 엿볼 수 있습니다. 위의 묘사에도 나와 있듯이, 서양의 요리사가 다시마 육수나 김, 톳 등 일본 요리의 식재료를 사용하는 것은 더 이상 놀랄 만한 일이 아닙니다.

프랑스 요리, 이탈리아 요리 같은 국가나 민족에 따른 구분이 이제 더 이상 의미가 없어지고 있습니다. 프랑스 요리는 맛이나 색깔이 아주 진한 소스가 중심이라거나 이탈리아 요리 하면 파스타라는 생각은 이제 매우 시대에 뒤떨어진 상식이 되었습니다. 요즘 프랑스 요리는 꽤 상큼한 맛을 내고, 파스타를 식재료로 사용하는 경우도 많습니다.

위에서 첨단을 걷는 미식의 대표적인 예로 제시했던 엘불리는 스페인, 노마는 덴마크에 있습니다. 옛날처럼 파리, 밀라노, 뉴욕에 고급 레스토랑이 집중되어 있는 것은 아닙니다. 최근에는 페루의 가스통 아쿠리우, 브라질의 알렉스 아탈라 등, 예전에는 하나로 묶어 '에스닉 요리'로 취급했던 국가나 민족의 요리사도 이제는 초일류 미식의 셰프로서 인정을 받게 된 것입니다. 더 이상 '○○국의 요리'라는 것은 그다지 큰 의미가 없습니다. 각각의 셰프가 각자의 오리지널 요리를 만들어 내는, 개인의 솜씨를 자랑하는 세계로 변모하고 있는 것입니다. 미식이라는 비일상은 이처럼 체험으로서의 엔터테인먼트로 변화해 가고 있습니다.

일상적인 요리의 재미

그러나 이야기는 미식에만 있는 것이 아닙니다. 최근 인터넷에서는 요리 관련 영상이 많은 인기를 끌고 있는데, 이 역시 새로운 이야기 소비의 한 형태로 자리하고 있습니다.

미국에 《버즈피드》라는 새로운 인터넷 미디어가 있습니다. 지금은 《뉴욕 타임스》보다 많은 사람들이 구독한다고 할 정도로 영향력이 큰 거대 미디어로 성장했는데, 여기서 가장 인기를 끌고 있는 것은 '맛있다'는 의미의 '테이스티'라는 요리 영상 시리즈입니다.

이 '테이스티'는 저도 좋아해서 즐겨 보고 있는데요. 정말 재미있습니다. 요리하고 있는 냄비나 프라이팬 바로 위에 카메라를 설치하여 촬영하는, 경쾌한 음악과 함께 빠른 화면 전환이 특징인 영상입니다. 화면이 빠르게 전환되기 때문에 좀 까다로워 보이는 요리도 대개 삼십 초 정도면 완성되어, 요리가 아주 간단하게 만들어지는 듯한 느낌을 받습니다. 그리고 마지막으로 나이프와 포크로 완성된 요리를 먹기 좋게 자르는 순간, 육즙이 걸쭉하게 배어 나오는 느낌이 영상에 그대로 담겨, 보고 있기만 해도 배가 고픕니다. 고기를 굽는 지글지글거리는 소리나 영상의 느낌을 '시즐감(sizzle感)'이라고 하는데, 테이스티에서 시즐감 가득한 영상을 만나 볼 수 있습니다.

아마 테이스티 영상은 요리를 한 번도 해 본 적 없는 사람이라도 충분히 즐길 수 있을 텐데요. 영상에서 식재료나 조미료의 이름은 표시되지만, 어느 정도의 분량을 사용하고 있는지는 전혀 알 수가 없어서 요리에 아주 능숙한 사람이 아니라면 레시피를 재현하지 못할 것 같다는 생각이 들기도 합니다. 그렇기 때문에 테이스티는 실제로 요리해 먹기 위한 영상이라기보다는, 어디까지나 요리 관련 엔터테인먼트 영상으로 보아야 할 것입니다. 그래서 테이스티 영상은 각각 수백만 회에서 많게는 천만 회 이상까지 조회 수를 기록할 수 있는 것입니다. 실용성을 위한 것이 아닌 엔터테인먼트이기 때문에 이러한 수치가 가능할 것입니다.

그러나 테이스티 영상은 결코 뛰어난 미식을 위한 요리를 다루는 것이 아닙니다. 엘 불리의 주방에서 페란 아드리아가 요리하는 장면도 아니고, 스키야바시(數寄屋橋)에서 오노 지로(小野次郎)가 초밥을 만드는 장면도 아닙니다. 어느 쪽이냐 하면, 아주 보통의 미국 가정 요리입니다. 이러한 보통의 가정 요리를 만드는 것을 모두가 보고 즐기다니 매우 흥미로운 경향이라고 할 수 있습니다.

하레와 게, 일상과 공감

'하레(晴: 축제)와 게(褻: 일상)'라는 유명한 말이 있습니다. 요즘은 하레보다도 게의 중요성이 더 높아지고 있는 시대라고 할 수 있습니다. 이는 식품 분야에 한정된 이야기가 아니며, 모든 경우에 이러한 경향이 나타나고 있습니다. 예를 들어 패션계에서는 유행 경향을 추종하며 멋지고 개성 있는 옷을 입는 것보다도, 일상적이고 아주 평범한 옷을 당연하게 입는 것을 선호하는 '놈코어'라는 말이 자주 등장하고 있습니다. 이 놈코어에 대해서는 마지막 장에서 다시 살펴볼 것입니다.

편집자인 스가츠케 마사노부(菅付雅信)는 "소셜 미디어가 패션의 역할을 바꾸어 놓는다."라고 지적합니다. 패션은 자기표현이 아니라, 페이스북이나 트위터 등의 SNS에 의해

변한다는 의미입니다. 예전에는 멋진 옷이나 값비싼 명품 옷을 입고 루이 비통 가방을 들고 있으면, "이 사람 부자인가 보네!", "멋있다!"라는 느낌을 주어서, 하나의 자기표현이 될 수 있었습니다. 그렇기 때문에 자기표현의 수단으로 값비싼 옷을 샀던 시기가 있었습니다.

하지만 지금은 SNS가 있습니다. 지금은 치장하고 있더라도, 일상에서는 언제나 '트레이닝복을 입고 방에서 뒹굴뒹굴'하고 있다는 사실은 금방 탄로 나고 맙니다. 다른 사람과 만날 때에 치장하는 것보다는 일상을 제대로 다져 두는 것이 그 사람의 평가를 높여 준다는 쪽으로 인식의 변화가 일어나고 있는 것입니다. 식사도 마찬가지입니다. 데이트할 때에 비싼 프렌치 레스토랑에 가면 "왜 이렇게 어깨에 힘이 들어갔어? 평소에는 라면만 먹으면서."라고 바로 들통이 나고 맙니다. 그러므로 허세를 부리면서 프렌치 레스토랑에 갈 바에는 차라리 일상적으로 요리해 주는 남자가 되는 것이 그 사람이 제대로 살고 있다는 것을 보여 주는 증거가 될 수 있습니다.

2012년에 도쿄 현대 미술관에서 「퓨처 뷰티」, 미래의 미(美)라는 이름으로 전시회가 열린 적이 있습니다. 부제는 '일본 패션의 미래성'으로, 패션의 현재와 과거를 생각해 본다는 내용의 전시였습니다. 여기에서도 2000년대의 특징은 기존의 혁신성이 아니라, '일상의 행위를 바탕으로 한 공감 세대의 디자인'으로 바뀔 것이라는 예측이 있었습니다. 일상, 공감, 이 두 가지는 매우 중요한 키워드입니다.

요리계에서도 이전에는 '식문화'라고 하면, 어디까지나 미식을 가리키는 경향이 강했습니다. 얼마나 훌륭한 식재료와 최고의 요리를 추구하고 있는가 하는 것이 항상 언급되어 왔던 것입니다. 그러나 이 시대에는 일상 속 건강한 식사가 얼마나 중요한 것인지 그 필요성을 재차 인식하고 있습니다.

우리가 지금 찾는 것은 소박하고 건강하면서, 또한 아주 맛있는 식사입니다. 그리고 이러한 음식을 모두가 함께 맛보고 대화를 나누면서 행복을 음미할 수 있는 시간입니다. 이를 통해서 살아가는 기쁨을 서로 나누고 앞으로도 잘할 수 있으리라는 용기를 얻는 것, 이와 같은 생활 본연의 모습을 찾는 것입니다.

그러므로 이와 같은 생활 속에서 자아내는 이야기는 결코 할리우드의 대작 영화 같은 화려한 이야기가 아닙니다. 아주 소소한 일상의 이야기입니다. 할리우드 영화가 모두가 한 상 차림을 위해 주도면밀하게 준비한 호화로운 이야기라면 한편에는 소박하고 마음 편안한 소소한 일상의 이야기가 있습니다.

건강한 일상의 식사에는 고급 레스토랑에서 깜짝 놀랄

이야기와 함께 느긋하게 살아간다

만한 요리나 할리우드의 대작 영화에서 느끼는 놀라움이나 흥분은 없습니다. 미국 영화, 프랑스 영화, 일본 영화를 비교할 때도 비슷한 부분이 있습니다. 이런 이야기가 있죠. "미국 영화는 이야기를 묘사하고, 프랑스 영화는 인간관계를 묘사하고, 일본 영화는 풍경을 묘사한다."

할리우드 영화는 완벽한 플롯의 세계로, 이야기의 구조를 철저하게 다듬고 다듬어서 완성해 가고, 이를 바탕으로 도입부에서부터 마지막 장면까지 흔들림 없이 한길을 달려 완결되도록 구성되어 있습니다.

프랑스 영화의 중심 주제는 관계성입니다. 부부, 아버지와 아들, 연인, 친구 관계 등, 여러 인간관계 속에서 발생하는 사랑과 증오를 함께 묘사하여 다층적인 인간 사회를 부각해 보여 주는 것입니다.

한편 일본 영화는 우리가 눈앞에서 일어나는 일에 대해 어떻게 대처하면 좋을지 몰라서 당황하고 곤혹스러워하는 감정과 그 감정에서 나오는 비애를 묘사하는 경우가 많다고 생각합니다. 사회 문제나 인간관계로 인한 갈등, 타인의 고통, 자신의 아픔 같은 것 말입니다. 우리는 이러한 것을 모두 '풍경'으로 인식합니다. 우리 눈앞에 놓여 있지만 아무리 깊이 관여하려고 해도 더 이상 그 안으로 들어가 교류할 수 없는 것처럼 느낍니다. 이러한 느낌을 갖게 하는 것이 일본 영화입니다. 그렇기 때문에 일본 영화에는 상대방에게 다가가서 그를 관통할 수 없다는 사실로 인해 부각되는 투명한 슬픔이 감돌고 있습니다. 지금 눈앞에 있는 것, 그것에 대한 애처로움이라고 바꾸어 말할 수 있을 것 같습니다.

　　이러한 감각은 이 책에서 기술해 온 건강한 일상, 소박하고 편안한 생활을 대하는 시각과 통하는 점이 있습니다. 눈앞의 무대나 스크린을 통해 그려지는 저편의 세계를 바라보며 느끼는 감동이 아니라, 자신이 실제로 그곳에 있고 '자기 것'으로 만드는 체험입니다. 그리고 그 위에서 자신과 가족, 연인, 친구들과 함께 한 자리에 있다는 안도감 속에서 생기는 공감과 커뮤니케이션, 단란함, 이런 것에 관한 이야기입니다.

토마토를 둘러싼 모험

　　2015년 가을, 저는 친구의 손에 이끌려서 후쿠시마현 아이즈타다미 지방에 있는 '산베 농원'을 방문한 적이 있습니다. 타다미의 명물로 알려진 난고 토마토를 출하하는 농가가 120개 정도 산재해 있으며, 산베 농원의 산베 기요시(三瓶清志) 씨는 이들 농가의 리더 같은 존재입니다.

산베 농원에서 아직 녹색을 띠고 있는 토마토를 건네며 "자, 드셔 보세요."라고 권했을 때 깜짝 놀랐습니다. 아직 녹색을 띠고 있는 토마토…… 일반적으로 잘 알려지지 않았을지도 모르지만, 대체로 토마토는 녹색을 띤 채로 출하됩니다. 농협에서 시장이나 슈퍼마켓으로 운송되는 사이에 점점 붉은색을 띠게 되며, 매장의 판매대에 진열되어 소비자와 만나는 순간에 가장 맛있어 보이도록 계산되어 있습니다. 물론 당연히 밭에서 자연스럽게 익어 가는 것이 훨씬 맛이 좋습니다. 그렇기 때문에 농가에서 소비자에게 직접 배송하는 직판 서비스로 구입하면 토마토는 정말 맛있습니다. 대개 이와 같이 직송할 경우 아침에 수확한 토마토가 이튿날 바로 우리에게 배송되기 때문입니다.

그런데 산베 농원의 토마토는 빨갛지가 않았습니다. 얇게 썬 토마토를 대접받았는데 이 토마토를 먹는 순간 정말 놀랐습니다. 그 맛이 아주 좋았기 때문입니다. 완전히 숙성된 것이 아니어서 식감이 보통 토마토와 달리 아삭아삭했고 싱싱했습니다. 그 맛은 말로 표현하지 못할 정도로 훌륭했습니다. 파릇해서 신맛이 강하지 않을까 싶었지만 전혀 그렇지 않았고, 신맛이 있으면서 단맛까지 있었습니다.

산베 씨는 "토마토는 단맛과 신맛의 균형이 중요하거든요. 단맛만 있으면 안 되고 신맛만 있어서도 안 됩니다. 이 균형을 어느 지점에서 잡을지 결정하는 감각이 필요하지요."
라고 말하며, "균형이 참 잘 맞죠?"라며 빙그레 웃었습니다.

녹색을 띤 난고 토마토는 생으로 먹을 수 있을 뿐만 아
니라, 요리에 사용할 경우에는 그 신맛이 전면에 등장하는
느낌으로 아주 신선한 맛을 느끼게 해 줍니다. 예를 들어 이
런 토마토 조림을 만들어 볼 수 있습니다.

토마토 조림

두툼한 냄비에 올리브 기름을 넉넉히 두르고 약한 불에 잘게 다진
마늘과 생강을 올립니다. 닭다리 살을 뭉텅뭉텅 썰어 냄비에 투하합니
다. 냄비에 달라붙지 않도록 주의하면서 색이 변할 때까지 볶아 주세요.
그리고 난고 토마토 껍질을 뜨거운 물에 담갔다가 벗긴 후 큼직큼직하
게 썰어 냄비에 넣습니다. 불을 약하게 줄여 푹 조립니다. 물은 넣지 않
습니다. 곧 토마토가 푹 익어 뭉그러지면서 닭고기, 마늘과 함께 잘 섞
여 걸쭉한 토마토 스튜가 됩니다. 마지막으로 소금을 살짝 뿌려 맛을 내
면 완성입니다.

향이 좋은 이 토마토 스튜를 수저로 떠서 입으로 가져가
면, 신맛이 닭고기 기름을 감싸며 최고의 맛을 선사합니다.

푸릇한 난고 토마토를 이용해서 프라이드 그린 토마토도 만들어 보았습니다. '프라이드 그린 토마토'라는 말을 듣고 머리에 휙 스치는 것이 있는 사람은 아마도 대단한 영화광일 겁니다. 1991년에 개봉한 미국 영화가 있는데요. 이 영화는 미국 조지아주의 한 시골 마을을 무대로, 어려서부터 함께 자라온 두 여성이 경영하는 식당 '휘슬스톱 카페'를 배경으로 펼쳐집니다. 두 여성은 남편의 폭력을 견디면서도 차별이 심한 미국 남부에서 흑인이든 홈리스이든 식당에서 식사를 할 수 있게 배려해 줍니다. 마음 깊이 절절한 인생을 묘사하는 훌륭한 작품입니다.

식당이 무대인 영화이기 때문에 거대한 가마솥에서 굽는 바비큐와 체리 파이 등 다양한 요리가 등장합니다. 물론 주인공은 프라이드 그린 토마토이지만 실제로 영화 속에서는 잠깐밖에 묘사되지 않습니다. 처음 등장하는 장면은 식당을 시작할 무렵인데요. 주인공이 이 요리에 도전하지만 까맣게 태워 버려 아무리 봐도 맛이 없어 보이는 상태가 됩니다. 친구에게 시식하도록 하지만 역시 "으악, 맛없어!"라는 대답을 듣습니다. 그리고 다시 등장하는 장면은 수십 년의 시간이 흐른 뒤에, 양로원에서 자신들이 식당을 운영하던 시절을 회상하는 모습입니다. 나이 든 주인공은 레시피대로 잘 구워진 채 예쁜 상자에 포장된 프라이드 그린 토마토를 선물받습니다. 아삭하고 맛있어 보이지만, 어떻게 만드는지에 대해서는 전혀 소개되지 않습니다.

그렇지만 원작 소설의 말미에는 여기에 등장하는 요리의 레시피가 모두 실려 있습니다. 물론 그중에는 프라이드 그린 토마토의 레시피도 실려 있는데, 대략적으로는 이렇습니다.

녹색 토마토와 소금, 후추, 옥수수 가루, 베이컨 기름을 준비합니다. 먼저 토마토를 약 0.6센티미터 정도로 얇게 썰어서 소금과 후추를 뿌리고 양쪽 면에 옥수수 가루를 입힙니다. 커다란 스킬릿, 즉 철 프라이팬에 베이컨 기름을 두르고 뜨겁게 달구어 토마토의 양쪽 면을 굽습니다.

원작 소설에 실린 레시피의 순서는 오직 이것뿐입니다. 또 하나가 있는데, '밀크 그레이비 소스 프라이드 그린 토마토'라는 요리의 레시피가 있습니다. 이 요리는 토마토를 달걀물에 담갔다가 꺼낸 다음 빵가루를 입혀 베이컨 기름으로 튀깁니다. 프라이팬에 작은 술로 하나 정도의 기름을 남기고 같은 양의 밀가루를 넣어 잘 섞어 주고, 여기에다가 우유 한 컵을 넣고 잘 조립니다. 바로 화이트소스를 만드는 것입니다. 소금과 후추를 뿌려 토마토 위에 걸쭉하게 부어 주면 완성입니다.

이 요리 역시 그 나름대로 맛이 있어 보이지만, 동양인에게는 베이컨 기름이 튀김 요리를 할 정도로 많은 양을 쉽게 구할 만큼 친숙한 식재료가 아니며, 전반적으로 동양인의 입맛에는 지나치게 진한 맛이 아닌가 싶습니다. 옥수수가루로 만드는 튀김옷 역시 익숙지 않은 부분이라고 생각합니다. 그래서 일본의 튀김풍으로 레시피를 조정해, 난고 토마토로 프라이드 그린 토마토를 만들어 보았습니다.

프라이드 그린 토마토

먼저, 난고 토마토를 1센티미터 정도로 얇게 썰어 놓습니다. 여기에 소금과 후추를 꼼꼼하게 뿌려 밀가루를 묻힌 뒤, 달걀을 잘 풀어서 달걀옷을 입히고 빵가루를 입힙니다. 튀김 냄비에서 160도 정도로 달구어진 기름에 난고 토마토를 넣고 천천히 튀겨 주면 완성입니다. 따끈따끈할 때 드시면 더 좋습니다.

바삭바삭한 토마토 튀김을 한 입 베어 물면, 농밀하게 녹아내리는 신맛과 단맛의 토마토 과즙이 입안에 쫙 퍼집니다. 아, 맛있다.

이렇게 오래된 영화를 추억하며, 새로운 미각과 만나 '토마토를 튀긴다'는 새로운 조리법을 알게 되었습니다. 우리에게 타다미의 푸릇한 난고 토마토는 여러모로 새로운 체험 그 자체였던 것입니다.

이러한 체험은 '토마토를 둘러싼 모험'이라는 이야기에 꼭 들어맞는 이야기라고 할 수 있습니다. 산베라는 농가의 경작자와 실제로 직접 만나서 따뜻한 됨됨이를 겪으면서 그가 재배하고 있는 토마토를 시식해 보는 것. 녹색 토마토라는 지금까지 경험하지 못한 만남에 놀라고, 여기에서 예전에 감동적으로 봤던 영화를 떠올리고, 영화에 등장했던 요리를 재현해 보는 것. 실제로 직접 만든 요리의 맛에 감동하면서, 토마토를 둘러싼 모험을 풍부한 감정으로 돌이켜 보는 것. 이러한 체험은 저에게 하나의 인생 이야기를 만드는 기쁨을 안겨 준 체험이었습니다.

일상의 기쁨을 알다 —《생활의 기본》

전쟁이 끝난 후 얼마 지나지 않아 창간되어 지금도 계속 발행되고 있는 전설적인 잡지 《생활의 수첩》의 편집장을 구 년 동안이나 역임한 마츠우라 야타로(松浦彌太郎) 씨는 2015년에 인터넷 기업 쿡 패드로 이적해,《생활의 기본》이라는 웹 미디어를 만들었습니다.

이 웹 미디어는 요리나 청소, 원예 등 매일매일 생활의 '기본'을 올리는 미디어입니다. 마츠우라 씨는 당초에 다른 웹 미디어와 마찬가지로 '의류', '식생활', '주거' 같은 카테고리로 동영상이나 기사를 분류해, 카테고리를 찾아가는 형식을 생각했습니다. 그러나 '이 방식은 내가 하고 싶었던 것과 다르다'는 생각이 들었다고 합니다. 예를 들어 자신이 어느 날 훌쩍 쇼핑을 하러 나갈 때, 거기에는 꼭 분명한 목적이 있는 것은 아닙니다. 그럴 때의 기분이란, 때로는 "오늘은 날씨가 더우니 산뜻한 것을 먹어 볼까?" 하는 막연한 감정의 욕구일 수도 있고, 때로는 무언가 마음속에 성가신 일을 안고 있어 쇼핑으로 기분 전환을 하고 싶다는 마음일 수도 있습니다. 훌쩍 편의점에 가서 눈에 들어온 단팥빵이나 탄산수를 사는 단순한 행위가 때로는 자신에게 위안을 주는 경우가 있거든요.

이와 같은 가벼운 기분 전환이나 가벼운 분위기가 사실은 일상에서 중요한 요소가 되고 있습니다. 마츠우라 씨는 바로 이러한 점에 착안해 미디어의 구성을 전면적으로 수정하기 시작했습니다. 이렇게 시작한 《생활의 기본》에는 '오늘의 나는'이라는 문장 뒤에 '사랑해', '멋진 일', '마주 보기', '나답게', '그리워' 등 기분을 표현하는 글이 이어집니다. '고마워' 라는 항목을 열면, 그 안에는 「편지 쓰기」라는 제목의 기사가 있고, 딸기가 냄비 안에 나란히 들어가 있는 사진이 있습니다. 이게 도대체 뭐지 하며 기사를 클릭하면 이러한 글이 있습니다.

> "고맙다는 마음을 전하고 싶을 때, 그 사람에게 선물을 보내고 싶을 때, 또는 기운이 없는 사람을 격려하고 싶을 때에, 요리는 아주 멋진 선물이 될 것입니다.
> 잼을 만들고 있을 때에 정말로 이 사람 저 사람의 얼굴이 떠오릅니다. 고맙다고 감사의 마음을 전하고 싶은 사람을 떠올리면서 자연스럽게 그런 기분이 드는 것입니다.
> 국자로 잼을 젓고 있으면, 이 잼이 완성되면 그 사람에게 보내야지 하는 생각이 문득 들기도 해요. 이러한 감정을 잼이 가르쳐 줍니다. 잼을 만드는 일은 누군가에게 편지를 쓰는 것과 비슷할지도 모릅니다."

그리고 마지막에 잼을 만드는 방법을 설명한 글이 있는데요. 고맙다는 편지를 쓰듯이 잼을 만듭니다. 단순히 잼의 레시피를 적어 두는 것이 아니라, 왜 잼을 만드는가 하는, 그때의 나의 감정까지 들여다보게 해 주는 것입니다.

마츠우라 씨는 말합니다. "목적이 있어서가 아니라, 그저 자신의 지금 감정이 어떤지를 들여다보는 일을 계기로 삼아 일상을 다시 돌아보면, 생활의 여러 조각들이 자신과 아주 가까이에 있지만 때로는 그것이 특별하게 여겨지는 경우도 있습니다. 잼을 만드는 것은 별거 아닌 일이지만, 이렇게 편지를 쓰듯이 잼을 만들어서 병에 채우고 꼬리표에 '○○ 씨에게'라고 손으로 직접 적으면, 거기에서 새로운 것이 탄생하는 느낌이 듭니다."

또 다른 기사를 하나 더 살펴보겠습니다. '복습'에는 여러 가지 집안일의 기본을 다시 한 번 복습해 보자는 취지의 기사가 나란히 실려 있으며, 그중 하나인 「마음도 산뜻하게」라는 기사가 있습니다. 실려 있는 글의 내용은 테이블을 닦는 방법입니다.

마츠우라 야타로 씨가 부하인 편집 스태프에게 이 기사를 제안하자, 처음에는 모두들 "네?"라는 반응을 보였다고 합니다. "테이블을 닦는 방법에 대한 설명이야 한 가지밖에 더 있나요?"라는 반응이었다고 합니다. 하지만 마츠우라 씨가 실제로 기사를 쓰고 동영상도 촬영해서 모두에게 보여 주자, "아! 마츠우라 씨가 하고 싶었던 이야기가 무엇인지 이제 확실히 알겠습니다."라며 스태프들이 납득했다고 합니다. 이 기사의 마지막에는 이런 글이 있습니다.

"아무리 물기를 잘 짜 놓은 행주라 해도 소량의 물기

가 남아 있으므로, 그 행주로 닦은 테이블은 아직 물기가 남아 있습니다. 그렇기 때문에 마른 행주로 다시 한 번 같은 방법으로 테이블을 닦아 줍니다. 이렇게 해야 완벽합니다. 깨끗한 테이블에 그릇이나 접시를 놓아 두면, 놀랍게도 평소보다 훨씬 멋지게 보입니다.

깨끗하게 닦은 테이블에서 식사나 일을 하면, 기분이 아주 좋아집니다. 단순히 더러움을 없애면 된다는 것이 아닙니다. 무엇인가를 하기 전과 후에 마음을 담아서 준비를 하고 정리를 하는 것이 중요한 통과의례입니다. 아무리 바쁘더라도 이때만큼은 마음을 진정하고 천천히 합시다."

"신은 곳곳에 깃든다."라는 말이 있습니다. 요란스러운 오락이 아니라, 일상이라는 눈앞의 작은 일에 마음을 담아 정성을 쏟으면 거기에서 기쁨이 생겨나는 것입니다.

"생활과 일에는 생각지도 못한 일들이 넘쳐나서 언제까지나 매일 재미있는 일이 일어나는 것은 아니라고 생각하는 사람이 많을지도 모르겠습니다. 하지만 한편으로 생각보다 멋진 일이 많은 것도 사실입니다. 이것은 자신의 사고방식이나 인식을 바꾸는 것만으로 변하기도 합니다. 평소에는 귀찮다고 여기던 것이 《생활의 기본》에 실려 있는 기사나 영상을 보면서 사실은 멋진 일이었다는 것을 깨닫고 느끼면 무엇보다 기쁠 것입니다."

유행이나 요란한 오락이 아니라 일상에 다시 한번 눈을 돌려 자신의 의식을 돌아보는 것입니다. 의무감에 집안일을 할 경우에는 억압으로 느껴질 수 있지만, 마음이 그 방향으로 가지 않도록, 편안한 상태를 느낄 수 있도록 어떻게 계기를 만들어 갈지 다시 한번 생각해 보는 것입니다.

이것이야말로 '생활'이라는 이름의 일상을 이야기하는 것이며, 이러한 이야기를 만들면서 우리는 의무감 없이 여유롭게 생활을 마주할 수 있는 것입니다.

느긋한 이야깃거리

그렇습니다. 바로 이 '느긋함'은 건강한 일상의 이야기에서 매우 중요합니다. 느긋함이란 즐길 수 있는 일상의 이야기, 이해하기 쉽고 어렵지 않고 기분 좋은 것, 귀찮은 일에서 해방되는 것입니다. 이야기는 항상 과하게 치닫는 경향이 있습니다. 눈앞의 적과 대적하는 만화나 게임은 언제나 격해지고, 적이 점점 강해지도록 이야기가 확산되고 확대되는 경향을 보입니다. 그렇게 확산되고 확대된 이야기는 늘 그렇듯 쉽게 소비되고 맙니다. 그렇게 확산, 확대되다 보면 결국에는 '쿨한 저항'이라는 엘리트주의가 탄생하는 것입니다. 그래서 쿨한 저항은 항상 과격한 원리주의적 양상으로 나타나는 경향을 보입니다. 첨가물이나 화학조미료와 같은 인공 물질을 철저하게 기피하는 경향을 보이면서, "무농약 채소만 먹어야 한다.", "공장에서 만들어진 빵은 곰팡이가 생기지 않으니 미심쩍다." 같은 극단적인 의견에 쉽게 편승합니다.

이야기의 과잉과 안이함, 과격함을 제지하기 위해 우리는 늘 오락의 한 부분으로 느긋함을 유지해야 합니다. 사람들은 아무래도 식생활에 대해 너무 어렵게 생각하는 경향이 있습니다. 앞 장에서 소개한 시하라 아키코 씨처럼 아이에게 "제대로 된 음식을 먹이고 싶다."라는 의무감을 느끼는 사람이 매우 많습니다. 이처럼 '제대로 된' 것이 어느 정도의 것인지를 어떻게 판단할지는 사람에 따라서 제각각이기 때문에 참 어려운 문제입니다.

식생활에 지나치게 신경을 쓰면, "유기농이 아니면 안 된다.", "화학조미료는 절대로 사용하지 않는다.", "포기해서는 안 된다."라고 점점 과도하게 행동해, 결국 자승자박하게 됩니다. 해서는 안 되는 것을 스스로 너무 많이 정해 놓아 매일매일의 요리가 전혀 즐겁지 않은 일이 되어 버립니다. '쿨한 저항'은 스스로에 대한 제약이 너무나도 커져 진정한 즐거움을 발견하지 못합니다.

가족, 연인, 마음이 맞는 친구들과 대화를 하면서 천천히 식사를 즐기고 싶다면 이와 관련된 성가신 것에서 해방되는 것이 아주 중요합니다.

오이식스에 '키트 오이식스'라는 상품이 있습니다. 밑손질이 되어 있는 식재료와 조미료가 한 세트로 되어 있어, 밥을 하는 데 단 이십 분이면 충분하다는 콘셉트로 출시된 상품입니다. 이 상품은 단순히 식재료와 조미료 세트 상품도 아니고, 그렇다고 완성된 요리도 아닙니다. 요즘은 모두 바빠서 요리하는 시간을 많이 할애할 수 없기 때문에 짧은 시간에 해결하고 싶어 합니다. 그렇지만 제대로 된 식사를 포기하고 싶지는 않아 하는 모순적인 상황입니다.

키트 오이식스는 "할애하는 시간은 짧지만 제대로 된 요리를 만들고 있거든요!"라고 할 수 있는, '자랑할 만한 짧은 시간'을 만들어 줄 수는 없을까 하고 궁리하다가 탄생했다고 합니다. 단 이십 분만 시간을 할애하면 만들 수 있지만, 식재료는 맛있고 유기농인 데다가 안전성도 높습니다. 게다가 레시피 자체가 매우 잘 만들어져 있습니다. 저명한 셰프와 협업해서 만든 레시피도 있어서, 일반 가정에서는 감히 도전할 수 없던 독창성 넘치는 요리도 도전할 수 있습니다. 일상적인 식사에, 이처럼 조금 특별한 느낌을 더함으로써 식사를 다소 색다르게 느낄 수 있습니다. 어렵지 않고 간단하며, 이야기도 있습니다.

저는 앞에서 앞으로의 식생활에는 '이야기에서 시작되는 대화'와 '이해하기 쉽고 어렵지 않은 기분 좋음', 이 두 가지 부분이 필요하다고 기술했습니다. 키트 오이식스는 이 부분을 정말 잘 통합해서 정리해 주었습니다.

확실히 키트 오이식스는 제대로 만든 상품이어서, 저 역시 몇 차례 직접 구입해서 요리의 즐거움을 만끽했습니다. 그럼, 잠시 휴식 삼아 한번 만들어 봅시다. 제가 고른 키트 오이식스는 '랩으로 만들 수 있는 삼색 김밥'입니다. 이 세트에 들어 있는 것은 오이 하나와 달걀 하나, 김밥용 김 한 봉지, 붉은 깻잎 가루와 매리네이드 소스입니다. 밥은 직접 준비합니다. 매리네이드 소스가 왜 들어가 있는 걸까 하는 생각이 드시지요? 이 소스를 초밥의 초로 사용하는 것입니다. 와, 이런 기발한 생각을 하다니!

먼저, 오이를 가로로 네 등분으로 찢듯이 썰어 놓습니다. 달걀은 전자레인지에서 일 분 동안 가열해 부드러운 스크램블드 에그를 만듭니다. 밥을 반으로 나누어 한쪽에는 달걀과 매리네이드 소스를, 다른 한쪽에는 붉은 깻잎 가루와 매리네이드 소스를 넣습니다. 그리고 첨부되어 있는 레시피 사진대로 김을 펼치고 밥을 올려서 가늘게 말고, 김을 또 한 장 펼치고 그 위에 밥을 올리고 그 위에 앞서 가늘게 만 김밥을 올려서 말아주고, 이렇게 하다 보면 순식간에 삼색 김밥이 완성됩니다. 김밥용 발을 사용하지 않고 단지 랩만을 사용해서 이렇게 간단하게 김밥을 만들다니!

키트 오이식스는 이처럼 '굳이 약간의 수고로움을 남긴다'는 느낌이 참 절묘해요. 전자레인지를 돌려서 쉽게 만들 수 있게 하면서도 요리하는 사람이 조금이나마 직접 손으로 만들었다는 느낌을 가질 수 있도록 배려한다는 점이 매우 흥미롭습니다. 바로 이 점을 통해 키트 오이식스에 호감을 갖게 되지 않을까 하는 생각이 듭니다.

여기에 곁들이는 요리는 '연어 마요네즈 구이와 채소'라는 요리로, 이 역시 당근이나 파, 버섯 등의 채소와 소스를 더해 전자레인지로 가열하고, 마요네즈에 참기름을 넣은 된장을 섞어서 이것을 연어에 바른 뒤 오븐토스터로 굽습니다. 가열되고 구워지는 것을 보고만 있으면 요리가 완성됩니다. 정말로 이십 분 정도밖에 걸리지 않습니다.

이 두 가지 요리를 만들어 테이블 위에 올려놓으면, 왠지 모르게 따뜻한 느낌이 들면서 편안함을 느낍니다. 맛도 매우 부드러워서 아주 맛있게 먹었습니다.

움직이는 작은 채소 가게 — 미코토 청과 상회

'느긋함'을 추구하는 젊은 채소 가게 주인이 있습니다. 바로 '미코토 상회(ミコト屋)'라는 이름의 낡은 캠핑카를 몰고 점포도 없이 친구와 함께 둘이서 전국의 농가를 돌아다니면서, 여기저기에서 이동식 채소 가게를 운영하고 있는 스즈키 뎃페이(鈴木鐵平) 씨입니다.

스즈키 씨는 1979년에 태어났으며, 대학 재학 중에 아르바이트로 돈을 모은 뒤 세계 여행을 떠나기도 했습니다. 네팔로 배낭여행을 가서 현지의 아주머니들로부터 작고 연붉은색 사과를 선물받은 일을 계기로 식문화에 대해 관심을 갖게 되었고, 농업 연수생 자격으로 밭일을 배우기 시작했습니다. 그렇게 그대로 농업을 계속 본업으로 삼는 선택지도 있었지만 스즈키 씨는 농업이 아닌 채소 가게를 선택했습니다.

농업을 배우면서 키운 채소를 시장에 가져가면, 모양이 예쁘지 않거나 조금 벌레가 먹었다는 이유로 가격이 오분의 일 정도로 터무니없이 깎여버리는 일을 경험합니다. 무농약 농법 등으로 재배하면 다소 벌레가 생기고 색깔도 좀 떨어지는 것은 당연한 일인데 시장에서는 이러한 상황이 전혀 고려되지 않는 것입니다. 모양이 좋지 않으면 수확도 하지 않은 채 그대로 버려지는 경우도 있습니다. 앞에서 소개한 피치 순무를 재배하는 치바의 한 경작자인 다나카 씨가 겪었던 일도 이와 마찬가지의 경우였습니다.

스즈키 씨는 여러 농가와 "왜 버려야만 하는 것인가?", "버리지 않아도 될 만한 방법은 없는 것일까?" 하는 고민을 수차례 이야기했습니다. 하지만 결국 최종적으로 얻은 결론은 이는 농가만의 문제가 아니며, 시장만의 문제도 아니며, 결국 채소를 구입하는 소비자의 의식 문제라는 것입니다. 그렇기 때문에 채소 가게에서 유통 일을 하면서 모양이 예쁘지 않은 채소, 벌레 먹은 채소라도 버리지 않고 판매할 수 있는 장을 만들어 보겠다는 생각을 하게 된 것입니다.

다만 스즈키 씨가 걱정한 것은 유기농, 무농약 채소나 자연 농법으로 재배한 농산물을 판매하는 '자연식' 판매 업계 관계자들이 정신적인 부분을 크게 중시하고 지나치게 고집스럽게 느껴졌다는 것입니다. 여기에서도 유기농 원리주의의 문제가 수면 위로 모습을 드러내고 있습니다.

농약도 화학 비료도 전혀 인정하지 않으면서 예민하게 극단적인 식문화에 구애받으면 폐쇄적인 세계에 갇혀 버리기 때문에 그 틀을 넓혀 갈 수 없게 됩니다. 그 틀 밖에 있는 사람들에게는 유기농이나 자연 식품에 대해 '가까이 다가갈 수 없다'는 이미지가 크게 존재합니다.

실제로 스즈키 씨가 자연 재배 방식으로 채소를 기르

자, 주변의 지인이나 친구들은 "그럼 이제 너는 앞으로 육식을 하지 않는 거구나.", "편의점에는 절대 가지 않겠구나?"라는 말을 했습니다. 그의 자연 재배 방식이 주변에 쿨한 저항의 엘리트주의 이미지로 비춰졌던 것입니다. 그럴 때마다 스즈키 씨는 "아니야, 고기도 잘 먹고 편의점에도 잘 가."라고 대답했습니다. 자연 재배 방식으로 키운 채소는 식생활의 여러 방법 중 하나의 선택에 불과한 것으로, 이에 지나치게 얽매이는 것은 옳지 않다고 느꼈기 때문입니다.

스즈키 씨는 저서 『길을 떠나는 채소 가게』에서도 이렇게 표현했습니다.

·

자연 재배라든가 유기농이라고 하면 "엄격한 자연주의자이다!", "까다롭게 정신적인 것을 중시하는 사람이다!"라는 이미지로 인해 벽이 생깁니다. 자연 재배나 유기농 채소를 권장하기는커녕 오히려 꺼리는 경우도 있습니다. 결국 자연 재배로 기른 채소는 '한정된 일부 사람들의 기호품'이라는 범주를 좀처럼 벗어나지 못합니다. 어떻게 하면 이렇게 재배된 채소들이 좀 더 우리와 같은 세대의 젊은이들에게도 마음 편하게 즐길 수 있는 존재가 될 수 있을까? 이것이 무엇보다 중요한 우리의 주제가 되고 있습니다.

스즈키 씨는 자연 재배된 채소를 어떻게 하면 특수한 채소가 아닌 평범한 채소로 이미지를 바꿀 수 있을지 고심했습니다. 그래서 자연식품 시장뿐만 아니라 음악이나 예술, 스포츠, 패션, 수공업 등의 분야에서 활동하는 사람들과 손을 잡고 함께 이벤트도 열면서 채소에 관한 정보를 전달하는 데에 온 힘을 기울이게 된 것입니다.

식생활이란 단순히 먹고 요리하는 것에만 머물지 않습니다. 식'문화'라는 말이 있듯이 요리, 레스토랑의 세계에 대한 문화만이 아니라, 그밖의 여러 문화와도 맞닿아 있습니다. 스즈키 씨는 이렇게 말했습니다.

"예를 들면 의류 관련 가게들이나 잡화점들이라면 채소에 전혀 관심이 없을지도 모르겠지만, '질 좋은 것을 좋아'하는 감각적인 사람들이 존재하는 것도 사실이거든요. 그러한 사람들과 '질 좋은 것'이라는 관심사를 통해서 서로가 이어져 있는 것이 아닐까 하는 생각이 듭니다."

그렇기 때문에 채소를 생산자의 시선 그대로 간직한 채 흙내를 전면에 풍기면서 판매하는 것이 아니라, 직접 필요한 도구를 만들기도 하고 상품을 진열하는 방법도 궁리하면서 감각이 돋보이는 가게를 만들기 위한 시도를 하고 있습니다. 그의 점포는 메르세데스 벤츠의 캠핑카입니다. 의류나 잡화를 취급하는 셀렉션 숍 등에서도 그의 점포에 관심을 갖고 채소를 의뢰하고 있어서, 도시적인 문화의 맥락에서 채소를 판매할 수 있게 된 것입니다. 지금은 300개 정도의 가정에 채소를 정기적으로 택배로 보내고 있으며, 동시에 월 삼 회 정도는 시부야나 다이칸야마, 지유가오카 등지에서 팝업 스토어를 열고 있습니다. '우리 숍에도 입점하면 좋겠다'는 제안이 끊임없이 들어오는 것을 보니 매우 인기가 있는 것 같습니다. 인기의 비결이 무엇이라고 생각하는지 물어보니, 스즈키 씨는 이렇게 대답했습니다.

"지나치게 '오가닉'하지 않은 부분 일지도 모르겠습니다. 물론 취급하고 있는 것은 신경 써서 엄선한 유기농 일등급 품목이라는 것에 자신은 있습니다. 하지만 '이것이 전부가 아니'라는 자세를 의식적으로 취하고 있기도 하거든요. 이러한 부분이 가까이 다가가기 쉬운 것인지도 모릅니다. 모두 유기농에 관심은 있고, 가능하면 생활 속에 가까이 두고 싶어 하는 사람도 크게 늘어나고 있습니다. 하지만 한편으로는 굳이 아득바득 여기에 얽매이고 싶어 하지 않는 사람도 있을 것입니다."

바로 이 '굳이 아득바득 얽매이지 않는' 느긋한 감각이 지금이야말로 아주 중요하다고 생각합니다. 느긋하게 성가신 일에서 해방되어 어렵지 않고 기분 좋은 상태. 매우 규모가 큰 가게를 예로 들어 이러한 '느긋함'에 대해 생각해 보겠습니다. 바로 도시형 슈퍼마켓, 세이조 이시이(成城石井)입니다.

치즈나 햄은 1000엔 안팎으로 다소 비싼 편이지만, 맛이 아주 좋습니다. 준비된 와인 상품 종류도 훌륭한 데다가 저렴하고 적당한 가격이면서 맛도 좋습니다. 과자의 종류가 눈이 휘둥그레질 정도로 많습니다. 게다가 물건을 사면서 알게 되는 사실은, 계산대의 처리 속도가 굉장히 빠르다는 것입니다. 거의 기다리지 않고 바로바로 계산이 이루어집니다. 줄이 생기기 시작하면, 즉시 어디에선가 스태프가 도와주러 나타납니다.

이 슈퍼마켓은 분류를 따져보면 가격이 비싼 슈퍼마켓에 속할 것 같지만, 기노쿠니야(紀ノ国屋)나 더 가든 같은 고급 슈퍼마켓과는 다소 성격이 다르다는 느낌이 듭니다. 좀 오래전에 논픽션 작가인 우에사카 도오루(上阪徹)가 쓴 『세이조 이시이는 왜 저렴하지 않은데도 가게 되는 것일까?』라

는 책은 이와 관련한 사실을 잘 설명하고 있습니다.

　이온 같은 거대 슈퍼마켓과 달리, 세이조 이시이는 대량 소비가 아니라 소량 다품종의 상품을 구비하고 있습니다. 매장은 일본 전역에 100개 이상 있는데요. 모든 매장에 모두 같은 품목을 구비할 필요는 없다는 판매 기준을 갖고 있어서 세이조 이시이의 바이어는 "일부 매장에만 그 상품이 있어도 된다. 만들 수 있는 양만큼 구비하는 것으로 충분하다. 그 시기에만 생산해 판매할 수 있는 것이어도 된다."라는 생각에서 농가와 생산자를 만난다고 합니다. 효율이 떨어지고 손이 가는 부분도 많지만, 이렇게 하지 않으면 정말 맛있는 것을 손에 넣을 수 없다는 생각입니다. 그리고 이와 같은 방식을 취하면 생산자가 다른 생산자를 소개해 주는 식으로 새로운 만남이 줄줄이 이어져 더 좋은 것을 손에 넣을 수 있게 된다고 합니다.

　해외 생산자의 경우에는 세이조 이시이에 대해 대부분이 잘 알지 못합니다. 그렇기 때문에 바이어가 아주 좋은 것을 매입하려 해도 생산자가 "당신들 누구시오?" 하며 손을 내젓는 경우도 종종 있습니다. 이때 바이어는 그들의 이해를 돕기 위해 세이조 이시이 매장에 진열된 상품을 촬영한 사진을 보여주면서 소개한다고 합니다. 그러면 생산자는 "오오! 이 올리브유를 판매하고 있소?", "이 생 햄까지……." 하며 눈빛이 달라진다고 합니다. 게다가 아주 작은 점포인데도 치즈 종류만 워시 치즈부터 흰곰팡이 치즈, 프레시 치즈, 경성 치즈까지 세계에 있는 치즈란 치즈는 모두 갖추고 있는 것입니다. 그래서 "여기는 도대체 어떤 슈퍼마켓이야?"라며 크게 놀라워하면서 대응 태도가 완전히 달라진다고 합니다.

세이조 이시이에는 에놀로그(Oenologue)라는 와인 양조 기술 관리사 자격 소지자도 있습니다. 와인 관련 자격증이라면 소믈리에가 유명하지만, 소믈리에가 레스토랑에서 손님에게 와인을 권하고 소개하는 일을 한다면, 에놀로그는 와인을 '만드는 쪽'에서 와인을 관리하는 일을 합니다. 이 에놀로그라는 자격증은 포도 재배에서 양조까지 모든 주조 기술을 보유한 사람에게 주어지는 자격입니다. 바이어는 에놀로그와 함께 와이너리를 방문해서, 그곳의 와인에 대한 학문적인 접근뿐만 아니라 그 맛이 일본인의 식탁이나 유행 경향에 맞을지 여부를 판별합니다.

또한 세이조 이시이 오리지널 잼은 설탕을 사용하지 않는 데도 당도가 사십오 도나 됩니다. 사실 잼은 설탕을 잔뜩 넣기만 하면 얼마든지 저렴하게 만들 수 있습니다. 보존음식이므로 설탕을 넣는 것을 나쁘게 여기지 않기 때문에, 설탕으로 당도를 높인 잼이 시중에 많은 것이 현실입니다. 설탕을 넣지 않고 과일만으로 당도를 내는 것은 상당히 어려운 기술력이 필요합니다. 그렇지만 오히려 그처럼 난이도가 높은 잼에 도전해서 품질이 높은 잼을 원하는 소비자의 요구에 응답하고 있다고 합니다.

세이조 이시이의 반찬류는 모두 도쿄도 마치다시의 센트럴 키친에서 만들고 있습니다. 스태프는 모두 400명이라고 합니다. 그리고 포테이토 샐러드의 감자는 놀랍게도 찐 감자를 스태프가 직접 손으로 벗겨서 만들고 있습니다. 보통은 필러가 장착되어 있는 기계로 생감자의 껍질을 벗겨서 쪄내지만, 사실 감자의 가장 맛있는 부분은 껍질 바로 아래이지요. 이 부분이 잘려 나가지 않도록 하기 위해 스태프 전원이 총출동해, 매일 2500개나 되는 감자의 껍질을 직접 손으로 벗기고 있는 것입니다.

세이조 이시이는 매장을 여는 방법에도 독특한 철학이 있으며, 이 철학에 따라서 여러 가지 형태의 매장을 구비하고 있습니다. 주류를 판매하지 않는 매장도 있고, 육류나 채소 등 신선함을 요하는 품목은 비치하지 않는 매장도 있으며, 크기가 넓은 매장도 있는 반면, 넓이가 스무 평 밖에 되지 않는 초미니 매장도 있습니다. 매장이 들어설 거리와 장소에 맞추어서 손님들이 무엇을 원하고, 어떠한 형식으로 구성하면 손님들이 마음에 들어 할까 하는 것까지 그때그때 상황에 맞추어 판단하여, 상황에 따라 매장의 형태를 영에서부터 만들어 갑니다.

그렇기 때문에 손님을 응대하는 매뉴얼도 없습니다. 손님의 요구를 그때그때 잘 찾아내 대응하기 위해서는 매뉴얼이 아니라, 자신의 머리로 스스로 생각해서 대응해야 합니다. 그래서 반복적으로 연수와 토론을 하고 있습니다. 예를 들면 물건을 구입하는 장면을 역할극으로 만들어 훈련까지 합니다. 예측하지 못한 일을 벌이는 손님을 맞닥뜨렸을 때에 어떻게 대응할지에 대해 스스로 생각하도록 하는 것입니다.

소소하지만 특별한 느낌의 상품들

세이조 이시이에서 일하는 사람의 이야기를 들어 보았습니다. 저는 기업홍보실장인 이가라시 다카시(五十嵐隆) 씨와 홍보과장인 마에가와 야스코(前川康子) 씨를 만났습니다. 마에가와 씨는 이렇게 말했습니다.

"세이조 이시이는 부유층만 상대하는 슈퍼마켓이 아니며, 굳이 대상 고객층을 정하지 않습니다. 맛있는 것을 먹고 싶다는 생각에는 남녀의 차이도 없고 연령의 차이도 없다고 생각합니다. 칭찬의 의미로 사 먹는 일품요리도 있을 수 있고요. 좀 피곤할 때에 따끈따끈한 식사를 즐기고 싶다는 생각을 할 수도 있고요. 그러한 때에 세이조 이시이에 오셔서 다 해결할 수 있다면 그것으로 만족합니다."

부자를 상대로 하는 고급 슈퍼마켓이 아니라, 조금은 특별한 식사를 하고 싶다는 생각이 들 때에 들르는 상점. 편안한 생활을 느긋하게 실현할 수 있도록, 손님의 매일매일의 일상을 지지해 주려는 마음입니다.

세이조 이시이에서 판매하는 와인은 1500엔에서부터 2000엔 정도면 살 수 있는 것들이 중심입니다. 치즈나 반찬류는 앞에서도 언급했듯이 1000엔 정도입니다. 그리고 이 가격은 사실 도심의 작은 식당에서 먹는 요리나 술의 가격과 거의 비슷합니다.

그렇습니다. 다시 말해서 마음 편안한 작은 식당에 식사하러 가는 것 같은 기분으로 세이조 이시이에서 치즈나 생 햄, 반찬, 와인 등을 구입해 집에서 즐기는 것입니다. 이는 '외식 대신 집밥 먹기'라는 최근의 유행 경향과도 부합하며, 새로운 소비 동향의 좋은 본보기가 되고 있다고 할 수 있습니다.

세이조 이시이의 작은 매장에서는 가게가 좁은데도 부족하다는 느낌이 들지 않습니다. 참고로 '교야스(驚安, 놀라울 정도로 저렴하다는 의미 — 옮긴이)의 전당'이라는 구호로 유명한 '돈키호테'는 온갖 종류의 상품을 천장까지 꽉 들어차게 진열하는 것으로 잘 알려져 있습니다. 하지만 이것이 세이조 이시이의 상품 진열대 구성 방식을 모방한 것이라는 사실은 아는 사람은 다 아는 비밀입니다. 확실히 '하나에서 열까지 모든 것이 엄청나게 들어차 있다'는 점에서, 돈키호테와 세이조 이시이 사이에는 분명히 비슷한 부분이 있습니다.

지방에 가면 거대한 슈퍼마켓이 여기저기에 있습니다. 매장 면적은 터무니없이 넓고, 상품도 대량으로 준비되어 있습니다. 그러나 진열대를 실제로 살펴보면, 상품의 종류는 의외로 적다는 것을 발견하게 됩니다. 균일한 상품이 대량으로 진열되어 있을 뿐입니다.

돌이켜 보면 일본은 고도 경제 성장 시기에 슈퍼마켓이 발전했으며, 균일한 상품을 얼마나 싸게 많이 팔 것인가 하는 점만을 고려해 왔습니다. 대량으로 일괄 구입하면 저렴하게 구입할 수 있으며, 매장의 면적을 넓히면 더 많은 것을 팔 수 있다고 여겼습니다. 대량 생산, 대량 판매, 대량 소비의 시대였던 것입니다. 무엇이든지 큰 것, 많은 것이 좋았던 시대였습니다. 그렇지만 이와 같은 방식은 21세기 사회의 셈법에 맞지 않게 되었으며, 이에 따라 대형 슈퍼마켓은 모두 고전을 면치 못하고 있습니다. 꼭 필요한 식품이나 일용 잡화를 사려면 이제는 작은 편의점으로도 충분한 시대인 것이지요.

세이조 이시이가 생각하는 슈퍼마켓은 이러한 방향이

아닙니다. "대량으로 팔지 않다 보니 좀 더 품질이 좋고 안심할 수 있지만 가격도 높은 편이다. 그러나 종류가 여러 가지여서 선택의 즐거움을 누릴 수 있다." 세이조 이시이는 이와 같은 감각을 제공하고 있는 것입니다.

그렇기는 하지만 세이조 이시이는 두말할 필요 없이 슈퍼마켓이기 때문에 육류나 생선, 채소와 같은 신선 식품도 구비하고 있습니다. 게다가 빵이나 반찬류는 눈 깜짝할 사이에 유통 기한이 찾아오고 맙니다. 그런데 어떻게 소량 다품종의 진열대를 유지하고 있는 것일까요?

세이조 이시이가 채택하고 있는 방법은 바로 토요타의 '칸반 시스템' 같은 유통 시스템입니다. 다시 말해 상자 단위로 매장에 상품을 보내는 것이 아니라, 부족할 것으로 예상되는 상품만 보내는 시스템입니다. 예를 들어 와인 한 병, 치즈 한 개, 과자 한 봉지 등 작은 단위로 준비해 소형 컨테이너에 실어서 매장으로 운송하는 것입니다. 이와 같은 방식으로 운영하면 물론 유통 비용이 크게 듭니다. 컨테이너에 상품을 싣는 작업이 필요하고 작업을 할 사람도 필요하며 시간도 걸립니다. 이러한 문제에 대한 이가라시 씨의 설명은 명쾌했습니다.

"유통 비용은 많이 들지만, 가게의 임대료에 비하면 비싸지 않습니다. 땅값이 비싼 도심 지역에 창고 등의 부대시설을 함께 갖춘 매장을 빌리는 것보다는, 편의점 정도의 작은 점포를 빌리는 것이 훨씬 비용이 적게 들어서 유통 비용을 상쇄할 수 있거든요."

절로 무릎을 탁 치게 되는 발상입니다. 야마노테센(山手線) 안쪽에 위치한 도심은 매장을 낼 때 비용이 상당히 비쌉니다. 그래서 크게 필요 없는 부속 시설은 들이지 않고, 신선 식품의 작업장도 만들지 않는 등 나름의 기준으로 일을 운용하자는 생각이지요. 어패류, 육류, 채소 등의 신선 식품은 매장 내의 작업장에서 처리하는 대신 센터에서 포장해 가져오는 것입니다.

세이조 이시이의 다른 길

포테이토 샐러드의 감자 껍질을 손으로 직접 벗긴다는 이야기나, 바이어의 수준이 상당히 높다는 세이조 이시이의 이야기를 듣고 있으면, 사람의 손이 많이 간다는 인상을 받습니다. 하지만 한편으로는 부속 시설이나 유통 부문의 절약을 통해 인건비를 덜고 있습니다. 어느 쪽에 어느 정도의 인력과 시간과 비용을 투자할 것인지에 대한 의사 결정이 절묘한 균형 속에서 이루어지고 있는 것입니다.

그렇기 때문에 필요가 없다면 신선 식품 작업장을 매장에서 없애 버리는 일까지 가능해지는 것입니다. 예를 들어 시부야 역의 도큐 푸드쇼 안에 있는 세이조 이시이는 신선 식품도 주류도 판매하지 않습니다. 혼잡한 역의 지하라는 입지 조건에서 '손님들이 바라는 것은 무엇일까?'가 판단 기준입니다. '슈퍼마켓에 신선 식품이 있는 것이 당연'하다는 고정관념은 필요하지 않다는 사고방식입니다.

세이조 이시이는 간토 지역 주변에만 매장이 있습니다. 이는 마치다시의 센트럴키친에서 반찬 등을 운반할 수 있는 지역에 한해 매장을 두기 때문이지만, 실은 홋카이도나 아오모리 등지의 일반 슈퍼마켓에도 세이조 이시이의 상품이 들어가 있다고 합니다. 세이조 이시이 브랜드의 잼, 소시지, 세이로 이시이가 선별한 와인 등은 이들 지방에서도 판매되고 있습니다.

그런데 세이조 이시이는 텔레비전 광고도 하지 않습니다. 그렇다면 이들 지방의 슈퍼마켓에서는 어떤 사람들이 세이조 이시이 브랜드의 식품을 선택해 구매하는 것일까요?

사실 대부분이 입소문 때문이라고 합니다. 예를 들어 도쿄에 사는 사람이 도호쿠 지역으로 전근을 가게 되어, "도쿄에서 살던 때에 즐겨 먹던 세이조 이시이의 잼이 먹고 싶다."라는 바람을 갖게 되었다고 해 보지요. 도쿄에서 친구가 놀러 오는 길에 이 잼을 부탁해서 사 오고, 이를 현지 친구에게 나누어 줍니다. 이 과정에서 입소문이 나고 세이조 이시이의 식품을 애호하는 사람이 늘어나면, 현지의 슈퍼마켓에서 "세이조 이시이의 상품을 판매했으면 좋겠다."라는 생각이 주문으로 이어지는 것입니다. 이러한 선순환이 여기저기에서 일어나고 있습니다.

세이조 이시이의 이름은 잘 알려져 있지만, 고급 패션처럼 브랜드가 독자적인 행보를 보이면서 기호에 따라 소비되는 양상은 아닙니다. "맛있는 식품이 있으니까 구매하고 싶다."라는 실질적인 요구에 따라 소비가 이루어지고 있는 것이겠지요. 이에 대해 이가라시 씨는 이렇게 설명했습니다.

"제품의 브랜드화를 진행하려고 하면 일이 어려워지기 때문에, 저희는 처음부터 제품의 브랜드화를 염두에 두지 않습니다. 제품의 브랜드화도 아니고, 그렇다고 자체 상표의 브랜드 상품을 판매하는 것도 아닌, 제삼의 길이라고 생각하고 있습니다."

세이조 이시이가 생각하는 제삼의 길은 세 가지 요소로 구성되어 있다고 합니다. '맛이 있을 것', '품질이 좋을 것', '퍼포먼스가 좋을 것'. '퍼포먼스'라는 것은 싸게 판다는 의미도 아니고 그렇다고 비싼 게 좋다는 의미도 아닙니다. "이 가격이라면 납득할 수 있다."라는 적절한 가격을 제대로 제시한다는 것입니다. 요컨대 '비용 대비 성능이 좋을 것'을 의미하는 것이지요.

1000엔짜리 치즈는 분명 비싸게 느껴지지만, 레스토랑에서 식사를 하는 것과 비교하면 결코 비싸지 않습니다. 앞에서도 기술했듯이, 시중에 있는 작은 식당의 일품요리 정도의 가격대입니다.

세이조 이시이의 치즈케이크는 십여 년 전에 발매된 이후, 입소문만으로 유명해져 지금도 여전히 가장 많이 팔리는 인기 상품인데요. 이 치즈케이크는 한 개에 800엔이나 합니다. 보통의 슈퍼마켓에서 파는 치즈케이크의 두 배에서 세 배 정도의 가격입니다. 하지만 유명 제과점의 치즈케이크 가격과 비교해 보면 결코 비싼 가격은 아닙니다. 품질도 유명 제과점과 거의 같은 수준입니다. 세이조 이시이의 이 치즈케이크는 정말 맛있습니다.

마에가와 씨는 말합니다. "그러니까 손님이 세이조 이시이에 바라는 것은 예를 들어 기노쿠니야와 같은 고급 슈퍼마켓과는 전혀 다른 것이라고 생각해요. 쉽게 말하자면 '1000엔으로 얼마나 멋진 체험을 할 수 있을까?'를 추구하는 것입니다." 이것이 바로 고급 슈퍼마켓이 아닌, 그렇다고 대량 판매 중심의 대형 슈퍼마켓이나 저렴한 백 엔 슈퍼마켓도 아닌, 제삼의 길이겠지요.

제삼의 길은 유행을 그저 따르는 것도 아니며, 옛날의 격식을 철저히 지키며 전통만 중시하는 것도 아닙니다. 지금 시대의 소비자에게 적합한 새로운 라이프스타일을 제안하고, 그 라이프스타일을 뒷받침할 수 있는 기반을 제공하는 것입니다. 새로운 문화로서의 기업, 그 문화를 지탱하는 인프라로서의 기업, 세이조 이시이는 이러한 위치를 목표로 삼는 것으로 보입니다.

이는 유행이나 트렌드가 아닙니다. 새로운 시대의 새로운 생활 방식이 시작됨에 따라 그 스타일을 유지하고 뒷받침하려는 노력입니다. 유행을 좇으면서 일반적이지 않고 고급스러운 식생활을 축제처럼 특별하게 취급하는 것이 아니라, 어디까지나 마음 편안히 즐길 수 있는 것을 실현하기 위해 일상의 연장선상에서 물품을 구입합니다. 그럼으로써 느긋하게 무리하지 않고 매일매일을 즐길 수 있는 것입니다. 엘리트 의식은 없고 원리주의에도 빠지지 않습니다.

느긋함을 제공한다는 것은 성가신 것을 배제하고, 지나치게 분발하지 않으며, 과잉 상태도 되지 않으면서, 지금 이 순간을 즐길 수 있도록 하는 것일지도 모르겠습니다.

지금 이 순간을 즐기다

불교의 '사티'에서 유래한 '마음 챙김(mindfulness)'이라는 용어가 있습니다. '지금 이 순간에 모든 의식을 기울이는 것'을 의미합니다.

지금 내가 여기에 있다는 것에 집중합니다. 예를 들어 내가 지금 여기에 있고 주위에는 푸른 하늘이 펼쳐지고 새가 지저귀고 바람이 지나가는 것을 느낍니다. 이처럼 현재의 이 순간을 인식하고 그 세계 전체를 의식으로 받아들이는 상태, 이것이 마음 챙김입니다.

때로는 스마트폰을 활용해 다중 작업을 하는 것도 필요하지만, 기분 좋게 길을 걷고 있을 때에는 스마트폰의 화면은 보지 않고 그 상태에 자신을 맡기면서 '지금 나는 기분이 좋다'는 사실을 알아차릴 필요가 있습니다. 이와 같은 마음 챙김을 함으로써 기술이 진화된 시대에도 인간다운 삶의 방식을 꾸려 갈 수 있고, 기술과 인간다움을 양립할 수 있습니다.

마음 챙김에 대해서 설명한 소렌 고드해머의 『위즈덤 2.0』이라는 책이 있습니다. 제가 책의 일본어판 감수를 맡았는데요. 이 책 속에 선(禪)의 대가와 무도가의 대화가 나옵니다. 자신의 무술 실력이 얼마나 대단한지 실컷 자랑을 한 무도가가 "당신은 선의 대가로서 유명하지만, 대체 무엇을 할 수 있습니까?"라고 묻습니다.

이에 대해 선의 대가는 이렇게 답합니다. "소승이 할 수 있는 것은 단 하나입니다. 걸을 때에 걷는 것입니다. 먹을 때에 먹는 것입니다. 말할 때에 말하는 것입니다." 저는 이 두 사람이 이야기를 나누는 장면을 아주 좋아합니다. 그래서 가끔 이들의 대화를 떠올립니다.

선의 대가의 대답은 매우 단순하지만, 이를 실천하는 현대인이 과연 얼마나 있을까요? 현대인은 걸을 때에 걷는 것이 아니라 스마트폰을 들여다봅니다. 먹을 때에 먹는 것이 아니라 카메라를 꺼내들고 요리를 찍어 SNS에 올리고, 수다를 떠는 데 정신이 팔려서 요리가 식어 가는데도 그대로 방치합니다. 이런 식으론 안 됩니다. 지금 이 순간을 즐길 수 있어야 합니다.

'지금 이 순간'은 바람 냄새가 나는 기분 좋은 하늘 아래에서 산책을 하는 때도 좋고, 요리를 하는 때도 좋고, 스포츠나 등산 등 무엇인가에 열중하고 있는 때도 좋습니다. 그 어느 때라도 좋습니다.

어떠한 행위에서 마음 챙김을 경험하는가 하는 것은 사람에 따라 다릅니다. 어떤 사람이 기분 좋다고 느끼는 것을 다른 사람은 '성가신 일'로 느낄 수도 있습니다. 저는 엑셀로 청구서를 만드는 작업이 귀찮게 여겨지지만, 경우에 따라서는 엑셀 작업에서 기분 좋은 느낌을 받는 사람도 있을 것입니다.

'기분 좋은 것'과 '성가신 것'은 사실 종이 한 장 차이여서 사람이 어떻게 받아들이느냐에 따라서 달라집니다. 일상에는 많은 일이 있고, 요리를 좋아하는 사람이 있는가 하면, 빨래나 청소를 좋아하는 사람도 있습니다. 요리 중에서도 밑 손질에서 기쁨을 느끼는 사람이 있는가 하면, 재료의 밑손질을 정말 귀찮아하는 사람도 있습니다. 정말 사람마다 제각각입니다.

저는 오이식스나 세이조 이시이같이 새로운 제안을 던지는 기업은 이처럼 성가신 일을 가능한 한 없애고, 각자가 좋아하는 것에만 집중할 수 있도록 독려한다고 생각합니다.

제 3 장

열린 네트워크,
번화한 도시의 삶

역사를 돌아보면, 근대를 살아가던 우리의 가치관은 크게 두 가지로 나누어 볼 수 있습니다. 하나는 대중 소비 사회 속에서 모습을 드러내면서 출세하고 부자가 되기 위해 '위로, 위로' 향해 가는 출세 지향입니다. 다른 하나는 대중 소비 사회를 멸시하면서, "대중은 속고 있다. 하지만 우리는 다르다."라고 쿨하게 저항하며 '밖으로, 밖으로' 향하는 아웃사이더 지향입니다.

그러나 2008년 금융 위기와 대지진을 경험했고 근대도 막을 내린 지금 이 시대에 우리가 추구하는 것은 '위로, 위로'

도 아니고 '밖으로, 밖으로'도 아닙니다.

우리가 추구하는 것은 그런 것이 아닙니다. 전혀 다른 세계를 향한 길이 만들어지고 있습니다. 새로운 '느긋하고 느슨한' 생활의 의미는 지금까지와는 다른 시각에서 봐야 합니다. 앞 장에서 기술한 성가신 일을 없애는 오이식스, 세이조 이시이, 미코토 청과 상회 등이 제공하는 '느긋함'도 지금까지와는 다른 시각에서 이해해야 합니다. 그럼 다른 시각이란 무엇일까요?

이제부터는 '생활은 외부를 향해서 열려 있다'는 생각과, 결국 그 끝에는 공동체가 존재한다는 개념을 제시하고자 합니다.

새로운 주거 스타일

먼저, 제 개인적인 주거 이야기부터 시작해 보겠습니다. 저는 2015년부터 도쿄, 가루이자와, 후쿠이 등 세 거점을 이동하면서 생활하는 실험을 하고 있습니다.

고원 지대의 별장 생활을 동경해서 시작한 일은 아닙니다. 제가 그런 생활을 할 만큼 부자도 아니고, 긴 휴가를 보낼 정도로 여유가 있는 것도 아니며, 당장 은퇴할 계획도 없습니다. 도쿄에서 탈출하고 싶었던 것도 아닙니다. 별장 지역에서 도쿄를 내려다보며 쿨한 저항을 하는 사람인 척 젠체하고 싶었던 것도 아닙니다.

친환경 생활을 하고 싶었던 것도 아닙니다. 가루이자와 같은 기온이 서늘한 지역에서 사는 것은 생활 유지 비용이 매우 많이 듭니다. 겨울에는 부재중일 때에도 난방을 틀어 놓아야 해서 난방비를 상당히 많이 소비하게 됩니다. 에너지를 낭비하는 것이지요.

사실 이러한 생활을 시작한 계기는 대지진이었습니다. 저는 도쿄에서 프리랜서 저널리스트, 아내 역시 프리랜서로 그림을 그리고 있습니다. 특별히 사무실을 마련하지 않고, 도쿄도내에 두 사람이 함께 쓰는 작업실과 자택을 겸해 널찍한 테라스 하우스를 임대해서 사용하고 있었습니다. 그러나 대지진이 일어나면서 갑자기 수도권 직하 지진 등 대규모 재해에 대한 불안이 크게 일기 시작했습니다. 제 고향은 효고현의 시골이고 아내의 고향은 히로시마로 아주 멀리 떨어져 있기도 해서, 만약 무슨 일이 발생했을 때를 대비해 다른 지역에 또 하나의 피난처로서의 거점을 만들어 두어야겠다고 생각하게 되었습니다.

센다이, 이즈 등 여러 지역을 검토하면서 실제로 그 지역의 집을 둘러보기도 했습니다. 최종적으로 결정한 곳이

가루이자와였습니다.

　가루이자와는 도쿄에서 신칸센을 타고 한 시간 정도, 자동차로 가면 두 시간 삼십 분 정도 걸리는 가까운 곳입니다. 더구나 피서지로서 오랫동안 사랑을 받아 온 지역으로, 생활하기에 아주 편리하다는 장점도 있었습니다. 운 좋게도 아주 성실하고 좋은 느낌의 부동산 회사 담당자를 만나, 별장 지역의 주택을 빌리게 되었습니다. 이후 여름이든 겨울이든 매달 일주일 정도는 아사마산을 바라볼 수 있는 집에서 지내고 있습니다.

　처음에는 도쿄와 가루이자와, 두 곳을 거점으로 삼을 생각이었는데요. 세 번째로 후쿠이에도 집을 빌리게 된 것은 아무래도 운명적인 흐름 때문이었습니다. 저는 2000년대 중반 무렵부터 몇몇 기업의 취재를 계기로 후쿠이에 사는 지인과 친구들이 많이 생겼습니다. 언젠가 아내도 동행해서 일년에 한두 번 후쿠이에 놀러갔는데, 후쿠이의 지인들과의 인연이 계기가 되어 아내가 그곳의 친구와 협업해서 도기(陶器)를 만들고 그림을 그리는 '천년도화'라는 프로젝트를 시작한 것입니다. 작업실도 마련하는 것이 제작 활동에 도움이 되지 않을까 하는 조언을 들었고, 일이 순조롭게 진행되어 후쿠이 에치젠초에 주택을 빌리게 되었습니다.

　개인적인 생각으로는 세 군데나 거주지를 마련해 이동

하면서 생활하면, 과연 스스로의 정신과 신체에 어떠한 일이 일어날지 막연한 기대감도 있었습니다. 세 거점 사이를 이동하는 게 매우 힘들 것이라는 생각도 들었습니다. 하지만 막연한 기대감도 있어서, '나 자신을 실험 대상으로 삼아 실험을 해 보자' 하는 생각을 하게 되었습니다.

21세기에 들어오면서 세계는 '이동의 시대'라고 일컬어지고 있습니다. 인터넷이 보급되어 멀리 있는 그 누구와도 바로 연락을 취할 수 있고, 저가 항공사를 이용하면 저렴하게 이동할 수 있습니다. 이민이 늘어났고, 인류 역사상 가장 많은 사람들이 이동하는 시대가 된 것입니다. 일본은 섬나라이며 언어의 문제도 있어서 다소 뒤처지는 듯한 느낌이 들기도 하지만, 이와 같은 흐름은 언젠가는 일본에도 찾아오게 될 것입니다.

지구를 이리저리 돌아다니며 이동하는 사람과 비교하면, 도쿄에서 나가노, 호쿠리쿠 지역으로 이동하는 것은 아무래도 소꿉장난 수준의 작은 이야기에 지나지 않을 것입니다. 그렇더라도 정착하지 않는 '이동 생활'이라는 새로운 주거 스타일은 상당히 매력적이어서, 직접 체험해 보고 싶다는 생각을 했습니다.

후쿠이의 거점

집을 빌리기 전에 실제로 그곳에서의 생활을 한 번 체험해 보기 위해서, 후쿠이현 쓰루가의 해변 마을에 위치한 '슈슈(朱種)'라는 시설에 묵어 보았습니다. 이곳은 후쿠이에 사는 친구 중 하나로, 건설 회사를 경영하는 '다이짱', 기타야마 다이시로(北山大志郎)가 개보수를 담당한 건물입니다.

슈슈는 호쿠리쿠혼센(北陸本線)의 쓰루가역부터 8번 국도를 북쪽으로 달리다보면 나오는 요코하마라는 어촌에 있습니다. 쓰루가만에서 돌출된 작은 반도를 걸쳐 앉듯이 검은 널판장으로 담을 친 건물이 줄지어 서 있습니다. 골목이 가로와 세로로 이어져 있고 바로 옆에 해수욕장도 있어서, 마치 영화의 세트장처럼 경치가 아름답습니다.

그런데 더 놀라운 것은 밤이 되었는데도 이들 건물에 불이 켜진 곳이 거의 없다는 것입니다. 이것을 보고 정말 어리둥절했습니다. 주민이 줄어들면서 빈집이 늘어나 마을로서의 기능이 한계에 다다르고 있었던 것입니다.

슈슈는 이 층으로 된 커다란 저택입니다. 이 건물과 얽힌 이야기는 태평양전쟁 시절까지 거슬러 올라갑니다. 후쿠이현 요코하마 지역에서 나고 자란 한 젊은이가 도쿄에 있는 게이오 대학의 의과대학에 진학했습니다. 이 젊은이는 대학을 졸업하고 만주로 건너가 외과 군의관이 되었습니다. 그리고 종전 후 이 젊은이는 후쿠이로 돌아와 쓰루가에서 의사로 개업하려고 했습니다. 그러나 그 당시에 요코하마 사람들이 "선생님, 부디 요코하마로 돌아와 주세요. 우리 마을에 개업해 주면 안 될까요?"라고 간절히 요청했습니다. 당시는 오늘날처럼 교통편이 좋지 않아서, 병이 나면 쓰루가에 있는 의사에게 요코하마까지 배를 타고 왕진해 달라고 부탁해야 했기 때문입니다.

"고향을 지키고 싶다."라는 생각을 갖고 그는 요코하마에서 개업하기로 결심했습니다. 그리고 요코하마에서 개업하는 그를 위해 주민들이 커다란 집을 지었습니다. 요코하마 현지의 목수와 조경업자뿐만 아니라 토사나 목재 조달부터 운반까지 주민들이 모두 나서서 도왔습니다.

이 건물의 일 층에 의원이 열렸습니다. 이 층은 의사의 주거 공간이었습니다. 의원이 사람들로 가장 붐볐던 1950년대에는 간호사도 여러 명 근무했고, 현지의 문화인들이 모이는 살롱 같은 역할도 했습니다.

이 건물과 관련된 이야기를 이렇게까지 자세히 알 수 있는 것은 개보수의 준비 단계에서 이 건물 여기저기에서 수많은 사진 앨범이 발견되었기 때문입니다. 이곳의 의사는 게이오 대학 의과대학을 졸업했는데, 도쿄에서의 학창 시절과,

의원에 찾아온 여러 사람들과 찍은 기념사진 등을 보관하고 있어서 그 당시의 모습이 고스란히 전해진 것입니다.

시간이 흘러 젊었던 의사도 이제는 고령이 되어 은퇴할 날을 눈앞에 두게 되었습니다. 의사의 자녀들도 도시로 떠나서, 점점 인구도 줄고 마을의 규모도 작아진 요코하마의 어촌으로 다시 돌아올 일은 없었습니다.

그러던 중에 얼마 지나지 않아 의사 선생님은 고령으로 세상을 떠났습니다. 그의 장례식에는 친척이나 요코하마 주민들조차도 잘 모르는 아주 많은 사람들이 조문하러 왔습니다. 조문객 중에는 손이나 발이 없는 사람도 많았습니다. 이를 이상하게 여긴 마을 사람들이 그 조문객들에게 물었습니다. 그러자 "만주에서 선생님에게 수술을 받았습니다. 그때에 정말 많은 도움을 받았습니다. 선생님 덕분에 귀국할 수 있었습니다."라고 입을 모아 대답했다고 합니다. 전쟁에 참전했던 상이군인들이었던 것입니다. "감사하다는 말씀을 영전에나마 드리고 싶어서 조문하러 왔습니다."라고 말하는 사람들은 진심으로 의사 선생님을 기리고 있었습니다.

그러고 나서 이 건물은 결국 빈집이 되었으며, 달리 활용 방도를 찾지 못하고 그대로 방치된 채 오랜 시간이 흐르고 말았던 것입니다. 의사의 가족은 이 건물에 대해 '다이짱'에게 상담하러 와서 결국 건물을 300만 엔에 내놓았습니다. 왜 하필 300만 엔이라는 금액일까요? 그 이유는 건물의 해체 비용이 바로 300만 엔이었기 때문입니다. 다시 말해 집을 팔아서 이익을 남기려는 기대감은 없었고, 손해만 보지 않고 고향 집을 처분할 수 있다면 충분하다고 생각한 것입니다. 그러나 이 값에 내놓아도 사려는 사람이 없었습니다.

이 지역은 에치젠 해안이라 불리며 뛰어난 풍광으로 유명한 관광지로, 예전에는 겨울에는 게 요리로 여름에는 해수욕장을 찾는 관광객으로 붐볐습니다. 교토나 오사카에서도 많은 관광객이 찾아왔습니다. 지금도 겨울에 에치젠 게가 많이 잡히는 시기에는 관광객으로 시끌벅적하지만, 여름의 해수욕객은 눈에 띄게 줄어들었습니다. 고베와 아와지시마, 시코쿠가 대교로 연결되면서 간사이 지역 사람들의 여름을 보내는 방식이 바뀌었기 때문이라는 분석이 나오기도 합니다.

에치젠 게의 계절은 짧고, 게를 내세운 영업만으로는 전통 여관의 운영을 유지할 수 없습니다. 그로 인해 이 지역 대부분의 여관이나 호텔이 폐업했으며, 해안선을 따라 만들어진 멋진 해안도로에는 띄엄띄엄 폐허가 눈에 띄어 참으로 안타까운 광경입니다.

가족은 결국 고향집의 매각을 포기했습니다. 그리고 다이짱에게 "이 집을 무료로 드릴 테니 원하시는 대로 활용해 보세요." 하고 제안해 왔습니다. 집을 소유하는 것만으로도 매년 고정 자산세를 지불해야 합니다. 그러니 무료로 다른 사람에게 양도하는 것이 낫겠다는 결론을 내린 것입니다.

집의 상태는 매우 좋은 편이어서 조금만 손을 보면 잘 사용할 수 있을 것이라고 다이짱은 판단했고, 자신이 직접 자금을 마련해 개보수를 했습니다. 그리고 슈슈라는 이름을 붙이고, 빈집 활용 대책의 견본 주택으로 활용하게 된 것입니다.

호쿠리쿠 지역은 날씨의 변화가 매우 극심한 지역입니다. 슈슈에 체류하면서 지내다 보면, 아주 멋진 푸르고 맑은 하늘에 감탄하는 순간, 갑자기 돌풍이 불어오고 번개가 치고 산에서 불어오는 듯한 폭풍우가 엄습합니다. 이러한 변화가 하루에도 여러 번 일어납니다.

마을 사람들은 친절했습니다. 예전에는 지방의 시골 마을하면 매우 폐쇄적인 공동체라는 인상이 있었지만, 마을로서의 기능이 한계 상황에 이르고 있어서 이제 그러한 폐쇄적인 공동체조차 유지하기 어려워지고 있습니다. 물론 실제로 오래 거주하다 보면 또 다른 느낌이 들 테지만, 적어도 짧은 기간이나마 체류하는 동안에는 배척당하는 느낌은 전혀 받지 못했습니다.

슈슈에 체류한 이듬해 봄, 본격적으로 이곳을 거점으

로 삼겠다는 결심을 하고, 친구를 통해 에치젠초의 읍사무소 관계자를 소개받아 '에치젠 도예촌'이라는 시설 안의 주택을 빌릴 수 있었습니다. 에치젠초에서 소유하고 있는 건물로, 임대료는 매달 1만 8000엔입니다. 도예를 위한 전기 가마가 설치되어 있는 넓은 공방에 거실과 침실로 사용할 수 있는 다다미 여덟 장 정도 크기의 방이 딸려 있는 주택입니다. 공방을 현지의 친구와 함께 쓰기로 했기 때문에, 우리가 지불하는 임대료는 그 절반인 9000엔이 되었습니다. 도쿄와 비교하면 놀라울 정도로 저렴한 임대료입니다. 아내는 봄부터 가을까지 후쿠이의 작업실에서 한 달에 삼분의 일 정도 머물면서 창작 활동에 전념하고 있습니다. 저는 후쿠이에 가서 한 달에 사나흘 정도 머물고 있습니다. 후쿠이에 있을 때에는 일을 거의 하지 않고, 사람을 만나거나 가까이에 있는 에치젠 해안 근처 시장에서 생선을 사다 요리를 하면서 호쿠리쿠의 냉랭한 공기를 만끽하며 시간을 즐기고 있습니다.

이동의 자유와 즐거움

그러면 이처럼 세 거점 생활을 통해 제가 터득할 수 있었던 것은 무엇일까요? 몇 가지가 있습니다. 첫째로 이동의 자유를 즐길 수 있게 되었다는 점, 둘째로 소유하는 물건이 놀라울 정도로 크게 줄었다는 점, 셋째로 인간관계의 네트워크가 다각화되고 있다는 점입니다.

하나하나 설명을 해 보겠습니다. 먼저 이동의 자유에 대해서입니다. 앞에서 이야기했듯이 가루이자와는 도쿄에서 신칸센을 타고 한 시간 정도면 도착하는 비교적 가까운 거리에 있지만, 호쿠리쿠의 서쪽 끝에 위치한 후쿠이는 이에 비하면 매우 먼 거리입니다. 도쿄 하네다 공항에서 비행기를 타고 한 시간 정도 날아가 이시카와현의 고마츠 공항에 도착합니다. 다시 이곳에서 차를 타고 한 시간 삼십 분 정도 들어가야 합니다. 전철을 타고 가려면, 도카이도신칸센의 마이바라역에서 호쿠리쿠혼센으로 갈아타고, 사바에역에서 내립니다. 다시 이곳에서 택시를 타고 삼십 분 정도 더 들어갑니다. 편도 이동에만 무려 반나절이 지나가는 느낌입니다.

에치젠 도예촌은 겨울에 눈이 아주 많이 내리는 곳입니다. 이곳에서 거점으로 삼고 있는 주택에는 바닥 난방이 없어서 정말 춥기 때문에 동절기에는 이곳에 머무는 것을 포기하고 봄부터 가을까지만 머물기로 정했습니다. 자동차가 없으면 무엇 하나 할 수 있는 것이 없기 때문에 가루이자와에서 사용하는 경차를 봄에 후쿠이까지 몰고 갔다가 가을이 끝나갈 무렵에 다시 가루이자와로 몰고 옵니다. 그리고 가끔 아내의 작품을 운반해야 하는 경우도 있어서 도쿄에서부터 자동차로 이동하기도 합니다. 가루이자와에서 출발할 경우에는 조신에츠도를 따라 다섯 시간을 달립니다. 도쿄에서 출발할 경우에는 신토메이 고속 도로를 경유해 여섯 시간을 달립니다. 어느 쪽으로 달리든지 상당한 체력을 요합니다.

그래서 일상 속에서 부지런히 체력을 단련하고 있습니다. 거의 매일, 오 킬로미터 달리기를 빼놓지 않으며, 나흘에 한 번은 피트니스 센터의 기구를 이용해 근력 운동을 세 세트씩 여섯 종류를 실행합니다. 또한 한 달에 한 번은 등산을 가고, 때로는 이십 킬로그램 이상의 무거운 짐을 짊어지고 산속을 돌아다니기도 합니다. 정크 푸드는 일체 입에 대지 않고 단백질을 축으로 한 식생활을 유지하는 데에 신경쓰고 있습니다.

이렇게까지 철저히 실천하면 몸이 아주 가벼워집니다. 손가락 끝에서부터 발가락 끝까지 나 자신이 원하는 대로 몸 구석구석까지 통제할 수 있을 것같이 활기가 충만한 신체 감각으로 변해 갑니다. 이틀 동안 도쿄에서 후쿠이까지 왕복하고 나서 그날 저녁 바로 텔레비전 프로그램의 녹화를 위해 외출을 하는 경우도 있습니다. 그럴 때에도 그다지 피곤함을 느끼지 않게 되었습니다.

체력만이 아닙니다. 이동을 원활하게 하기 위해 갈아입을 옷이나 일용품, 몇 가지 노트북 주변 기기는 각각의 거점에 비치해 두어서 이동할 때 가지고 다니는 물건은 아주 적습니다.

EDC라는 말을 알고 계신가요? '에브리데이 캐리'의 줄임말로, '일상적으로 갖고 다니는 물건'이라는 뜻입니다. 여러분은 어떠한 물건을 가방에 넣고 다니시나요? 저는 '지팩스'의 등산용 방수 파우치에 다음 물건들을 항상 지니고 다닙니다.

- 카드 지갑(예비 신용 카드, 건강 보험증, 라디오 방송국 출입증, 은행 카드)
- 명함 지갑
- 보조 배터리
- 차량용 USB 충전기
- 스마트폰 전원 케이블
- USB 메모리
- 이어폰
- 소형 손전등
- 휴대용 라디오
- 비상용 호루라기

- 새 건전지 네 개(라디오와 손전등의 예비 건전지)
- 작은 고형 비상식량

대지진이 발생한 이후 방재용품은 늘 갖고 다닙니다. 궁리를 거듭하면서 점점 짐을 줄였으며, 지금은 손바닥 만한 크기의 파우치에 모든 것을 넣을 수 있게 되었습니다. 이 파우치를 중심으로 한 저의 EDC는 다음과 같습니다.

- 파우치
- 스마트폰
- 킨들 전자책 단말기
- 지갑(신용 카드, 철도 IC 카드, 운전면허증)
- 노트북(도착지에서 필요할 경우)
- 접이식 우산(봄부터 가을까지)

이 EDC에 냉장고의 채소나 육류를 담은 보냉 가방을 더하면, 거점 간에 이동할 때에 가지고 다니는 짐이 됩니다. 이것만 소지하고 거점에서 거점으로 이동을 합니다. 그렇기 때문에 '이제 가 볼까?' 하는 생각이 들면, 십오 분 정도면 준비를 마칠 수 있습니다. 체력을 단련하고 소지품을 작게 만들어 몸이 가벼워지면, 이동은 아주 즐거운 일이 됩니다.

물건이 줄면 자유로워진다

이동 생활을 홀가분하게 하려면, 각각의 거점에 똑같은 생활 용품과 업무 도구가 마련되어 있는 것이 좋습니다. 가구나 전자 제품, 냄비, 프라이팬, 주방용품 등을 구비할 필요가 있기 때문에, 초기 투자 비용이 다소 발생합니다.

이처럼 세 곳의 거점에 같은 용품을 준비하면 전체적으로 물건이 늘어나는 것 같다는 생각이 들 텐데요. 거점이 세 곳이므로 냉장고, 세탁기, 전자레인지 모두 세 개씩 있어야 하니 분명 그렇습니다. 그런데 참 재미있는 것이, 이와 같은 기본적인 생활 필수품을 제외하면 이외의 불필요한 물건은 자연스럽게 줄어든다는 것입니다. 왜냐하면 각각의 세 거점에서 같은 수준의 생활을 유지하려면 소유하는 물건이 많을 경우에는 불편해지기 때문입니다.

예를 들어 이전에는 도쿄의 집 부엌에 와인 셀러를 설치해 두고 있었습니다. 와인을 옆으로 뉘여 적절한 온도로 차게 해 주는 냉장고입니다. 하지만 가루이자와나 후쿠이에는 와인 셀러 같은 사치스러운 물건은 없습니다. 그렇기 때문에 가루이자와에 있는 동안에는 '와인을 적절한 온도로 보관하는 것이 맛있는데…… 일반 냉장고에서 차게 하는 것은 부족한 느낌이야.' 하는 생각이 들기도 합니다. 그렇다고 이러한 사치품을 세 개나 마련해서 거점마다 두는 것은 정말 쓸데없는 짓입니다.

그래서 발상을 전환해 보기로 했습니다. 마침 도쿄의 집을 옮겨야 했는데 이를 계기로 와인 셀러를 처분한 것입니다. 새로 이사한 집은 역에서 가까운 곳에 있는데요. 비싸지 않고 맛있는 바이오 다이나믹 와인을 갖춘 주류 판매점을 역 근처 상가에서 발견한 것입니다. 와인을 사 놓지 않고 마시고 싶을 때마다 이 주류 판매점에 가서 그때그때 사 오게 되었습니다. 와인 셀러를 처분함으로써 가루이자와나 후쿠이에 갔을 때에 '와인 셀러가 없어서……'라는 부질없는 고민을 더 이상 하지 않게 되었습니다. 세 거점에 모두 마련할 수 없는 물품은 모든 곳에 두지 않으면 되는 것이었습니다. 이렇게 발상을 전환함으로써 물건은 점점 줄어 갔습니다.

물건은 줄어드는 것뿐 아니라 크기가 작아지기도 했습니다. 가루이자와와 후쿠이에 있는 냉장고는 아주 작은 것이었는데, 어느새 도쿄에 있는 냉장고도 그에 맞추어 소형 모델로 바뀌었습니다.

식재료는 요리할 때마다 근처 식료품 가게나 편의점에 가서 구입하기로 했습니다. 이전에 살던 집은 역에서 이십 분이나 떨어져 있어서 외진 데다가 근처에 편의점도 없었기 때문에 차를 타고 나가서 식재료, 생수, 주류 등을 잔뜩 사다가 집에 쌓아 두기도 했습니다. 하지만 이제는 그럴 필요가 없어진 것입니다. 다시 말해서 집 근처의 가게들이 우리 집의 냉장고가 되어 준 것이라고 할 수 있겠지요. 물류가 발달하면서 이런 생활이 가능해졌다.

이러한 점들을 깨닫자, 소유하는 물건은 매우 빠르게 줄었습니다. 특히 부엌에서 사용하는 도구는 정말 눈에 띄게 줄었습니다. 아보카도를 손질하거나 은행을 까거나 파의 밑동을 가늘고 길게 썰 때 사용하는 편리한 도구들은 주방 용품점에 넘쳐납니다. 하지만 '이 도구가 있어야만 요리할 수 있다'고 생각하기 시작하면 요리가 귀찮아집니다. 도구를 사용하면서 편리해졌다면서 도리어 도구에 사로잡혀 자유롭지 못하게 된다면 커다란 모순이 아닐까요?

편리한 도구를 이것저것 갖추는 것보다 최소한의 도구를 잘 궁리해서 사용하는 편이 사실 더 자유롭습니다. 아보카도는 부엌칼로 잘 잘라서 씨를 빼면 되고, 은행은 공구함의 펜치를 이용해서 까면 됩니다.

저는 2014년에 요리책 두 권을 내기도 했습니다. 그래서 지인들로부터 "사사키 씨의 요리가 먹고 싶어요."라고 부탁받기도 합니다. 젊은 친구들의 셰어 하우스에 요리를 만들어 주러 가는 일도 있고, 열다섯 명 정도의 친구들이 모이는 경우에는 키친 스튜디오를 빌려 함께 요리를 즐기기도 합니다.

셰어 하우스나 키친 스튜디오에는 요리 도구가 제대로 갖추어져 있지 않습니다. 하지만 평소에 도구가 부족한 상태에서 요리를 만드는 데에 익숙해서 큰 문제는 없습니다. 물론 집에서 요리 도구를 준비해 가는 경우도 없습니다.

옆으로 이어지는 관계

지금까지 세 거점에서의 생활에 대해서 이동의 자유를 즐길 수 있게 되었다는 점, 놀라울 정도로 소유하는 물건이 줄어들었다는 점 같은 변화에 대해 이야기했습니다. 세 번째 변화는 인간관계의 네트워크가 다각화했다는 점입니다.

돌이켜 보면 1990년대 이전까지는 인간관계가 상당히 고정적이었습니다. 예를 들어 예전에 농촌에서는 한 마을에서 태어나 그 마을에서 자라고, 그 마을에서 일을 하면서 그 마을에서 노후를 맞이했습니다. 마을 밖으로 나가는 일은 거의 없기 때문에 극히 한정된 인간관계 속에서 살았던 것입니다.

그러다가 근대화가 진행되자 사람들이 농촌을 떠나 도시로 유입되었고, 각양각색의 사람들이 뒤섞이며 마치 시장통 같은 혼란이 발생하기도 했습니다. 일본의 경우 전쟁이

열린 네트워크, 변화한 도시의 삶

끝난 후 모든 것이 폐허가 된 시기가 그렇습니다. 하지만 고도 경제 성장이 이루어지자 혼란은 가라앉았고, 사람들의 인간관계는 기업 사회를 중심으로 돌아가게 됩니다.

1990년대 이전의 전형적인 회사원의 인생이 시작된 것입니다. 지방에서 태어나 사춘기를 고향에서 보내며, 고등학교를 졸업한 뒤 상경하여 대학에 들어갑니다. 대학을 졸업하고 취직을 하고, 회사의 독신자용 기숙사에 살면서 사내 연애를 하고, 사내 결혼을 해서 사택에서 삽니다. 주말에는 동료나 거래처 직원과 골프나 야구를 즐기고, 회사의 신용 조합에서 대출을 받아 자신의 집을 짓습니다. 정년퇴직과 함께 그에 걸맞은 퇴직금을 받고, 회사의 후생 연금으로 유유자적하며 노후를 보냅니다.

그 당시의 종신 고용제하에서는 인간관계마저 사내에서 완결되었던 것입니다. 저 역시 종신 고용제하의 신문사에서 일을 한 경험이 있기 때문에 이러한 상황이 충분히 이해가 갑니다. 이동이나 전근도 빈번하기 때문에 회사를 벗어난 인간관계를 형성하기가 녹록지 않습니다. 결국 회사 안에서 사람들을 만나고 그 안에서 관계를 유지하게 되는 것입니다.

그러나 2000년대에 들어오면서 회사 안에서만 살아가던 삶의 방식에 변화가 일기 시작했습니다. 이제 사람들은 싫든 좋든 회사 밖에서도 인간관계를 만들어야만 했습니다.

이러한 변화 속에 등장한 페이스북 등의 SNS를 통해 인간관계가 잘 드러나게 된 측면도 있습니다. 스스로가 어떤 사람들과 연결되어 있는지를 확인해 볼 수 있으며, 메시지를 보낸 사람의 페이지를 통해 '공통의 친구'를 살펴보면, 내가 그 사람과 어느 정도의 거리에서 어떤 관계에 있는지를 한눈에 알 수 있습니다.

저는 앞에서 소개한 대로 세 거점에서 생활을 하다 보니, SNS를 통해 확인되는 인간관계가 더욱 다각화해 간다는 것을 실감할 수 있었습니다. 도쿄에는 도쿄에서의 인간관계가 있고, 가루이자와에는 가루이자와에서의 인간관계가 있으며, 후쿠이에는 후쿠이에서의 인간관계가 있습니다. 이러한 관계들이 다시 연결되어, 때로는 서로 뒤섞이기도 하면서 인간관계의 '망' 안에서 인생을 보내고 있다는 느낌이 들었습니다.

회사에서 근무하지 않지만 많은 일들을 병행하면서 이를 처리해 나가고 세 곳의 거점을 이동하면서 살다보니, 인간관계는 '옆으로, 옆으로' 점점 확대되어 갑니다.

새로운 시대의 안전망

예전에 프리랜서 저널리스트의 일은 잡지 관련 업무가 주요 활동 분야였습니다. 취재한 원고를 잡지에 기고하고 원고료를 받았습니다. 제게는 이것이 월급이었으며, 간혹 이러한 기사들을 모아 책으로 내면 인세를 제법 뭉칫돈으로 받게 되는데, 이 때는 마치 보너스를 받는 느낌이었습니다. 제가 자주 만나는 사람은 취재원을 제외하면, 대부분 잡지나 책의 편집자 등 같은 업종에 종사하는 사람들이었으며, 프리랜서이면서도 비교적 고정적인 인간관계를 맺으며 살아가고 있었습니다.

출판업계는 2008년 금융 위기 무렵부터 크게 흔들리기 시작했으며, 잡지는 하나둘 점점 사라져 갔습니다. 책의 발행 부수도 전반적으로 크게 감소했습니다. 책이나 잡지를 통해 더 이상 먹고사는 문제가 해결되지 않자, 일을 그만두는 작가도 많았습니다.

저는 칠전팔기의 과정을 거치며 시행착오를 겪으면서 역경의 시기를 견뎌 냈으며, 어쨌든 일단은 그럭저럭 일상을 살아 내고 있습니다. 그렇게 지내 오다가 문득 생각해 보니, 제가 하는 일이 다양하게 확대되면서 저를 둘러싼 인간관계도 놀라울 정도로 확대되어 있었습니다. 저는 2015년부터

이 책을 쓰는 데에도 많은 도움을 준 '라이프 메이커스'라는 유료 커뮤니티를 운영하고 있으며, 이 커뮤니티는 저에게 매우 큰 의지가 되고 있습니다.

제게 이 커뮤니티 못지않게 중요한 커뮤니티는 '타비 라보'라는 인터넷 매체입니다. 제가 이 매체의 창업 구성원 중 한 사람이기도 해서 사무실을 방문하면 젊은 동료들을 만날 수 있습니다. '애니 타임스'라는 공유 경제 관련 회사도 돕고 있어서, 매주 얼굴을 보며 함께 이벤트 등을 열기도 합니다.

그리고 미나미 아키코(南曉子)라는 일러스트레이터에게 트위터 아이콘을 의뢰해서 일러스트를 받은 일을 계기로, 똑같은 아이콘을 사용하는 사람들끼리 '아이콘 미팅'이라는 동아리를 만들어 활동하기 시작했으며, 이곳의 구성원을 중심으로 등산 그룹을 만들어 거의 매달 등산하러 길을 나서고 있습니다. 요리 모임도 이들을 중심으로 열고 있으며, 키친 스튜디오에 모여 요리를 만들며 즐거움을 만끽하고 있습니다.

이밖에도 아직 많이 있습니다. 트위터에는 아직 직접 만난 적은 없지만, 정기적으로 코멘트를 올려 주는 마음 든든한 사람들이 있습니다. 그리고 가루이자와의 인간관계, 후쿠이의 인간관계 등이 있습니다.

저 스스로가 먼저 다양한 사람들과 접촉하고 있어서, 다양한 좋은 사람들과 서로 손을 잡고 있는 듯한 느낌을 받기도 합니다.

그리고 제가 늘 생각하는 것은 특별할 것 없이 평범하게, 사이좋게 지낼 수 있는 사람과 사이좋게 지내고 싶어 하는 것은 당연한 일이라는 것입니다 "이 사람과 만나면 뭔가 득이 될 것 같아.", "이 사람은 유명하니까 만나면 주변에 자랑할 수 있을 것 같아."라는 이해관계가 아니라, "이 사람과 만나면 즐거울 것 같아.", "이 사람은 좋은 사람이니까 친구가 되고 싶어."라는 단순한 느낌이 가져다주는 기분 좋은 느낌이 매우 중요합니다.

인생은 짧고 만날 수 있는 사람은 한정되어 있습니다. 그렇기 때문에 좋은 만남의 기회가 있으면 그 만남을 늘 소중히 여기려 합니다. 저는 과거에 다양한 곳에서 다양한 사람들과 알고 지냈습니다. 월셋집을 중개해 준 부동산 회사의 직원과 친구가 되어 함께 캠프를 가기도 했습니다. 자동차 판매원과 친해져 함께 식사를 하면서 그의 요리 솜씨가 좋다는 것을 알게 되었고, 집 이사를 했을 때 집들이 요리를 부탁한 적도 있습니다. 소속이 어디인지, 직책이 무엇인지, 그런 것은 전혀 문제가 되지 않습니다. 자기가 좋아하는 사람과 친구가 되고 그 결과로 그물망처럼 인간관계가 확대되어 가는 것입니다.

때로는 어느 날 문득 알게 되지만, 제가 모르는 사이에 친구끼리 서로 이어지기도 합니다. "어? 두 사람 서로 아는 사이였어?"라고 물었을 때, "무슨 소리예요? 사사키 씨 댁에서 같이 식사했을 때 인사하면서 알게 되었잖아요."라는 말을 듣게 되기도 합니다.

이러한 네트워크는 거리나 지역에 상관없이, 살고 있는 곳이 어디든, 이에 얽매이지 않고 확대되어 갑니다. 사실 저는 이것이야말로 새로운 시대의 안전망으로서 자리 잡는 것이 아닐까 하고 생각합니다. 우리가 근무하는 회사는 이제 더 이상 평생을 함께할 상대가 아닙니다. 주변의 이해관계에 얽매이지 않는, 많은 느슨한 관계가 새로운 안전망이 되어 주고 있는 것입니다.

저의 세 거점 생활은 거처가 고정되어 있지 않아 빈둥빈둥 사는 것처럼 보일지도 모릅니다. 하지만 빈둥거리고 있기 때문에 다양한 인간관계가 가능해져서 오히려 더 안정적으로 느껴지기도 합니다.

그러므로 세 거점을 이동하면서 생활하는 것은 결코 표류하는 인생이 아닙니다. 저는 그렇다는 것을 깨달았습니다. 뿌리 없는 풀이 되어 그 어디에도 자기 자신이 머물 곳 하나 없는 채로, 의지할 곳도 하나 없이 살아가는 것이 아닙니다. '그 어디에도 얽매이지 않는다.'가 아니라, '그 모든 곳에 닿을 수가 있다.' 저는 이것이 새로운 이동 생활이라고 생각합니다.

이는 물리적인 이동만을 말하는 것이 아닙니다. 자기 자신을 어디에 머물게 할 것인가 하는, 심리적인 위치 그 자체를 이동하는 것이 중요합니다. 이에 따라서 다양한 사람들과 언제든 연결되어 가는 것입니다.

이동한다고 해서 사람과 멀어지는 것이 아니라, 이동할 수 있기 때문에 비로소 사람들과 언제든 계속 연결되어 있을 수 있는 것입니다.

중요한 것은 이러한 것이 강요에 의한 것이 아니라 자기 스스로 결정한다는 점입니다. 예를 들어 회사로부터 이동이나 전근 명령을 받더라도 마음의 위치를 자유자재로 이동시킬 수 있다면 언제나 연결되고 싶은 사람들과 단절되는 일은 없을 것입니다.

이동은 강요에 의해서 이루어지는 것이 아닙니다. 자신 안에 항상 '언제든 이동할 수 있다'는 마음가짐을 가지고, '자, 언제든 출발 가능하다니까.' 하는 준비 태세를 갖추는 것이 중요합니다.

등산으로 배우는 최소의 비법

추상적인 이야기가 이어지다 보니 이해하기 어려워지고 있으므로, 여기서 잠시 휴식을 가지겠습니다. 앞에서 '최소한의 도구로 요리한다'고 이야기했습니다. 이러한 사고방식은 등산할 때 먹는 음식과 공통되는 부분이 있습니다. 산을 오를 때에 짊어지는 짐의 무게는 자신의 체력이 허락하는 범위 안에서 결정됩니다. 필요 없는 도구를 챙기면, 그만큼 어깨가 무거워지며 발걸음도 무거워질 것입니다.

요리를 위한 도구는 직경 이십 센티미터 정도 크기의 얇고 가벼운 프라이팬과 코펠, 화력으로는 부탄가스를 장착하여 사용하는 초소형 버너, 그 밖에는 작은 나이프 정도와 얇은 플라스틱 도마 등을 챙깁니다. 이 정도의 도구로도 의외로 충분히 여러 가지 요리를 할 수 있습니다.

어느 여름날의 이른 아침, 미나미 알프스의 호오삼산을 향해 출발했습니다. 산의 동쪽에 있는 아오키 광천에 차를 주차하고 골짜기를 따라서 나 있는 가파른 오르막길을 힘차게 올라갑니다. 앞이 잘 보이지 않는 나무숲, 텐트, 침낭, 식량 등으로 꽉 찬 등산 가방은 이십 킬로그램 가까운 무게로 꽤 무겁기 때문에 등과 허리에 통증이 느껴집니다. 땀이 분수처럼 흐르고 세 시간이나 걷다 보면 배가 너무 고파져서 더는 힘을 쓸 수 없게 됩니다. 사점에 도달한 것입니다.

커다란 폭포 옆을 지나 주변에 앉을 수 있는 장소를 발견하고, 동료들과 "와, 정말 덥네!" 하는 이야기를 나누면서 등산 가방을 내려놓습니다. 버너와 코펠을 꺼내서 끼니 때 사용하기 위해 소량으로 나누어 놓은 쌀을 코펠에 넣고 눈대중으로 물을 맞추고 뚜껑을 덮고 버너에 불을 붙입니다. 끓기 시작하면 약한 불로 줄이고 팔 분 정도 기다립니다. 그리고 버너에서 밥이 다 된 코펠을 바닥에 내려놓고 그대로 뜸을 들입니다.

크게 한 입 크기로 썰어 된장에 버무린 돼지고기를 지퍼 백에 넣어 흘러나오지 않게 단단히 봉해 가져갔습니다. 최근에는 도시락 정도의 크기로 나온 소프트 타입의 아이스박스가 있기 때문에, 이런 익히지 않은 식재료도 산에 가지고 갈 수 있게 되었습니다.

이 돼지고기를 구워서 버너에서 바로 구운 빵에 넣어 샌드위치처럼 먹어도 무척 맛이 있습니다. 하지만 오늘은 덮밥 형태로 만들어 보겠습니다.

된장으로 버무린

가지 돼지고기 볶음

등산 가방에서 가지와 파를 꺼내 무릎 위에 도마를 올려놓고 소형 나이프로 얇게 썰어 놓습니다. 프라이팬에 먹을 만큼 소량으로 나누어 가져온 식용유를 두르고 얇게 썬 가지를 천천히 약한 불에서 볶습니다. 가지는 순식간에 기름을 빨아들이는데, 당황하지 말고 좀 더 볶아 주면 잠시 후에 가지에서 땀이 흐르듯 기름이 빠져나오기 시작합니다. 보기 좋은 갈색으로 색이 변하면, 돼지고기를 넣고 타지 않도록 주의하면서 색이 변할 때까지 볶아 줍니다. 마지막으로 파를 솔솔 뿌려 주면 완성입니다.

코펠에서 각자의 그릇을 꺼내 밥을 담고 반찬을 그 위에 올려줍니다. 와, 정말 냄새가 좋습니다. 아이스박스에서 차갑게 식힌 비밀 병기, 캔 맥주를 꺼내서 "건배!"

피곤이 한꺼번에 날아가 버립니다. 그러고 나서 덮밥을 와구와구 먹다 보면, 짙은 된장의 향과 맛이 배어든 돼지고기가 가지와 최고의 맛 궁합을 보여 줍니다. 입안 가득 진하게 감도는 맛이 정말 좋습니다.

오늘 밤의 숙박지인 호오 산장까지 앞으로 약 세 시간 안팎이 남았습니다. 산장에 도착하면 분명 산장의 직원이 차갑고 맑은 골짜기에서 끌어온 약수터를 친절하게 가르쳐 줄 것입니다. 밝게 웃는 얼굴로 "이것이 진짜 미나미 알프스의 천연수입니다."라는 설명과 함께 말이지요.

작은 짐을 들고 인생을 여행하다

등산에서는 미니멀한 도구를 여러 가지로 궁리하면서 사용합니다. 그리고 산중에서는 가능한 한 자연에 가까운 상태에 몸을 맡기는 것이 얼마나 기분 좋은 일인지 느끼려고 합니다. 젓가락이 없으면 나뭇가지를 주워 나이프로 잘 다듬어 사용하면 문제가 없습니다. 따뜻한 계절이라면 텐트가 없더라도 침낭만 있으면 잠을 청할 수 있습니다.

최근에는 등산계에도 소지품을 최소한으로 해서 초경량으로 걸어 보자는 '울트라 라이트 하이킹', 줄여서 'UL'이라고 부르는 스타일이 등장했습니다. 텐트가 아니라 한 장의 방수 시트에 보행에 사용하는 트래킹 폴을 지주로 삼아 텐트처럼 만들거나, 무거운 등산화가 아니라 가벼운 트레일 러닝화를 신는 등의 방법으로 경량화를 실천하는 텐트에서 숙박하는 산행에서도 등산 가방을 최대 오 킬로그램 정도로 꾸리는 스타일입니다.

일본의 이 분야 일인자는 도쿄도 미타카에서 '하이커스 데포'라는 멋진 아웃도어 용품점을 경영하는 츠치야 도모요시(土屋智哉) 씨입니다. 츠치야 도모요시 씨는 UL의 전도사입니다.

아웃도어 용품점에서 만났을 때에 츠치야 씨는 제게 이러한 이야기를 해 주었습니다. "개인적인 견해입니다만, 내가 생각하는 UL의 세계관은 '어떻게 간편함으로 일관할 것인가?' 하는 것입니다. 도구를 가볍게 하는 것은 첫 단계이며, 그다음으로 얼마나 간단한 도구로 또한 안전을 확보하면서 산에 올라갈 수 있을 것인지입니다. 이러한 간편함에 대한 생각을 좀 더 파고들면, 의류의 소재는 얇고 가벼운 최첨단의 것이 아니라 예전부터 있었던 코듀라 나일론이 좋을 것입니다. 왜냐하면 어디에서나 살 수 있는 것이고 자기가 직접 수선할 수도 있기 때문입니다. 급진적인 UL의 경우에는 등산 가방도, 침낭도 '전부 자신이 직접 만든다'는 경지까지 가 있습니다."

밥을 짓는 행위를 예로 들어 보아도 마찬가지인데, 자택에 전기밥솥이 있으면 쌀과 물을 넣고 스위치를 꾹 누르고 기다리면 밥이 됩니다. 하지만 냄비에 밥을 하려면 먼저 쌀을 씻어서 물에 불리고, 냄비에 담아서 물의 양을 조절하고, 가스레인지에 올려 불을 조절하면서 밥을 지어야 합니다.

'스위치를 누르면, 자, 완성!'이 아니라, 여러 과정을 찬찬히 즐기는 것이고, 과정 그 자체를 즐기는 것입니다. 이것이 바로 UL의 철학이라고 할 수 있습니다. 도구나 패션의 유행 경향이 아니라, 이러한 '과정을 어떻게 즐길 것인가'에 관심을 두는 문화인 것입니다.

동시에 UL은 도구를 줄이고 작은 도구들을 여러모로 궁리해서 사용함으로써, 오히려 물건에 얽매이지 않고 지낼 수 있는 것이기도 합니다. 츠치야 씨는 이렇게 말합니다. "무리하지 않아도 됩니다. 도구든 무엇이든. 언제든 그렇게 해야 하는 것은 아닙니다. 태풍이 왔을 때에는 가까운 산장에 머물기도 하고, 하산하면 온천에도 갑니다. 제가 생각하는 하이킹이란 걷는 것이 가장 중요하기 때문에, 이를 위해 부담되지 않는 가벼운 도구가 필요할 뿐입니다. 다른 것에 휘둘리고 싶지 않습니다. 주체는 어디까지나 자신이거든요."

모든 것을 자신이 짊어지는 것이 아니라, 필요하다면 산장을 이용합니다. 짐을 줄여서 가볍게 걷기 위해 산장에서 점심식사를 해도 되는 것입니다. UL에서는 자급자족에 얽매이는 것이 아니라 활용할 수 있으면 외부의 것도 활용한다는 발상이 필요합니다.

종래의 등산은 등산로 입구에서 등산로를 따라 올라가고, 정상에 도착하면 내려왔습니다. 어디까지나 정상을 오르기 위한 등산이었던 것입니다. 그러나 등산이라는 행위를 반드시 '정상이라는 특별한 것'을 목표로 삼아서 오르는 것으로만 인식할 필요는 없습니다. UL의 흐름과 같은 맥락에서 등장한 움직임이 있는데요. 최근 롱 트레일이라는 등산로나 차도, 전답의 논두렁, 목장 안의 발자국 등을 따라서 수평적으로 이동하는 걷기 방식까지 등장했습니다.

"등산로 입구가 있으면, 거기에서 일상과 비일상이 확연하게 선을 긋듯이 구별되어 버립니다. 하지만 차도를 걷는 것까지 포함한 걷기 방식은 비일상을 일상으로 끌어들일 수 있는 것이라고 할까요? 이처럼 서로를 구분하는 경계가 없는 느낌을 받을 수도 있습니다. 이는 단순한 등산이 아니라, '산 여행'이 되겠지요. UL은 등정을 하기 위한 것이 아니라, 산속을 여행하는 감각입니다. 산을 넘고 산기슭을 걷고 산을 조망하면서 다음 산을 향해 가는 것입니다."

오르는 것을 지향하지 않는 등산, 일상과 비일상이 서로 경계선 없이 이어지는 여행, 산 여행은 등산로 입구를 통해서만 들어가는 것이 아니라, 집에서 출발할 때부터 이미 시작된 것입니다. 아니, 더 확장해서 이야기하면 집에서 지내고, 집에서 요리하고, 가사를 돌보고, 일을 하는 것까지 사실은 전부 여행 안에 포함되어 있는 것인지도 모릅니다. '인생은 여행'이라는 말은 오랫동안 회자되어 고리타분한 느낌이 들기도 합니다. 물건을 철저하게 줄여 미니멀리즘을 실천해, 물건에 휘둘리지 않고 나아가 이동이 자유로운 생활을 실현하는 것은 바로 이러한 '인생은 여행'이라는 표현 그 자체인 것입니다.

이와 같은 세계에서는 모든 것이 일상이며, 동시에 모든 것이 사랑스럽고 소중하며 정성이 담겨 있습니다. 일상을 소중히 여기기 때문에 일상도 여행으로 떠나는 한 걸음이라는 것을 실감할 수 있습니다.

등산은 비일상의 정수라고 할 수 있는 스포츠입니다. 샤워를 생략하기도 하고 한 번 걷기 시작하면 내려오기 전까지는 도중에 멈출 수가 없습니다. 텐트를 치면 여름에는 덥고 겨울에는 춥고, 비가 내리면 물이 들어오고, 눈이 내리면 얼어붙기도 합니다. 그러나 UL의 세계에서는 이 비일상을 일상으로 끌어들입니다.

'밖으로, 밖으로' 하며 일상에서 탈출하는 것도 아니고, '위로, 위로' 하며 정상만을 향해 가는 것도 아니라, '옆으로, 옆으로' 걸어가는 것입니다. 이러한 '옆으로, 옆으로'라는 방향 감각이 모든 것을 일상으로 인식하는 감각을 만들어 냅니다. 그렇기 때문에 이동은 생활이 됩니다. 인생은 여행이 됩니다.

물건에 치여 살지 않는 방법 — 미니멀리스트

이와 같은 '옆으로, 옆으로'라는 감각은 근대에는 없었던 개념입니다. 위를 향해 매진하는 것이 아닌, 그렇다고 밖으로 나가는 것도 아닌, 옆으로 연결되는 것입니다. 이러한 '옆으로, 옆으로'라는 감각을 더 배우고자 저는 한 미니멀리스트를 만났습니다.

미니멀리스트란 쓸데없는 것을 도려내고 소유물을 극단적일 정도로 줄여서 생활하는 사람들을 가리킵니다. 그 대표적인 사람 가운데 한 사람이 『나는 단순하게 살기로 했다』라는 베스트셀러를 저술한 사사키 후미오(佐々木典士) 씨입니다.

사사키 씨는 1979년에 태어났으며, 출판사의 편집자로 일하기도 했으며, 출판 관련 일을 하는 사람이라면 누구나 그러하듯이, 많은 물건을 떠안고 사는 삶을 보냈습니다. 그러나 2013년 연말, 미니멀리스트 운동이 미국에서 시작되었다는 소식을 듣고, '바로 이거다!' 하고 하늘의 계시를 받은 듯했습니다.

그러고 나서 일 년 정도의 시간을 거치면서 혼자 살고 있는 집의 물건을 줄여 갔습니다. "소중한 추억이 담긴 물건도 있었지만, 그러한 물건은 사진을 찍어 두고 버렸습니다.

사진을 보면 추억을 되새길 수 있기 때문에 가능했습니다."

철저하게 실천에 옮긴 것입니다. 의류는 다운재킷과 가죽 재킷, 각종 의례 때 입을 검정색 정장, 그리고 흰색 셔츠가 세 개, 바지 몇 개 등 속옷을 제외하면 옷장 안에는 열 벌 정도의 옷밖에 없습니다.

"처음에는 옷을 잘 맞추어 입지 않으면 '늘 똑같은 옷을 입고 있네요.'라는 말을 듣지는 않을까 창피한 느낌이 들기도 했지만, 실천하다 보니 조금씩 익숙해져서 이젠 전혀 신경이 쓰이지 않습니다."

다만 저렴한 패스트 패션을 장착하는 것이 아니라, 꽤 품질이 좋은 것을 골라서 마련했습니다. 예를 들어 셔츠는 하나에 1만 엔 안팎의 것으로, 다운재킷은 15만 엔가량의 제품으로 구입했습니다. 질 좋은 물건을 조금만 갖는다는 것이 사사키 씨의 스타일인 것입니다.

사사키 씨 댁의 실내 사진을 보면 꽤 충격적인데요. 거실의 마룻바닥에는 아무것도 없어서 마치 부동산 정보 사이트에 올라온, 새 주인을 기다리는 빈집처럼 보이기도 합니다. 침대는 없어서 밤이 되면 매트리스를 마룻바닥에 깔고 이불을 덮고 잠을 잡니다. 테이블은 자질구레한 물건을 넣어 두는 상자를 활용하고, 식기도 최소한의 것만을 구비하고 있습니다.

이러한 방식으로 미니멀리즘을 실천하다 보면, '나는 필요한 물건을 부족함 없이 모두 가지고 있다'는 자각을 하게 되어, 미디어의 넘쳐 나는 정보에 휘둘릴 일이 없어집니다. 물건에 치이는 시간이 사라져서 청소도 아주 용이해지고, 이사도 이동도 크게 힘들이지 않고 할 수 있게 됩니다. '물건에 휘둘리지 않는다'는 것은 매우 중요한 포인트입니다.

돌이켜 보면 일본인도 예전에는 고급 브랜드나 수입차에 매료되어, 고급 브랜드의 옷을 몸에 두르거나 고급 수입차를 탐으로써 자신의 가치가 올라간다고 믿었던 시대가 있었습니다.

성 누가 국제병원의 정신과 전문의인 오다이라 겐(大平健)은 1990년에 『풍요로움의 정신 병리』라는 책을 출간했습니다. 거품 경제가 한창이던 때입니다. '물건 이야기'라는 경향이 사람들 사이에 확산되고 있는 것을 분석한 책입니다.

물건 이야기란 물건에 대한 이야기가 아니라, '물건으로 자신이나 타인을 말하는 사람들'을 의미합니다. 예를 들어 이 책에는 다음과 같은 예가 실려 있습니다.

"그 아주머니는 젊게 보이려고 엘엘빈의 토트백인가 뭔가를 들고 회사에 출근해요. 구두도 오일드 모카신을 신고 와서 회사에서 펌프스로 갈아 신어요. '뭘 그리 젠체하는지 몰라.' 하며 모두가 웃어요. 젊은 여성을 따라 하려고 리복을 선택했다면 귀엽기나 하지요. 나는 너희들보다 격이 위라는 듯한 태도는 정말 싫어요. 그저 아주머니이면서 말이죠."

이 이야기를 하는 여성은 직장에서 나이가 많은 여성과 지내기가 불편하다는 것을 호소하고 있지만, 성격이나 행동을 비난하는 것이 아니라 그 여성이 갖고 있는 가방이나 구두를 비난합니다.

그러나 당연하게도 좋은 물건을 가지고 있다는 것은 그런 물건을 살 만한 돈이 수중에 있어서 그 돈을 자유롭게 사용할 수 있다는 정도의 상황을 보여 줄 뿐입니다.

자신의 주변이 가벼워진다는 것은 이러한 '물건 이야기'에서도 자유로워진다는 것입니다. 물건을 통해 이야기하는 것이 아니라 자기 자신을 통해 이야기하는 것입니다. 아무것도 걸치지 않고 맨발로 대지를 걷는 듯이 자신의 존재 방식으로 승부하려면, 자신을 다 드러내어 온몸으로 이야기해야 합니다. 사실 이러한 '벌거숭이의 감각'은 패션계에서도 나타나고 있습니다.

안과 밖을 나누지 않는 스타일

옛날에 패션은 '무장', '갑옷'이었습니다. 집에서는 편안한 일상복을 입더라도, 한 번 밖으로 외출할 때에는 누가 보아도 부끄럽지 않게 무장하고 갖춰 입어야 했습니다. 이를 위해 사람들은 멋지게 차려입는 데에 신경을 썼습니다.

이러한 경향이 극단적으로 나타나면, 고가의 최신 유행 외출복이 많이 있는데도 집에서는 늘어진 오래된 셔츠만 입는 사람이 생깁니다. 거품 경제 시절에 자기 차를 소유하는 것이 멋지다고 여겨지던 시절에는 "가난하지만 무리해서 스포츠카를 구입하고, 생활비로 쓸 돈이 없어서 자신이 살던 목조 아파트에서 매일 컵라면을 먹었다."라는 식으로 무리하며 생활하던 젊은이도 있었습니다. 외출할 때에는 포르셰를 타고 시원하게 폼을 잡지만, 집에서는 초라한 생활을 한 것입니다. 작정하고 안과 밖에 벽을 세우는 생활 스타일입니다.

패션도 이와 비슷한 면이 있습니다. 일을 하러 외출할 때나 데이트할 때에는 멋지게 차려입습니다. 하지만 집에 있을 때에는 아무도 보지 않으니까 괜찮아 하는 태도는 스포츠카를 타던 젊은이와 마찬가지로, 안과 밖을 구분하고 나누는 생활입니다.

2015년에 베스트셀러가 되었던 『옷을 사려면 우선 버려라』라는 책이 있습니다. 저자인 스타일리스트 지비키 이쿠코(地曳いく子)는 잘못된 멋 내기 개념이 확산되고 있다고 지적하고 있습니다.

'무엇이든지 맵시 있게 입는 것이 멋 내기'라는 오해가 있습니다. 그러나 바지가 아주 잘 어울리는 사람인데, 유행을 따르려고 잘 어울리지 않는 스커트를 입을 필요는 없습니다.

"옷을 많이 가지고 있는 것이 멋지다.", "유행을 잘 따르는 것이 멋지다."라는 것도 오해입니다. 자신에게 어울리지 않는 유행 아이템을 많이 가지고 있다고 해도 별 의미가 없다는 것이지요. 지비키는 개성을 드러내는 독특함만 있으면 그것으로 충분하다고 말합니다.

소피아 코폴라는 늘 줄무늬 옷에 청바지나 검정 바지를 입고, 테일러 스위프트는 언제나 미니 원피스에 빨간 입술입니다. 영화 「악마는 프라다를 입는다」에서도 애나 윈터를 모델로 한 패션 잡지의 마녀 편집장은 제조가 중단된 에르메스의 스카프 재고를 모두 사들이는 신이 나옵니다.

다시 말해서 유행이 아닌 자신의 스타일을 찾아내는 것이 중요하다는 것입니다. 지비키는 "멋을 아는 사람은 모두 스타일을 가지고 있습니다. 멋을 안다는 것은 자기 자신만의 독특함을 찾아내는 것입니다."라고 강한 어조로 기술합니다.

'자기 자신만의 스타일이 중요하다'는 것은 앞서 소개한 세이조 이시이의 철학과도 상통하는 점입니다. 다시 말해서 일상과 '멋을 낸다'는 것이 서로를 구분 짓는 경계선 없이 맞닿아 있습니다. 집 안과 밖을 구분해서 벽을 만들지 않는 것입니다.

이와 같이 집 안과 밖을 구분하는 벽을 만들지 않는다는 흐름으로서 미국에서 시작된 '애슬레저'라는 유행이 있습니다. 애슬레저란 애슬래틱(athletic)과 레저(leisure)를 합성한 말로, 쉽게 말하면, 요가복, 조깅 팬츠, 스포츠웨어 등을 일상복으로 입는 경향을 말합니다.

이러한 경향은 해마다 강해지고 있으며, 얼마 전에 도이체 방크가 시행한 조사에 따르면, 2008년부터 2015년 사이에 애슬레저 분야의 의류는 4.1퍼센트나 성장해 왔습니다. 반면 일반 의류는 같은 시기에 불과 0.2퍼센트의 성장을 보였습니다. 도이체 방크는 이러한 흐름이 앞으로도 계속될 것이며, 애슬레저 의류가 업계에서 차지하는 비율도 마찬가지로 증가할 것으로 예측했습니다.

이 역시 지비키가 말했듯이 유행이 아니라 스타일인 것이겠지요. '외출할 때에는 멋지게 차려입는' 스타일에서 '일상도 외출할 때에도 늘 같은 패션' 스타일로 변화하고 있는 것입니다.

이러한 스타일의 변화를 뒷받침하는 것이 소재 기술일지도 모릅니다. 신축성이 있는 스트레치 소재 기술이 진화해서, 최근에는 촉감도 자연스러워 피부에 닿는 느낌도 한층 좋아지고 있습니다. 얼핏 보면 데님처럼 보이지만 사실 신축성이 좋은 운동복 소재여서 입고 벗기 편한 바지는 패스트 패션 브랜드에서도 자주 만나게 되었습니다. 최근에는 이러한 소재로 남성용 정장을 만들어 주는 매장까지 등장했습니다.

일본의 경우, 이러한 경향이 나타나게 된 배경에는 대지진도 한몫했습니다. 일본의 업무 현장에서는 의례적이면서 딱딱한 관행이 많습니다. 그러나 후쿠시마 원자력 발전소의 사고 이후에 절전 문제도 있어서, 이전부터 있었던 '쿨비즈' 패션이 '슈퍼 쿨비즈'로 진화했습니다. 업무 현장에서 폴로셔츠나 알로하셔츠도 허용되기 시작했으며, 한 여름에는 재킷을 입지 않아도 문제가 되지 않습니다. 하기야 여름 날씨가 열대 지방과 별반 다르지 않은 나라에서 애초에 넥타이에 정장 차림은 전혀 적합하지 않은 스타일입니다. 변화는 어쩌면 당연한 흐름일지도 모르겠습니다.

딱딱한 일본에서도 이 정도로 캐주얼하게 변할 정도인 것을 보면, 세계적으로 캐주얼화는 이미 거스를 수 없는 추세가 되었다고 할 수 있습니다. 어떻게 홀가분하고 기분 좋게 생활할 것인가? 애슬레저는 이와 같은 스타일의 변화 중 하나입니다.

홀가분하다는 것은 지금 시대에 매우 중요한 요점입니다. 이전과 비교하면 사람들의 소유물은 매우 적고, 작고, 가벼워지고 있습니다. 앞에서 소개했듯이, 저의 EDC 역시 아주 간결합니다.

최근에는 아크테릭스, 하그로프스, 파타고니아 등의 아웃도어 제품 브랜드에서 노트북 등을 수납할 수 있는, 도시 젊은이 대상 소형 백팩을 출시했습니다. 이 백팩에 소량의 짐을 넣으면 무게도 거의 느껴지지 않고 두 손은 자유롭게 거리를 걸어 다닐 수 있습니다. 이처럼 몸놀림도 홀가분한데 신축성 좋은 소재의 옷까지 입으면 정말 기분 좋을 듯합니다.

최근에는 운동화도 마치 맨발로 땅을 밟는 듯한 얇은 밑창의 제품이 출시되었습니다. 이와 같은 운동화를 신고 신축성이 있는 기분 좋은 옷을 입고, 가벼운 가방을 들고 날듯이 걸어 다닙니다.

점점 벌거숭이, 맨발에 가까워지는 것입니다. 이는 마치 원시 시대의 세계인 듯합니다. 이러한 원시적인 생활은 사실 극도로 발달한 기술이 뒷받침을 하고 있습니다.

이것이 21세기의 새로운 패션 스타일이 되고 있습니다. 이러한 패션 이야기는 사실 매우 중요한 의미를 내포하고 있으며, 이 책의 마지막 부분에서 다시 다루게 될 것입니다.

번화한 도시의 삶

이처럼 자기 자신이 벌거숭이에 가까운 상태가 되어 가고, 외부와 직접 연결되는 감각은 패션만이 아니라, 사실 주거 방식의 변화에서도 나타나고 있습니다.

저는 앞서 냉장고를 작은 것으로 바꾸고 '시장의 식료품 가게를 냉장고로 활용한다'는 이야기를 했습니다. 미니멀리스트 사사키 후미오는 이와 똑같은 사고방식으로 이렇게 말합니다.

"화장실 휴지나 화장지 같은 일용품을 사서 쌓아 두지 않습니다. 물건이 있으면 수납할 장소가 필요한 데다가, 어느 물건이 얼마나 남아 있는지를 파악하기조차 어려워지는 경우가 싫습니다. 그렇기 때문에 단순히 물건을 다 쓰면 사러 가면 됩니다. 가게를 물건이 있는 창고라고 생각하면 되는 것입니다." 도시 생활이 고도화되면서, 우리는 '도시'를 '집'의 연장선에서 바라볼 수 있게 되었습니다.

부동산 컨설턴트인 나가시마 오사무(長嶋修) 씨는 주거에 대한 미래의 모습에 대해 이렇게 말합니다. "집을 고른다면, 대부분의 사람들은 아파트와 주택 중에서 무엇을 선택할지, 이를 구입할지 아니면 임대할지 같은 기준에서 생각하는 경향이 있습니다. 그러나 가장 중요한 것은 이러한 선택

기준이 아니라, '어느 도시에 살 것인가' 하는 점입니다. 도시를 주체로 두고 살 장소를 정하는 것이 중요합니다."

우리는 집에 사는 것이 아닙니다. '도시에 사는 것'입니다. '지역에 사는 것'입니다. '도시에 산다'는 것을 생각하면, 텔레비전 드라마나 영화로도 제작된 아베 야로(安部夜郎)의 『심야식당』이라는 재미있는 만화를 떠올립니다. 신주쿠 거리의 한 모퉁이, 골목 안에 조용히 자리한 '메시야(めしや, 밥집)'라는 간판의 작은 식당입니다. 오전 0시부터 아침 7시 무렵까지 영업을 하는 가게인데요. 차림표가 있지만 주인장은 이렇게 말합니다. "먹고 싶은 게 있음, 말씀 하슈. 만들 수 있는 거면 만들어 드리리다. 여긴 그런 가게요."

이 가게에는 호스티스부터 샐러리맨, 은퇴한 어르신까지 다양한 사람들이 식사를 하기 위해 모여듭니다. 단골인 한 여인은 가게에 들어설 때면 "다녀왔습니다."라고 인사를 하고, 주인장은 "잘 다녀왔소?"라고 화답합니다.

요리도 맛이 있지만, 그것보다는 여기에서 주인장과 손님들이 함께 있는 것이 기분 좋은 것이겠지요. 이곳에 왔다고 해서 반드시 모두와 이야기를 나눌 필요는 없기 때문에, 그저 앉아서 돼지고기 된장찌개, 생선구이, 크로켓을 묵묵히 먹는 것만으로도 자기 집의 식탁에 앉아 먹는 듯이 마음 편안한 한 끼의 식사를, 사람과 함께 있다는 기쁨을 음미할 수 있습니다.

이러한 기분 좋은 분위기가 인기를 끄는 것은 최근의 대중 주점의 인기와도 맥락을 같이하는 것인지도 모르겠습니다. 심하다 싶을 정도로 저자세로 손님을 맞이하는 대형 체인 선술집보다는 마음씨 좋은 이모님이 운영하는 도쿄의 아카바네(赤羽)나 다테이시(立石), 요코하마의 노게(野毛) 등의 번화가에 있는 대중 주점이 훨씬 편안하고 아늑하게 느껴집니다.

저 역시 좋은 기억으로 남아 있는 한 선술집이 떠오릅니다. 이전에 도쿄의 카구라자카에서 오랫동안 산 적이 있습니다. 제가 사는 지은 지 오래된 아파트와 주택가를 지나 언덕길을 내려가는 도중에, 지금은 사라지고 없는 'T'라는 작은 선술집이 있었습니다. 남색의 포렴이 드리워진 여닫이 문을 열면, 카운터 좌석이 열 자리 정도, 테이블 좌석이 몇 개 있었습니다. 의자나 테이블 등의 인테리어는 어디에서나 볼 수 있는 것이었으며 이렇다 할 장식도 없었습니다. 하지만 아주 간결하고 청결한 느낌이었습니다.

메뉴 목록의 맨 위에는 "바로 준비해 드리겠습니다."라는 문구가 있고, 두부 냉채, 우엉 볶음, 치어 오로시, 감자샐러드, 시금치나물 같은 안주 메뉴가 적혀 있습니다. 생선회도 있지만 참치회나 오징어 회 등 아주 평범한 종류이고, 특별히 제철에 잡히는 대단한 생선이 있는 것도 아닙니다. 생선 구이도 있고 튀김도 있고 조림도 있고, 그리고 생강 돼지고기 구이와 돈가스도 있습니다. 언제 가든 이 가게에는 밝은 어조로 이야기하는 청년이 있어서 가게 안에는 기분 좋게 편안한 공기가 흘렀습니다.

일본 전통술을 마시면서 생선을 열심히 발라 먹는 남성 회사원이 있는가 하면, 생강 돼지고기 구이 정식을 주문해 저녁 식사를 하는 여성도 있었습니다.

비좁은 주방에는 다소 무뚝뚝한 아저씨와 체구가 자그마한 아주머니가 음식을 만들고 있었으며, 때때로 "자, 이것 한번 드셔 봐요." 하며 직접 만든 배추절임 등을 작은 접시에 담아 주시기도 했습니다. 술을 천천히 마신 뒤에 마지막 입가심으로 하얀 쌀밥이나 막 만든 주먹밥을 부탁하면, 엄청 맛있고 따뜻한 된장국까지 서비스로 맛볼 수 있었습니다. 이렇게 먹는 음식이 정말 맛있어서, 한때는 일주일에 몇 번이나 이 가게를 드나들었습니다.

주점이라면 쓸데없이 메뉴의 품목 수가 많습니다. 또한 획일적인 체인 주점이거나, 아니면 고급 생선이나 진미 요리를 엄선해 내놓는 전문적인 가게로 극단적으로 양분된 느낌이 들기도 합니다. 'T'같이 아주 일반적인 가정식을 제대로 만드는 가게는 의외로 정말 적습니다. 그렇지만 우리는 지금

열린 네트워크, 변화한 도시의 삶

이러한 따뜻하고 소박한 음식을 원하고 있습니다. 최근 패스트푸드와 체인 주점의 인기가 떨어지는 현상과 오래된 대중 주점의 인기가 올라가는 것도 이러한 바람에 의해 나타나는 것인지도 모릅니다.

새롭고 건강한 식사 공간에서는 요리가 만들어지고 이를 먹는 장소가 식당인지, 집에 있는 부엌인지 구분하는 일이 이제는 더 이상 의미가 없고, 그 경계선도 이미 무의미해진 것은 아닐까 합니다. 예를 들어 타이완이나 홍콩에서는 이미 사람들이 집에서 요리를 하지 않고, 집 근처의 식당에서 식사를 하는 것이 아주 일반적인 일이 되었습니다.

주점 'T'에 대한 추억을 생각하다 보니, 이곳에 갈 때마다 주문했던 따끈따끈한 크로켓이 먹고 싶어졌습니다. 오늘은 냉장고에 고구마가 있으니까 고구마 크로켓을 만들어 보겠습니다. 크로켓은 보통 감자로 만들지만, 고구마로도 만들 수 있습니다. 고구마로 크로켓을 만들면 끈적끈적한 크림 크로켓처럼 되는데 이 역시 굉장히 맛있습니다.

고구마 크로켓

먼저 고구마를 삶습니다. 생으로 고구마의 껍질을 벗기려면 힘이 많이 들기 때문에 껍질째 삶습니다. 저는 시간 단축을 위해 압력 밥솥을 이용합니다. 이쑤시개로 찔러 쑤욱 들어가는 정도로 익으면 물을 버리고 고구마의 껍질을 벗깁니다. 아직 뜨겁기 때문에 조심히 벗깁니다. 피부가 약한 사람은 행주나 종이 타월로 감싸서 껍질을 벗기면 편리합니다.

껍질을 벗긴 고구마를 수저나 매셔를 이용해 잘 으깹니다. 그리고 소금을 뿌리고 반죽하듯이 잘 섞어 주면서 자그마하게 모양을 만듭니다. 밀가루를 묻혀 살짝 털어내고 잘 풀어 놓은 달걀에 담갔다가 꺼내 빵가루를 입혀 놓습니다. 이미 고구마는 삶아서 익힌 상태이므로, 180도 정도의 기름에서 갈색이 돌 때까지 재빠르게 튀기면 완성입니다.

아직 뜨끈뜨끈할 때에 우스터소스와 돈가스소스의 중간 정도 농도인 소스를 뿌려서 한 입 베어 물어 보세요. 끈적끈적한 느낌의 고구마가 마치 크림 크로켓 같은 느낌을 줍니다. 고기는 전혀 들어가지 않고 고구마만으로 만든 크로켓인데도, 감칠맛이 느껴지는 것이 참 신기합니다. 소스를 뿌리지 않고 소금에 찍어 먹어도 아주 맛이 좋습니다.

크로켓과 함께 먹는 밥은 한 끼 식사로도 손색이 없지만 간식으로도 최고입니다. 거리를 걷다가 정육점 진열장에 맛있어 보이는 크로켓이 진열되어 있으면, 무심코 사 먹고 싶다는 생각이 들기도 합니다.

내 손으로 직접 만드는 생활 — 작은 집 운동

보소반도의 동쪽, 소토보의 태평양 연안, 해안에서 내륙 쪽으로 조금 들어가면, 조용한 전원 지대가 펼쳐져 있습니다. 이 전원 지대 한쪽의 아늑해 보이는 장소에, 스즈키 나오(鈴木菜央) 씨는 세 식구와 함께 아주 작은 집을 짓고 살고 있습니다.

'집을 짓는다'는 말을 좀 더 정확하게 말하면, 다른 의미가 있습니다. 스즈키 씨의 집은 본래 그의 친구가 보소반도 북쪽에 있는 도시에서 살고 있던 트레일러 집이었습니다. 이를 양도받아서 지금의 장소로 옮겨 온 것입니다. 넓이는 35제곱미터 정도입니다. 아무리 아이들이 아직 어리다고 해도, 여기에서 네 식구가 살고 있다고 하니 좀 놀라웠습니다.

스즈키 씨는 지속 가능한 사회를 만들기 위해 활동하는 '그린즈' 라는 NPO의 대표입니다. 이전에는 잡지 《소토코토》의 편집자로 근무한 적도 있습니다.

지금의 트레일러 집으로 이사할 때까지는 보소반도의 이스미시에서 150제곱미터 크기의 커다란 통나무집에서 살았습니다. 통나무집 바로 앞에는 강이 흐르고 나무도 많아서, 마치 아마존 강 기슭에 있는 듯 웅장한 경치를 즐길 수 있는 집이었습니다.

하지만 스즈키 씨는 '좀 더 즐거운 생활이란 어떤 것일까?'에 대해 생각하게 되었을 때에, 즐거운 생활이란 돈으로 원하는 물건을 마음껏 사고 커다란 집에서 생활하는 것이 전부가 아니라는 것을 깨달았다고 합니다.

스즈키 씨는 이렇게 말합니다. "제가 생각하는 즐거운 생활은 생활을 가능한 한 자기 자신의 손으로 직접 만들어 가는 것, 에너지를 되도록 사용하지 않는 것, 많은 친구들과 연결되는 것입니다. 그리고 이러한 생활을 앞으로도 계속하고 싶었습니다. 그래서 모두가 함께 재미있고 즐거울 수 있으면서, 매일 여행을 떠나는 듯한 마음을 가지고 살아갈 수 있는 생활 방식은 없을까 생각했습니다."

세계화의 물결이 전 세계를 뒤덮었을 때, 그리고 2008년에 금융 위기가 발생하면서 미국에서는 '열심히 일을 하면, 모두 정원이 딸린 주택과 자동차를 가질 수 있다'는 중산층의 꿈이 점점 무너져 가고 있었습니다. 그러면서 생활을 좀 더 되돌아보고 물건을 소유하지 않고 간결하게 살아가면서, 강철 문이 달린 커다란 집에서 나와서 작은 집에서 친구와의 연결을 소중히 여기며 살아가자는 움직임이 일기 시작했습니다. 이러한 움직임을 작은 집 운동이라고 합니다.

스즈키 씨는 이 작은 집 운동을 알게 되면서, "바로 이거다!"라고 느꼈습니다. 마침 그때에 친구가 트레일러 집을 처분하고자 한다는 것을 알고, 그것을 매입해 지금의 장소로 옮겨 오게 된 것입니다.

작은 거실과 부엌, 세 평 정도의 침실, 천장이 매우 낮은 다락방이 두 개, 욕실과 화장실이 있습니다. 스즈키 씨의 작은 트레일러 집에는 텔레비전도 전기밥솥도 전자레인지도 없으며, 냉장고도 아주 작은 것이 하나 있을 뿐입니다.

장을 볼 때에는 집 근처의 채소 직판장과 슈퍼마켓을 이용합니다. 그때그때 필요할 때마다 사 와서 음식을 만들어 먹기 때문에 냉장고는 거의 필요가 없습니다. 채소는 냉장고에 넣어 보관하는 것보다 세워 두는 편이 더 신선하게 보관할 수 있고, 파는 땅에 묻어 두면 더 좋습니다. 그리고 된장이나 간장도 직접 만들어 먹고 있습니다.

스즈키 씨는 이렇게 말합니다. "전에 큰 집에서 살 때에는 가족에게 일어나는 사건은 모두 집에서 일어났어요. 손님이 방문할 때는 대청소를 해야 해서, 정말 힘들었습니다. 하지만 지금 살고 있는 집은 작기 때문에 집 안에서 할 수 있는 일이 적습니다. 그래서 집 밖으로 나가는 일이 많아져서 집 밖의 정원에서 파티를 열기도 하고, 놀기도 합니다. 점점 집이 열린 공간이 되어 가는 느낌이 듭니다."

닫혀 있는 강철 문 안쪽만이 집이 아닙니다. 집은 밖으로 열려 있는 것입니다. 더불어 '마을 공동체에서 산다'는 감각이 이곳에서도 공명하고 있습니다.

안과 밖을 느슨하게 잇는 경계

이와 같은 주거 방식은 근대 일본에는 없던 새로운 주거 형태입니다. 그러나 사실 이것은 고대부터 이어져 온 전통적인 주거 방식으로의 회귀이기도 합니다.

건축가인 야마모토 리켄(山本理顯)의 『권력의 공간 / 공간의 권력』이라는 책에 나와 있는 이야기에 따르면 고대 그리스의 집에는 '안드론(Andron)'이라는 방이 있었다고 합니다. 석조 주택을 도로로 향하게 지어서 문을 열고 집 안으로 들어서면 아름다운 중정이 펼쳐집니다. 안드론은 이 중정에 인접해 있었으며 안드론 안에는 작은 돌을 바닥에 깔아 아름답게 꾸몄습니다. 이 방에서 집주인과 손님들은 식사를 하기도 하고 토론을 하거나 담소를 나누기도 했습니다. 다시 말해서 안드론은 외부인을 맞이하는 살롱과 같은 장소인 것입니다.

안드론이나 중정을 중심으로 집 안에서 도로에 가까운 부분은 '남성의 영역'이라고 불렀습니다. 도로에서 멀리 떨어진 집 안쪽에는 침실과 부엌이 있었으며 이곳은 '여성의 영역'이었습니다. 여성의 영역은 아주 사적이고 내밀한 장소입니다. 그러나 남성의 영역은 도시 국가의 폴리스라는 공적인 공간과 여성의 영역이라는 사적인 공간의 중간에 위치해사적인 공간과 공적인 공간 사이에서 완충재 같은 역할을담당했던 것입니다. 이러한 완충 공간을 야마모토 리켄은'문지방'이라고 불렀습니다. 이 문지방을 매개로 해서, 개인의 생활은 외부 세계로 이어짐과 동시에 분리되기도 했던 것입니다.

문지방 같은 공간은 예전에도 존재했습니다. 쇼와 시대(1926~1989년)의 오래된 목조 주택에는 여닫이문을 열고 들어가면 토방을 사이에 두고 마루로 올라서는 귀틀에 문지방이있어서 걸터앉을 수 있는 공간이 있었습니다. 여닫이문은 대개 낮 동안에는 열쇠를 채우지 않고 그대로 두었기 때문에누구나 마음대로 드나들 수 있었습니다. 그래서 근처에 사는 아주머니들이 자주 들르기도 하고, 이곳에 잠시 걸터앉아 이야기꽃을 피우기도 했습니다.

오즈 야스지로 감독의 1962년 작 영화 「꽁치의 맛」에는이와시타 시마가 연기한 여성 캐릭터가 밤늦게 귀가해서 아버지에게 "아버지, 이제 현관문 잠글까요?"라고 말하는 장면이 나옵니다. 밤 늦게까지 현관문을 열쇠도 채우지 않고그대로 열어 두었던 것입니다. 집은 언제나 폴리스 같은 마을 공동체와 이어져 있었고, 사적인 것과 공적인 것의 경계는 문지방에 의해 느슨하게 이어져 있었던 것이지요.

그러나 근대에 들어오면서 산업혁명으로 공업화가 진행되고 우리는 오랫동안 존재해 온 공동체에서 점차 분리되었습니다. 농촌을 떠나서 도시로 이동했고, 강철 문으로 집 안과 밖을 분리한 아파트 등의 공동 주택에 살게 되었습니다. 단일 노동을 반복하는 공장 노동자를 대량으로 모집했고, 이러한 생활을 유지하기 위해 전업주부 제도의 가족 형태가 자리 잡아 갔습니다. 주택은 노동자가 공장 일에 집중하기 위한 보조재가 되었습니다. 이와 같은 시스템에서는 지역 공동체와 연결되기 위한 문지방은 전혀 필요 없습니다. 오히려 도시라는 외부의 위험을 차단할 수 있는 강철 문과 튼튼한 열쇠가 필요하게 된 것입니다. 이 결과, 일본에서든 그 어디든 공업화가 진행된 나라에서는 문지방이 점차 그 자취를 감추었던 것입니다.

도시 혹은 전원

한편으로 근대의 새로운 도시 생활은 매우 열악했습니다. 예를 들어 17세기부터 19세기에 걸쳐 영국 런던에서는 열악한 생활 환경, 심각한 빈부 격차, 도시로의 인구 집중 등 잔혹하다 싶을 만한 도시 생활이 사회 전반에 번져 간 시대입니다. 『런던 서민 생활사』라는 책에는 이 시대의 런던이 어떠한 상황이었는지 잘 묘사하고 있습니다.

이 책에 따르면 1613년에 런던에는 수도 시설이 완성되어 있었습니다. 그러나 인구 집중으로 인해 수질은 해마다 악화되었습니다. 하천 바닥에는 오물이 점점 쌓여 갔습니다. 수질에 무관심한 런던 시민들이 아무렇지도 않게 오물이나 쓰레기를 집 밖으로, 하천으로 내다 버렸기 때문입니다. 템스강의 물은 본래 녹색 빛을 띤 커피색이었던 것이 강어귀 주변에 "검은 당밀 같은 색으로 점점 색깔이 짙어져 갔으며, 간조 때에 드러나는 진흙투성이의 연안은 끈적끈적하게 떠오른 찌꺼기로 뒤덮여 있었"다고 합니다. 그 모습을 떠올리는 것만으로도 기분이 좋지 않습니다.

1858년 여름은 '대악취'의 해로 역사에도 남았다고 합니다. 여름의 무더위에다가 비가 예전에 비해 거의 내리지 않아 템스강에서는 믿을 수 없을 정도의 악취가 나기 시작했습니다. 웨스트민스터의 국회의사당은 템스강 가에 있었기 때문에 의회조차 열리지 못했으며, 호흡을 할 수 있도록 석회로 만든 표백제에 담가 두었던 커튼으로 국회의사당의 창을 덮는 대책을 내놓았을 정도였습니다. 런던 이외의 지역에서는 구름 한 점 없이 쾌청한 날이었지만, 런던에는 난로를 땔 때면 나오는 연기가 마치 짙은 안개처럼 런던 전체를 뒤덮었습니다.

런던의 주택 단지에 있는 저수조에는 수도가 연결되어 있었지만, 제대로 처리되지 않은 오물 섞인 하수가 그대로 펌프로 흘러가는 상태였습니다. 깨끗한 물을 마실 수 있게 된 것은 20세기에 들어와서야 가능해졌다고 합니다. 1903년에 런던 수도국이 생기면서 마침내 수도의 수질 문제가 해결되었습니다.

이와 같은 잔혹한 도시 생활은 산업혁명이 진행되면서 더욱 가속화되었지만, 『런던 서민 생활사』는 스튜어드 왕조나 튜더 왕조 때부터 도시의 문제가 서서히 나타나고 있었다고 지적합니다.

18세기 후반에는 프랑스의 정치 사상가인 장 자크 루소도 『에밀』에서 도시를 크게 비판했습니다.

인간은 개미처럼 겹겹이 엉켜서 생활하도록 만들어진 존재가 아니다. 그들이 경작해야 하는 대지 위에 여기저기 흩어져 살아가도록 만들어진 존재이다. 한 장소에 모이면 모일수록 결국 인간은 타락하고 만다. 유약한 신체도 악한 마음도, 너무나도 많은 사람들이 한 곳에 모여들기 때문에 발생하는 피할 수 없는 결과이다. 인간은 모든 동물 중에서 무리를 지어 생활하는 데에 가장 어울리지 않는 동물이다.

이 다음에 잘 알려진 "도시는 인류 타락의 심연이다." 라는 명언이 나옵니다.

도시는 인류 타락의 심연이다. 수 세대가 흐른 뒤에는 그곳에 사는 종족이 멸망하거나 쇠락할 것이다. 이를 새로이 소생시켜야 할 필요가 있지만, 다시 소생시킬 수 있는 곳은 언제나 시골이다. 그러므로 여러분의 아이들을 시골로 보내서, 스스로 새로이 소생할 수 있도록 하는 것이 좋을 것이다.

루소의 이와 같은 도시에 대한 사고방식은 매우 극단적인 측면이 있으나, 열악한 주거 환경을 가지고 있던 당시의 도시에 대한 이미지가 어떠한 것이었는지를 상징적으로 보여 주고 있습니다. 그렇지만 이러한 도시 멸시 사상이 오늘날에 이르기까지 사라지지 않고 남아 있다는 것 또한 사실입니다. 언제나 우리 자신의 마음속에는 "도시는 타락하고 있다. 본래 우리 삶의 방식은 자연이 살아 숨 쉬는 전원에 있는 것이 분명하다."라는 아웃사이더적인 쿨한 저항 의식이 잠재되어 있는지도 모릅니다.

자연환경을 해치지 않는 생활

미국의 경제학자인 에드워드 글레이저는 자신의 저서
『도시의 승리』에서 루소에 반론을 제기하며, "도시야말로,
인류를 가장 빛나게 하는 공동 작업을 가능하게 한다."라고
지적합니다.

인류는 타인으로부터 실로 많은 것을 배우기 때문에,
주변에 사람이 많으면 많을수록 더 많은 것을 배울 수 있
다. …… 대도시에서는 사람들이 공통의 관심을 가진 동료
를 선택할 수 있다. 예를 들어 19세기 프랑스 파리에서 세잔
과 모네가 만났던 것처럼 말이다. 혹은 20세기 미국의 시카
고에서 벨루시와 애크로이드가 서로를 발견했던 것처럼 말
이다. 도시는 보거나 듣거나 배우는 것을 용이하게 해 준다.
인류의 본질적인 특징은 서로가 서로에게서 배우는 것이므
로, 도시는 우리를 더욱 인간답게 해 주는 곳이다.

생각할수록 전적으로 수긍이 가는 지적입니다. 인간이

라는 생물은 본래 사회적인 생물이며, 모여서 생활하는 것이 본능의 측면에서도 이치에 맞는다고 할 수 있습니다. 그런데 왜 '전원으로 돌아가라'는 주장을 펴는 쿨한 저항 의식이 널리 지지받고 있는 것일까요?

냉정하게 생각하면 전원생활에서 소비 사회에 저항하는 삶을 꾸려 간다는 것은 큰 각오가 필요합니다. 앞에도 썼듯이 저는 가루이자와에 주택 하나를 빌려서 살고 있는데요. 겨울 동안에는 하루 종일 난방을 하고 생활하게 됩니다. 집에 있지 않을 때에도 타이머를 작동시켜서 밤에는 난방을 해야 합니다. 그렇지 않으면 수도관이 동파할 우려가 있기 때문입니다. 연료는 가스가 아니라 석유를 사용하는데 이 때문에 엄청난 에너지를 쓰고 있습니다. 장작 난로도 인기가 있지만, 태우는 장작에서 배출되는 탄소의 양이 엄청납니다.

자동차의 문제도 있습니다. 도쿄에서는 가장 편리한 지하철역 근처에 살고 있어서 최근에는 차를 이용하는 일이 별로 없습니다. 주로 등산을 하러 외출할 때와 가루이자와나 후쿠이로 이동할 때에 사용하는 정도입니다. 만약 세 거점 생활을 그만두는 날이 온다면, 아마도 자동차는 처분하게 될 것 같습니다. 한편 가루이자와나 후쿠이에서의 생활은 자동차가 필수입니다. 장 보러 갈 때마다 신칸센을 타기 위해 역까지 갈 때마다 레스토랑에 식사를 하러 갈 때마다 휘발유를 왕창 씁니다.

진정 쿨한 저항을 실천하고 소비를 줄이고자 한다면, 가루이자와의 산속에서 생활하지 말고 도쿄 등의 도시에서 주택 단지에 집을 마련해서 생활하는 것이 훨씬 효율적일 것입니다.

글레이저도 뉴잉글랜드의 시골로 이사한 자신에 대해 "나는 비교적 조심스러운 도시의 에너지 이용자에서 대량의 탄소 배출자가 되고 말았다."라면서 이렇게 언급했습니다.

도시는 나무들로 둘러싸인 생활보다도 훨씬 환경에 좋은 것이다. 숲에 살게 되면, 자연에 대한 애정을 보여 주는 데에는 좋을지 모르지만, 사실 콘크리트 정글에 사는 것이 월등히 지구 친화적이라고 할 수 있다. 사람은 파괴적인 종족으로, 그럴 생각이 없어도 소로처럼 파괴해 버리고 만다. 숲을 불태우고 석유를 태우고, 아무래도 주변의 풍경을 파괴해 버리게 된다. 자연을 아낀다면, 자연 가까이에 가지 말아야 한다.

헨리 데이비드 소로는 자연 속 은거 생활을 담은 베스트셀러 『월든』을 쓴 미국의 철학자입니다. 하지만 소로는 집을 지으면서 자연을 파괴했습니다. 진정으로 자연을 사랑하여 자연을 그대로 보존하고 싶다면, 그곳에 집 같은 인공 구조물을 짓지 않는 것이 좋다고 언급합니다. 가장 자연 친화적인 생활 방식은 고층의 주거 단지에 모여 살면서 도보로 출퇴근하는 것입니다.

물론 석유나 전력 등을 사용하지 않고, 태양광 패널만으로 자급자족하는 오프그리드 생활을 하면, 에너지 낭비 없이 이산화탄소의 배출량도 크게 줄일 수 있을 것입니다. 그러나 이러한 생활은 매우 큰 각오가 필요합니다. 이렇게까지 해서 쿨한 저항을 실천하고자 한다면, 이는 칭찬받아 마땅하다는 생각이 듭니다. 하지만 그렇게까지 각오가 된 사람이 과연 얼마나 있을까요?

조용하고 살기 좋은 도시

루소가 살던 시기와 글레이저가 살고 있는 현대는 도시에 대한 시각이 크게 달라졌습니다. 그 배경에는 도시의 상황이 20세기 중반 무렵부터 크게 변하기 시작했다는 사실이 있습니다. 한마디로 말해서 열악한 도시 생활이 쾌적하고 안락하게 변화한 것입니다.

첫 번째 커다란 원동력은 제이 차 산업 혁명이 야기한

자동차의 대중화입니다. 많은 노동자가 자동차를 소유하게 되었으며, 이를 계기로 교외에서 생활하는 것이 가능해졌습니다. 인구가 지나치게 몰려 과밀해지고 주택 가격도 지나치게 올랐던 도심을 벗어나서, 사람들은 교외로 떠나기 시작했습니다. 그때까지 '도시와 전원'이라는 양자택일의 선택지에서 '도시와 교외와 전원'이라는 세 가지 선택지로 변화가 찾아온 것입니다.

전후 고도 경제 성장으로 수도권에 인구가 유입되어 주택이 아주 부족했던 시기가 있었습니다. 다섯 명의 가족이 8제곱미터 크기의 아파트 단칸방에 사는 것이 그리 특별한 일이 아니었을 정도로 주택 상황이 열악했습니다. 이를 완화하기 위해 정부는 내 집 마련 정책을 추진했으며, 이에 따라 교외의 주택지 개발도 급속하게 진행되었습니다. 이때 개발된 상징적인 주택지가 도쿄 서쪽의 구릉지대에 펼쳐진 다마 뉴타운 지역으로, 1971년부터 입주가 시작되었습니다. 이 무렵부터 전통적인 가옥이 아니라, 규모는 작지만 거실과 주방을 겸한 '다이닝 키친'이 적용된 구조에서 테이블과 의자 생활을 하는 새로운 라이프스타일이 인기를 끌게 되었습니다.

이 무렵 '주택 주사위 놀이'라는 기묘한 유행도 생겨났습니다. 도쿄로 상경해서 도시의 아파트에서 혼자 살기 시작하고, 결혼을 해서 아파트를 빌려 생활하다가, 이윽고 아파트를 분양받아 구입합니다. 그리고 최종적으로 이 아파트를 팔아 교외에 정원이 딸린 독채 주택을 짓는 것이 '인생의 수확'이라는, 일련의 과정을 주사위 놀이에 비견한 것입니다. 대부분의 사람들이 평생의 인생 설계를 할 수 있다고 믿던 시대였습니다.

이처럼 교외로 인구가 유출됨에 따라 전쟁이 끝난 이래 끊임없이 증가하던 도심의 인구는 1970년대를 경계로 점차 감소했습니다. 한편으로 수도권 교외의 인구는 1960년에 560만 명 정도였지만, 1970년 무렵에는 1000만 명을 돌파했고 1990년에는 1700만 명까지 늘어났습니다. 이와 같은 인구의 교외 유출의 중심에 있던 사람들이 바로 단카이 세대입니다.

그런데 1990년대 중반에 들어서면 인구의 교외 유출이 멈추게 됩니다. 그리고 상황이 바뀌어 이제는 인구의 도심 회귀가 시작되었습니다. 1990년대 전반기 5년 동안에 25만 명 감소했던 도심의 인구가 1990년대 후반기 5년 동안에는 무려 13만 명 정도가 증가했습니다. 특히 인구가 많이 증가한 곳은 도쿄의 추오구와 치요다구, 미나토구, 고토구, 아다치구 같은 지역입니다. 이들 구의 이름을 들으면 어느 정도 이미지가 그려지겠지만, 타워 맨션 등 새로운 주택 단지가 하나둘씩 건설되는 지역입니다.

이는 거품 경제 붕괴와 그 후의 '잃어버린 이십 년'이 커다란 요인 가운데 하나입니다. 거품 경제가 한창이던 시절에는 도심이나 도심에 가까운 지역의 땅값이 폭등했고, 이 때문에 상당히 멀리 떨어진 교외에 주택을 마련하려는 사람들이 많았습니다. 다마 뉴타운에서 서쪽에 위치한 하치오지나 이나기 방면으로 교외 지역이 확대됐으며, 이 지역에서 도심으로 회사를 다니는 경우 통근 시간은 1시간 이상 너끈히 걸렸습니다. 게다가 민영 철도 노선에 있는 역에서 내려 다시 버스를 타고 십 분 정도 들어가야 하는 불편한 곳에 있는 주택 단지나, 더 이상 통근권이라고 부르기 어려운 사이타마현 한노시, 야마나시현 우에노하라시, 이바라키현 츠치우라시 주변까지 도쿄의 베드타운은 확대되었습니다.

그런데 거품이 붕괴하면서 땅값이 하락했고, 도심의 부동산 가격과 임대료는 낮아졌습니다. 도쿄만 연안 지역에 많은 고층 아파트가 건설되기 시작했으며, 이것이 도심 회귀의 원동력으로 작용하고 있습니다. 2000년대의 고이즈미 준이치로 정권의 규제 완화 정책으로 도심부의 용적률이 완화되어 대규모 아파트 단지를 건설하기 쉬워졌다는 배경도 있습니다. 이러한 것들이 '교외 떠나기'로 이어졌습니다. 구태여 불편한 교외에 살지 않아도 도심에서 생활할 수 있게 되었습니다. 교외에 집을 지은 것은 단카이 세대였지만, 그 자녀들은 그 집을 물려받지 않고 도심으로 돌아와 생활하게 된 것입니다. 따라서 교외의 인구는 점점 감소하기 시작했습니다.

이 같은 도심 회귀는 고도 경제 성장 무렵의 도심의 인구 유입과는 양상이 전혀 다릅니다. 예전에 비하면 도시의 인프라는 고도로 정비되어 있으며, 공원 등의 녹지도 풍부해졌습니다. 주택 사정도 개선되었고 한 세대가 확보할 수 있는 주택 면적도 넓어졌습니다. 어느 지역에나 스물네 시간 영업하는 편의점이 있으며, 개인이 경영하는 소규모 식당, 선술집, 상점도 많이 있습니다. 다시 말해서 도쿄라는 도시는 예전과는 비교도 되지 않을 정도로 쾌적하고 살기 좋은 곳이 되었습니다.

얼마 전에 '글쎄, 그렇다면 익명 다이어리'라는 누구나 익명으로 투고를 할 수 있는 블로그에 이러한 짧은 글이 있었습니다.

> 콘크리트 정글
> 아스팔트로 둘러싸인
> 빌딩 숲 사이
> 메마른 도시의 사막
> 같은 건축 관련 내용은
> 지금 노래 가사에는 그다지 등장하지 않게 되었네.

만원 전철에 흔들리며

발 빠르게 빠져나가는 사람들

옆을 지나쳐 가도 무관심

같은 것을 잠시 발견할 때도 있는 것 같지만.

　　고도 경제 성장 무렵, 인구 과밀로 급성장하고 있던 도쿄는 분명 콘크리트 정글이었습니다. 1970년대에는 「도쿄 사막」이라는 제목의 노래가 있을 정도였습니다. 그러나 지금의 도쿄는 사막이 아니라 나무들이 자라서 살기 좋은 조용한 거리로 변모하고 있습니다. 경적을 울리는 자동차는 적어졌고, 큰 소리를 내는 사람도 별로 없으며, 모두가 조용히 생활을 즐기고 있습니다. 도쿄는 그런 도시로 변모하고 있습니다.

우리가 도시에 바라는 것

　　이러한 도시의 변화는 우리가 '좋아하는 도시'에 대한 감각의 변화로도 이어지고 있습니다. 앞에서 소개한 나오미 클라인의 캐나다 토론토의 공장 도시 같은 쿨한 저항 성향의 도시에서는 '밖으로, 밖으로'를 외치며 대중으로부터 벗어나는 것이 멋지게 여겨졌습니다. 도쿄의 경우, 대중에게 크게 인기 있는 곳인 시부야나 신주쿠가 아니라, 사람이 거의 없는 롯폰기를 좋아하는 것 같은 식입니다. 그런데 이 롯폰기를 동경해 사람들이 롯폰기로 모여들기 시작하면, 쿨한 저항 성향은 다시 여기서 벗어나기 위해 니시아자부나 이쿠라카타마치 같은 외진 지역으로 향합니다.

1985년에 개그 콤비 톤네루즈가 「비 내리는 니시아자부」라는 노래를 유행시킨 일이 있습니다. 작사를 한 아키모토 야스시는 굳이 일부러 유명한 장소가 아닌 지명을 사용했다고 합니다. 당시에는 니시아자부가 지금처럼 잘 알려져 있지 않았으며, 롯폰기역과 히로오역에서 모두 멀어서 교통이 불편했기 때문에 아는 사람만 아는 그런 놀이 장소였습니다. 이것이야말로 진정한 쿨한 저항의 발상이었던 것이지요.

그러나 이러한 '우리만 알고 있는 숨겨놓은 집', '대중은 잘 모르는 굉장한 지역'이라는 사고방식은 지금의 젊은 세대에게서는 찾아볼 수 없으며, 이렇다 할 관심의 대상도 아니고 별로 상관없다고 여겨집니다. 요즘 젊은 세대들은 자기만 아는 곳을 즐기는 것이 아니라, 그저 느긋하고 화기애애하게 살 수 있는 편안한 도시에서 살고 싶어 하고, 이에 더 관심을 가지고 있습니다. 이러한 젊은 사람들이 늘어나고 있습니다.

예를 들어 최근 도쿄에서는 산겐자야나 니시오기쿠보, 기요스미시라카와 같은 거리가 인기를 끌고 있습니다. 이들

거리를 좋아하는 사람들에게서는 엘리트 의식 따위를 찾아볼 수가 없습니다. 또한 자신들이 대중 사회에서 탈출해 이 거리를 선택했다는 따위의 발상도 없을 것입니다. 산겐자야나 니시오기쿠보에는 개인이 경영하는 소규모의 가게들이 많으며, 대체로 도심에서도 가깝습니다. 그렇지만 관광지는 아니기 때문에 주말이 되었다고 해서 과도하게 사람들로 혼잡하지도 않아서 편안하게 즐길 수 있다는 점이 멋집니다. 이러한 점들이 이곳을 선택하는 이유가 되는 것이지요.

마케터인 미우라 아쓰시(三浦展)는 「왜 지금 사람들은 도심에 주거를 마련하고 싶어 하는가?」라는 인터뷰 기사에서 앞으로 인기를 끌 거리에 대해 다음과 같이 말했습니다.

"앞으로 거리를 만들어 가는 일은 여성의 소비력, 패션 등에만 기대어서는 불가능해질 것입니다. 앞으로는 즐겁게 일할 수 있는 장소로 선택 받을 것. 그곳에서 일하면서 아이도 즐겁게 기를 수 있을 것. 외국인 관광객이 방문하고 싶어 하는 거리일 것. 물건이 아니라 사람과 만날 수 있는 거리일 것. 살아 보니 즐거울 것. 일해 보니 즐거울 것. 이것이 살아남을 수 있는 거리의 조건이 될 것입니다."

이처럼 도시는 변화를 거듭하고 있습니다. 한편 일본 전체를 살펴보면, 인구가 줄기 시작해 도시가 공동화되어 가고 있습니다.

앞으로는 많은 도시가 소멸해 가겠지요. 산골짜기의 마을뿐만 아니라, 수도권의 교외에서도 불편한 입지 조건을 가진 주택가는 이미 인구가 감소하기 시작했습니다. 빈집은 계속 늘고 있고 멈출 기세를 보이지 않습니다. 빈집을 허무는 일에 자치 단체가 보조금을 마련하는 등의 움직임도 나타나고 있습니다. 하지만 근본적으로 빈집을 허물고 난 뒤 부지의 활용 계획도 없으며, 예산까지 부족한 경우에는 빈집을 허무는 것 자체가 무의미합니다. 그렇기 때문에 이러한 빈집은 그대로 방치해 둘 수밖에 없을지도 모르겠습니다.

압축 도시라는 정책이 있습니다. 주민은 도시의 중심부에 살고, 그곳에 학교나 병원, 도서관 등의 시설을 집약해서 만드는 정책입니다. 이 정책은 미국 오리건주의 포틀랜드에서 실시한 것으로 유명하며, 1979년부터 '도시 성장 경계선'을 도입했습니다. 이 정책은 중심부의 주변에 선을 그어 둘러싸고, 그 바깥쪽은 더 이상 개발하지 않고 시민도 거주하지 못하도록 정해 놓은 것입니다. 엄청난 결정이라는 생각이 듭니다. 포틀랜드는 이 정책으로 재생에 성공했으며, 지금까지는 새로운 도시 문화의 상징과 같은 도시로서 인기를 끌고 있습니다.

일본에서도 국토 교통성이 '중심 시가지 활성화'라는 다소 딱딱한 용어를 사용해, 일본 전역에 압축 도시를 정책적으로 전개하려고 합니다. 지금은 여러 자치 단체에서 기본 계획을 세우는 단계입니다. 언젠가 이러한 계획이 실행 단계로 접어들면 인구의 감소와 동시에 다양한 압축 도시가 각지에서 탄생할 것입니다.

부동산 컨설턴트인 나가시마 오사무(長嶋修) 씨는 "모든 압축 도시가 성공하지는 못할 것입니다. 실패하는 곳도 당연히 있겠죠. 앞으로는 자신이 살고 있는 도시가 압축 도시로서 성공할 것인지 실패할 것인지 매우 중요하게 다가올 것입니다."라고 말합니다. 실패하지 않기 위해서는 자치 단체에게만 맡겨 놓지 말고 주민도 함께 지혜를 모으고 다양한 참여의 길을 모색해서, '살아남을 수 있는 도시'를 함께 만들어 가는 노력이 필요할 것입니다.

앞으로 이십 년, 삼십 년 뒤, 그때가 되면 영토는 어떠한 모습을 하고 있을까요? 중심 시가지를 빙 둘러싸는 경계선의 바깥쪽에는 온통 빈집이 된 주택지가 덩그러니 버려진 채 있겠지요. 짙은 녹음이 폐허를 뒤덮고 산에서 내려온 야생 동물들이 활보하고 있을지도 모릅니다. 이윽고 건물 대부분은 무너져 흙으로 돌아갈 것입니다. 그리고 밝은 조엽수림이 대지에 퍼져, 고대의 모습으로 되돌아 갈 것입니다. 그런 광경을 상상해 봅니다.

그러나 압축 도시로 살아남은 도시는 지금보다도 훨씬

살기 좋은 곳이 되어 있을 것입니다. 잘 갖추어진 인프라와 풍요로운 녹지를 가지고, 밖으로 열린 삶을 실현하는 공간으로 변모해 갈 것입니다. 그 미래를 향해 우리가 도시에 바라는 요소도 변화할 것입니다.

그러나 아직 부족한 부분이 또 하나 있습니다. 바로 물리적인 도시 공간 그 자체가 아닌 우리들의 도시 생활 스타일입니다. 현실적으로 우리의 생활 방식 자체는 아직 변하지 않고 있습니다. 다시 말해서 도시는 변모해서 더 이상 콘크리트 정글이 아닌데도 우리 인간이 도시에서 맺는 관계는 여전히 "만원 전철에 흔들리며 발 빠르게 빠져나가는 사람들 옆을 지나쳐 가도 무관심"인 채로 있다는 것입니다.

앞에서 건축가 야마모토 리켄의 문지방 개념에 대해 소개했습니다. 집의 안과 밖을 강철 문으로 확실히 구별하는 것이 아니라, 개인의 생활을 바깥 세계와 부드럽게 연결하기도 하고, 동시에 분리하기도 하는 완충재로서의 공간입니다. 이러한 문지방 공간은 전통적인 집에서는 일반적이었지만, 지금 도시의 주택에는 결여된 부분입니다.

그러나 문지방이 없는 생활은 매우 불안합니다. 주거가 사회와 연결되어 있지 않기 때문입니다. 종신 고용제가 확실히 유지되고 많은 사람들이 정사원이었던 시절에는 회사와 연결되어 살아간다는 것이 주는 안도감이 있었습니다. 하지만 지금처럼 비정규 고용이 늘어나고 회사도 어떻게 될지 모르는, 언제 구조 조정을 당할지 알 수 없는 인생의 앞날이 불투명한 시대에 살고 있다면, 외부와 차단된 강철 문 안에서 살아가는 것은 고독으로 가득한 삶이 될 것입니다. '그 누구와도 이어져 있지 않다. 여기에는 나밖에 없다.' 이처럼 고독한 느낌이 또 어디에 있을까요?

인간은 이러한 고독을 견딜 수 없습니다. 농촌 공동체는 이제 그 어디에도 없고, 어느 회사에도 소속되어 있지 않고, 친척도 가까이에 살고 있지 않은, 이러한 상황에 처하면서 다시 사람들은 공동체를 원하게 됩니다. 여기에 새로운 주거의 형태가 등장할 여지가 있는 것입니다.

다시 말해서 지금 일어나고 있는 것은, 인프라가 고도로 정비되어 살기 좋은 21세기형 도시와, 이에 적합한 새로운 공동체, 이 두 가지의 탄생 가능성이 열리고 있는 것입니다.

"새로운 술은 새로운 부대에 담가라."라는 성서에 나오는 말이 있습니다. 도시 생활의 양상도 마찬가지입니다. 새로운 도시에는 새로운 삶과 새로운 공동체가 요구됩니다. 이는 자신이 직접 자신의 생활을 강철 문 안에 가두어 버리는 것이 아니라, '문지방'을 완충지대로 삼아 밖을 향해 열어 놓고, 외부와의 관계 속에서 풍요로움을 찾는 생활입니다.

공동체를 찾는 젊은이들

실제로 이러한 삶의 방식은 이미 일본 사회에도 조금씩 번져가고 있습니다. 그중 하나가 셰어 하우스입니다. 셰어 하우스는 꽤 오래전부터 도심을 중심으로 젊은이들의 아주 자연스러운 주거 형태가 되어 왔습니다. 셰어 하우스와 같은 공동생활을 즐길 수 있을지 없을지는 각 세대에 따라 상당히 차이가 있을 것 같은데요. 1990년대 이후에 태어난 밀레니얼 세대는 셰어 하우스에 대해 거의 저항 없이 받아들이는 것 같습니다.

제 지인 중에 셰어 하우스의 선구적인 존재로서 알려진 '롯폰기 요루 힐즈'의 중심 멤버였던 다카기 신페이(高木新平)라는 젊은이가 있습니다. 벌써 오 년쯤 전의 일인데요. 셰어 하우스가 아직 많지 않았던 무렵에 그에게 물어본 적이 있습니다. "집에 있을 때조차 타인과 함께 집안에 있다는 것이 왠지 불안할 것 같고, 사생활이 보장되지 않는 느낌이 들 것 같은데, 어때?"

다카기는 웃으면서 이렇게 대답했습니다. "도시나오 씨, 우리는 집 밖으로 나오면 모두 혼자예요. 그렇다면 집에 있을 때 정도는 친구가 옆에 있으면 좋지 않을까요?"

다카기의 이 대답에 가슴이 뭉클했습니다. 현재의 공

동체 부재라는 시대 상황과, 이러한 상황에 우리 젊은 세대는 어떻게 적응해 가려고 하는지를 실로 선명하게 말해 주는 대답이었기 때문입니다.

셰어 하우스에 사는 이유는 사람마다 각각 다르겠지만, 가장 큰 이유는 월세 부담일 것입니다. 혼자서 원룸 아파트를 빌리는 것보다도 저렴한 금액으로 넓은 가족용 아파트에서 살 수 있기 때문입니다. 그러나 그 이유만 있는 것은 아닙니다. 무엇보다도 역시 '장(場)' 같은 곳을 원하는 사람이 많기 때문일 것입니다.

"넓은 부엌이 있어서 너무 마음에 들어요." 이렇게 대답한 여성도 있었습니다. 원룸에 살면 부엌도 작고 화구가 하나뿐인 가스레인지와 비좁은 조리대 때문에 요리할 때에 어려움이 많습니다. 그러한 조건에 비하면 방 세 개와 다이닝 키친으로 구성된 형태의 아파트에는 대개 화구가 세 개나 있는 커다란 가스레인지와 사용하기 편리한 넓은 조리대가 세트로 구성되어 있습니다.

셰어 하우스의 거실을 이벤트 공간으로 사용하는 경우도 자주 목격합니다. 최근 저의 젊은 친구들이 운영하고 있는 셰어 하우스에 초대받아 토크 이벤트에 참석한 적이 있습니다.

본래 이 젊은이들은 한 부부를 포함해 모두 다섯 명이

함께 다카다노바바의 셰어 하우스에 살았는데요. 그 이름은 바로 '바바 하우스'입니다. 이전에는 독신 여성 세 명이 사용하던 셰어 하우스였지만, 여성 중 한 사람이 결혼을 하게 된 것입니다. "하지만 둘이서 아파트를 빌리는 것보다 셰어 하우스에 부부가 함께 입주하는 편이 비용을 절약할 수 있다.", "여러 사람이 함께 사는 것이 신혼인 부부 두 사람만 있는 것보다 자극적이다."라고 생각해 부부와 독신자가 함께하는 삶의 방식을 정하고, 독채인 주택으로 이사한 것입니다.

이들이 "가족도 함께 살 수 있는 셰어 하우스를 만들어서 가까운 미래에는 아이들도 키울 수 있다면 더 즐겁지 않을까?" 하는 생각을 갖고, 다시 더 넓은 곳으로 이사한 것은 2016년입니다. 그리고 이들이 이사한 곳은 방 일곱 개, 거실, 다이닝 키친으로 구성된 넓고 큰 삼 층짜리 신축 건물입니다. 어떻게 이처럼 넓고 큰 건물을 찾을 수 있었는지 이야기를 들어 보니, 우연히 특이한 생각을 가진 한 건물주가 '이상적인 셰어 하우스를 위한 건물'을 지어 보고 싶다는 생각으로 지은 건물을 만나게 되었다는 것입니다. 참 다양한 생각을 갖고 살아가는 사람들이 존재하는 시대이지요.

삼 층 건물에는 부부가 두 쌍, 삼십 세 전후의 독신자 다섯 명, 그리고 열아홉 살 젊은이 한 명 등 모두 열 명이나 살고 있습니다. 이들은 거의 비슷한 시기에 입주했으며, 입주 기념 파티를 열어 친구들을 초대하기도 했습니다. 초대받고 온 친구들은 육십여 명이었는데요. 저 역시 초대를 받고 가서 대학 교수, 그리고 마을 공동체 만들기 프로젝트를 이끌고 있는 활동가와 함께 토크 이벤트를 열었습니다. 다양한 만남이 있었으며, 열린 주거 형태를 통해 인간관계가 다양하게 확장되어 가는 즐거움을 만끽할 수 있었던 시간이었습니다.

공유 설비와 공동 식사 ─ 컬렉티브 하우스

저는 이처럼 외부를 향해 열린 셰어 하우스야말로 새로운 공동체의 씨앗이라고 생각합니다. 혈연도 지연도 아니고, 같은 회사에 근무한다는 사연(社緣)도 아닌 주거 형태입니다. 아무런 관계도 없는 사람들이 모여서 함께 살아가는, 무연(無緣)에서 시작된 공동체입니다. 어쩌면 먼 미래에는 남녀노소가 함께 살면서 육아와 노인 간병도 공유하는 새로운 공동체가 대거 등장할지도 모르겠습니다.

셰어 하우스는 대개 부엌, 욕실, 거실을 공유하는 주거 형태입니다. 하지만 이보다 더 느슨하게 주거를 공유하는 형태도 있습니다. 바로 컬렉티브 하우스라고 불리는 형태입니다. 언뜻 보면 아파트 등의 공동 주택과 비슷합니다. 각각의 집에 거실과 침실, 화장실, 욕실, 부엌 등이 마련되어 있어서 일반 아파트와 큰 차이는 없습니다. 다른 점은 공유 부분인데, 공용 거실과 공용 부엌 등 모두가 함께 사용할 수 있는 설비가 있습니다. 그리고 매일매일의 식사를 교대로 준비하는 방식을 운영하고 있습니다. 또한 청소나 식물의 관리 등도 공동으로 담당합니다.

참고로 코퍼러티브 하우스라는 주거 형태도 있는데요. 이것은 아파트 같은 공동 주택을 모두 함께 짓고 함께 살기 위한 주거 형태입니다. 의견을 같이하는 사람들을 모아서 조합을 결성하고, 이 조합이 사업의 주체가 되어 토지를 취득하고, 주택의 설계, 건축가 의뢰, 건축업자 선정 등을 진행합니다. 다시 말해서 지역 개발 대행 업자에게 의뢰하지 않고, 자신들이 직접 분양 아파트를 짓는 것이라고 할 수 있습니다.

자, 그럼 컬렉티브 하우스를 잠시 둘러볼까요? 한여름의 어느 날 저녁, 게이오센을 타고 세이세키사쿠라가오카역에서 내렸습니다. 다마강에서 가깝고, 구릉이 연이어져 있는 산기슭에 위치한 곳입니다. 역 주변에는 대형 쇼핑센터와 백화점, 가전제품 판매점이 있고 사무용 빌딩도 줄지어 있는 매우 번화한 거리입니다.

번화가를 빠져나와서 오 분 정도 걷다 보면, 바로 조용한 주택가를 만나게 됩니다. 완만하게 꺾이는 도로변에 철근 콘크리트로 지은, 옆으로 기다란 모양의 이 층 건물이 보입니다. 밖에서 바라보아도 녹지가 넓다는 것을 한눈에 알 수 있습니다. 여기가 바로 '컬렉티브 하우스 세이세키'입니다.

일 층에 있는 넓은 부엌에는 식당에서 사용할 법한 대형 가스레인지와 대형 오븐이 설치되어 있습니다. 레스토랑의 주방을 보는 듯한 훌륭한 설비입니다.

이 컬렉티브 하우스 세이세키에서도 식사는 공동 식사 방식으로 해결합니다. 제가 방문한 날에는 취재를 허락해 주신 야마시타 유카리(山下由佳理) 씨의 배우자께서 햄버거와 나폴리탄 스파게티, 옥수수 수프를 만들고 있었습니다. 전부 이십 인분의 식사였습니다. 오븐을 사용했는데, 햄버거는 마치 레스토랑에서 요리하는 레시피로 살짝 구워서 다시 오븐에 넣어 가열하는 방식으로 조리하고 있었습니다.

공동 식사의 요금은 한 사람당 400엔, 아이들은 200엔입니다. 벽에는 커다란 종이가 붙어 있고 손글씨로 스케줄표가 적혀 있었습니다. 여기에 자신이 요리할 수 있는 날을 기입하는 것입니다. 이 컬렉티브 하우스에는 어른이 서른 명 정도 있기 때문에 순조롭게 돌아가면 대략 한 달에 한 번 정도 요리 담당 순서가 돌아오는 셈입니다. 여럿이 팀을 만들어 요리를 하는 경우도 많다고 합니다. 저는 야마시타 씨에게 물어보았습니다.

"모두가 요리를 합니까?"

"네, 모두 요리를 합니다."

"하지만, 요리를 못하는 사람도 있지 않을까요?"

"누구나 일품요리 하나 정도는 만들 수 있지 않을까요? 여기에도 돼지고기 감자조림밖에 만들지 못하는 사람도 있어요. 그래서 그 사람의 이름이 스케줄표에 있으면, '아, 오늘은 돼지고기 감자조림 먹는 날이구나.' 하고 알 수 있어요."

한 달에 한 번 정도 돌아오는 식사 당번이라면, 매달 같은 요리를 만들어도 그리 불평할 일은 아닐 듯합니다. 정말 멋진 시스템입니다. 스케줄표에는 그날의 공동 식사를 희망하는 사람도 이름을 쓰게 되어 있어서, 당번인 사람은 자신의 요리를 먹을 사람의 수를 확인하고 그날의 식사 준비를 시작합니다. 오후 7시에는 식사를 할 수 있도록 준비해야 한다는 규칙이 있다고 합니다.

"지금까지 전혀 요리를 해 본 적이 없는 육십 대의 남성 입주자는 공동 식사를 통해 요리에 눈을 뜨기 시작한 예도 있어요."

"일단 해 보기 시작하면 즐거워진다는 것을 알게 된 것이군요. 멋진 이야기입니다."

"그분은 지금은 다른 요리 교실에 요리를 배우러 다닐

정도로 요리에 푹 빠져 계세요."

컬렉티브 하우스의 자율적 공동체

야마시타 씨는 컬렉티브 하우스 세이세키로 이사를 오기 이전부터 셰어 하우스에서 오랫동안 생활했습니다. 아직 셰어 하우스라는 개념이 없어서, '룸 셰어링'이라고 부르던 시기부터 셰어 하우스 생활을 경험해 온 것입니다. 간사이에서 도쿄로 와서 도심에서 살았지만, 아이들의 학교 문제로 다마로 이사를 해야 했고, 이사할 집을 찾아다니고 있을 때에 만난 곳이 컬렉티브 하우스였습니다.

'컬렉티브 하우징'이라는 비영리 단체가 세이세키사쿠라가오카에 앞으로 지을 컬렉티브 하우스의 입주자를 모집하면서 '어떠한 컬렉티브 하우스를 만들 것인가?'에 대한 워크숍을 열었습니다. 워크숍에서는 먼저 걸어서 세이세키사쿠라가오카를 둘러보는 데서 시작해 어떠한 건물을 원하는지, 공유 공간은 어떻게 만들 것인지 같은 요구 사항에 대해 종이 상자로 모형을 만들며 조금씩 의견을 수렴해 갔습니다. 그리고 '모양'만 결정하는 것이 아니라, 어떻게 공유 공간을 활용해 갈 것인지, 공간에 대한 철학과 구조에 대해 입주자와 함께 머리를 맞대고 의견을 모았습니다.

컬렉티브 하우스 세이세키의 공유 거실에는 코르크를 붙이고, 복도는 깨끗한 마룻바닥을 깔기로 정했습니다. 그래서 입주자도 손님도 현관 입구에서 신발을 벗고 슬리퍼로 갈아 신고 내부로 들어가는 구조가 되었습니다. 이는 워크숍에서 결정한 사항 중 하나였습니다.

각 가정의 출입문은 강철 문이 아니라, 반투명하게 안쪽이 보이는 광택 유리 문으로 정했습니다. 창은 위아래로 열리는 슬라이드 식이어서 공적 공간과 사적 공간이 매우 자연스럽게 이어지는 구조입니다. 이 역시 워크숍에서 이루어진 결정이었습니다.

"실내가 완전히 보이는 것은 아니지만, 조명을 켜고 있으면 빛이 보여서 사람이 있구나 하는 정도는 느낄 수 있습니다. 그런 느낌이면 좋겠습니다." 하고 결정한 것입니다. 이것은 바로 '문지방' 같은 발상입니다.

컬렉티브 하우스 세이세키에는 원룸부터 방 두 개와 다이닝 키친이 딸린 구조까지 있어서 독신자도 생활하고 있습니다. 입주 때에 보증금 식의 예치금을 내고 이것을 공유 공간에서 사용할 가구, 커튼, 식기 등을 구입하는 데에 씁니다. 이사를 하게 되어 이곳을 떠날 때에는 이 예치금을 되돌려받는 것이 규칙이라고 합니다.

입주자들의 연령은 제각각입니다. 유아도 있고 팔십 대 어르신도 있습니다. 독신자도 있고 부부도 있습니다. 다양한 사람들이 컬렉티브 하우스라는 공동체를 함께 운영하고 있습니다.

이곳에는 정원 가꾸기나 청소, 부엌의 유지 보수 관리 등 관리 운영을 위한 다양한 동아리가 활동하고 있으며, 입주자는 모두 반드시 어느 하나의 동아리에 참여하는 것이 규칙입니다. 각자가 책임을 갖고 활동함과 동시에, 현재 눈앞에 놓인 과제를 확인합니다. 그리고 그 과제에 대해 한 달에 한 번 전원이 참여하는 정기 회의에서 의견을 나눕니다.

야마시타 씨는 말합니다. "셰어 하우스는 정기 회의 같은 시스템은 마련되어 있지 않습니다. 예를 들어 모두가 청소를 기피할 때 이 문제를 어떻게 해결할지 이야기 나눌 기회를 갖지 못한 채 시간만 질질 끄는 경우가 많습니다. 결국 아무도 청소를 하지 않는 일도 종종 발생합니다."

일반 임대 아파트에 입주한 경우 청소 등의 유지 보수 관리는 관리 조합이나 집주인이 담당합니다. 그러나 셰어 하우스나 컬렉티브 하우스의 공유 공간에는 이러한 일을 담당할 사람이 없습니다. 그러므로 서로 이야기를 나누어야 합니다. 어떻게 보면 이처럼 서로 이야기를 나누면서 결정하기 때문에 이 곳을 '우리들의 공간'으로 이용할 수 있고, 모두가 참여하는 공동체를 꾸려 갈 수 있는 것이겠지요. 다른 사람에게 맡길 것인가? 아니면 자신들이 할 것인가? 차이는 여기에 있습니다.

대체로 일본인들은 토론에 그다지 능숙하지 않습니다. 저는 과거에 다양한 토론의 장에서 목소리 큰 사람들만 이야기하고, 그 밖의 다른 사람들은 가만히 듣고만 있는 상황을 자주 목격했습니다. 그러한 위험성은 없는지 야마시타 씨에게 물어보았습니다.

"그래서 저희는 이러한 카드를 사용합니다." 그러면서 야마시타 씨는 여섯 가지 색깔의 카드를 꺼내 보여 주었습니다. 각각의 색깔별로 카드에는 손 글씨로 이와 같은 글이 적혀 있었습니다.

> 초록: 백 퍼센트 찬성!
> 파랑: 백 퍼센트는 아니지만 이견은 없다.(납득했다.)
> 분홍: 백 퍼센트 찬성이 아니고, 이견이 있다.
> 노랑: 질문 있음.
> 빨강: 반대.
> 검정: 토론을 전혀 인정할 수 없다.

과제가 있을 때에 이에 대한 해결책을 누군가가 내놓으

면 모두가 카드를 제시해 서로 확인한다고 합니다.

초록이나 파랑 카드를 제시한 사람은 발언을 하지 않아도 되는 사람들입니다. 분홍과 노랑 카드를 제시한 사람들은 발언을 하고 싶어 하는 사람들이기 때문에, 이들의 의견을 듣고 질문도 받습니다. 빨강 카드를 제시한 사람들은 반대이기 때문에 반대 의견을 듣습니다. 검정 카드를 제시한 사람들은 토론을 전혀 인정할 수 없다는 완전 부정을 의미하는데 지금까지 한 번도 사용된 바가 없다고 합니다.

이처럼 카드로 의견을 제시함으로써 거수로 결정하기 어려운 분위기 속에서도 신경 쓰지 않고 발언할 수 있으며, 다른 사람의 의견에 끼어들 필요도 없어서 다른 의견을 들으면서 발언 순서를 기다리면 됩니다. 이를 통해서 공평하게 참여하는 토론을 실현할 수 있습니다.

의견을 말하고 싶은 사람은 모두 발언할 수 있으며, 모든 의견이 나온 시점에서 다시 제안들을 정리하고, 다시 한번 카드로 모두의 의견을 제시합니다. 최종적으로 초록과 파란 카드만 남으면 그 의제는 채택됩니다. 매우 합리적인 시스템이지요.

토론을 할 때에 "저요, 저요."를 외치면서 말하고 싶어 하는 사람은 사실 자신의 의견과 목소리를 누군가 들어 주기를 바라는 인정 욕구가 강한 사람들입니다. 그러므로 제대로 의견을 들어 줄 수 있는 환경을 만들어 주면 더 이상의 불평불만은 나오지 않습니다.

정기 회의에서는 진행을 담당하는 사람이 있습니다. 하지만 각 그룹의 과제를 수렴해서 엑셀 표로 정리해 공유하고, 순서대로 서로 이야기 나누는 과정을 거치므로 누군가가 앞에 나서서 이끌어 갈 필요는 없습니다. 야마시타 씨는 이러한 상황을 이렇게 표현했습니다. "지휘자 없는 오케스트라와 같은 느낌이에요."

커뮤니티는 처음부터 존재하는 것이 아니라 공동체 안에서 관계성을 형성하면 생겨나는 것입니다. 이러한 자율적 공동체가 바로 이 컬렉티브 하우스 세이세키에서 자라나고 있습니다.

임시 주거라고 할 수 있는 임대 아파트가 공동체로 변모해 갑니다. 앞에서도 썼듯이 전후 일본에서는 집을 소유하는 것이 주거의 중심이었습니다. 기업이 종신 고용제를 도입하는 과정에서 사원에게 적극적으로 융자를 해 주어 집을 사도록 유도하기도 했습니다. 주택을 구입해 소유하는 것을 "일국 일성(一國一城)의 주인이 되는 것이다."라면서 장려하기도 했습니다. 그리하여 집을 소유하는 것은 풍요의 상징이 되었으며, 많은 사람들이 한평생을 통해 갚아야 하는 긴 주택 융자를 받으면서 아파트를 분양받거나 독채 주택을 구입하게 되었던 것입니다. 임대 아파트에 산다는 것은 '어차피 임시 주거', '노후에 살 곳이 없어진다'며 부정적으로 보는 문화도 생겨났습니다.

그러나 이처럼 주택 소유를 권장하는 정책과 보조를 맞추면서 성장해 온 회사 공동체가 이제는 소멸하기 직전의 상황에 처해 있습니다. 임시 주거였던 임대 주택이 오히려 변화를 꾀하고 새로운 공동체를 만드는 움직임은 참으로 역설적이며, 매우 흥미로운 현상이라고 할 수 있습니다. 이제 임대 아파트가 공동체로 변모해 가는 또 하나의 사례를 소개하고자 합니다.

커뮤니티가 된 임대 아파트 — 로열 아넥스

이케부쿠로에서 아파트 임대 사업을 하고 있는 건물주 아오키 준(青木純) 씨가 있습니다. 아오키 씨는 본래 부동산 업계에서 일하던 사람입니다. 2011년 대지진이 발생한 해에 할아버지, 숙부, 아버지로부터 이케부쿠로에 있는 '로열 아넥스'라는 임대 아파트를 운영하는 주식회사 메종 아오키의 대표직을 물려받아 이곳의 4대째 건물주가 되었습니다. 대표직을 승계했을 당시에 이 건물은 1980년대의 오래된 건물이기도 해서 처음에는 빈집이 많았기 때문에 어떻게 유지해야 할지 방법을 찾지 못하고 있었습니다. 그러나 신규 입주자에게 '벽지는 원하는 대로 자유롭게 선택'하라는 '소비자 맞춤 임대' 서비스를 시작하자, 이에 대한 호응이 있어서 점점 입주자가 늘어났습니다. 여기서 아오키 씨는 한 발 더 나아가, '주문 제작 임대'라는 시스템을 도입하기 시작했습니다. 이 방식은 입주자의 희망에 맞추어 방을 개보수해 가는 서비스입니다. 무려 임대료의 삼십육 개월분을 상한으로 공사비는 메종 아오키에서 부담해 준다는 정말 배포가 큰 방식입니다. 모두가 갖는 "그렇게 하면 본전을 찾을 수 없지 않나요?"라는 의문에 대해 아오키 씨는 이런 대답을 들려 줍니다.

"자신의 바람에 맞춘 집에 입주할 수 있게 되면 모두가 그 집에 애착을 갖게 되더군요. 그러므로 삼 년이 아니라 그 이상 계속해서 오랫동안 그 집에 살기 때문에 빈집인 채로 그대로 방치해 두는 것보다 훨씬 좋은 결과를 낳을 수 있습니다." 정말 그럴 것 같습니다.

더구나 이 개보수 공사는 신규 입주자뿐만 아니라 이미 로열 아넥스에 거주하는 주민들도 참여해서 진행했습니다. 이것은 입주자 모두가 사이좋게 지내는 계기가 되었습니다. 보통 임대 아파트에 입주하더라도 옆집과 교류하면서 알고 지내는 일이 거의 없지만, 로열 아넥스는 이 점이 크게 다릅니다.

참 흥미로운 점이 입주하는 사람들 대부분은 결국 '사람을 초대하기 좋은 집'을 원하는 경우가 많다고 합니다. 아오키 씨는 '회유성(回遊性)이 있는 방의 배치'라고 부르는데요. 예를 들어 옷장을 통과해서 다른 방으로 갈 수 있도록 하거나 다른 방을 통해 세면실이나 욕실로 가는 방식으로, 손님이 들어왔을 때에 즐겁게 느낄 수 있는 공간으로 만드는 것입니다. 이런저런 개보수 공사를 생각하는 동안 점점 즐거움이 솟고, 정성을 쏟은 만큼 그 집에 사람을 초대하고 싶어진다고 합니다.

개보수 공사가 진행되는 동안에 주민들이 직접 도와주러 와서 벽을 함께 칠하기도 하고, 사과파이를 만들어 와 함께 먹기도 했습니다. 자신의 집을 보러 와도 된다고 말하는 주민도 있었습니다. 저 역시 로열 아넥스를 한 번 취재하러 간 적이 있는데, 아오키 씨가 "주민의 양해는 이미 받았습니다."라고 해서 낮 동안에 집들을 둘러볼 수 있었습니다. 정말 놀라웠습니다. 어느 집이나 모두 아주 멋진 방 구조를 갖추고 있었으며 품위 있고 멋진 인테리어로 마무리되어 있어서 부러울 정도로 살기 편안해 보였습니다.

주민들 중에는 아오키 씨가 자리에 없을 때에 집을 둘

러보러 손님이 오자 손님을 안내해 주면서, "아오키 씨, 입주 신청서를 받아 둘까요?" 하고 연락을 해 주는 분도 있고, "이사를 가게 될 때에는 다음 입주자를 저희가 직접 찾고 싶어요."라고 말하는 주민까지 있다고 합니다.

로열 아넥스에 입주한 사람들은 모두가 "이 아파트는 안심할 수 있다."라고 입을 모아 말합니다. 아오키 씨는 이에 대해 "저라는 공통의 필터를 통해 다른 주민과 이어지고 있다는 안도감이겠지요. 남는 시간에 함께 수고를 해서라도 좋은 공간을 만들어 가고 싶어 하는 사람들이 모여 있어서, 모두 감수성이 풍부하고 인간성도 아주 좋습니다."라고 표현합니다.

옥상에는 공유 공간이 있고 바비큐 파티 등을 할 수 있는 주방 설비도 마련되어 있습니다. 채소를 가꾸는 정원도 있는데 여기서 채소를 키우는 사람도 있습니다. 그래서 늘 어떤 채소든 무성하다고 합니다. 모든 것을 누군가가 관리하는 것이 아니라, 자연스럽게 모두가 깨끗하게 사용하고 모두가 교대로 채소를 돌보거나 물을 주기도 합니다. 게다가 옛날 생각을 떠올리게 하는 '돌림판' 같은 '물주기 당번표'가 주민들 사이에 돌고 있기도 합니다.

급기야 옥상의 공유 공간에서 결혼식을 올린 주민까지도 등장했습니다. 아오키 씨는 이렇게 말합니다. "임대 아파트가 단순히 임시 거처나 잠자는 곳이 아니라, 인생의 무대로 변모하는 순간이라는 점을 그때에 느꼈습니다. 임대 주택이라고 하면 자신의 인생의 무대가 바뀔 때마다 옷을 갈아입듯 바꾸어 가는 공간이라는 느낌이 강했는데, 이제는 인생의 무대가 바뀌어도 모두 떠나지 않고 남아 주는구나 하는 생각이 들었습니다."

그렇게 공동 주거 공간에서의 결혼이 이어진 다음에 이번에는 출산이 이어졌다고 합니다. 로열 아넥스에서 '소비자 맞춤 임대'를 시작하고 삼 년째인 2014년에는 일 년 동안 무려 여덟 명의 아이가 태어났다고 합니다.

주민들이 서로의 집을 오고 가면서 아파트 전체가 하나의 커뮤니티로 변모한 결과, 커다란 안도감이 생겨났다고 할 수 있을 것입니다. 아오키 씨는 "집주인이라는 뜻의 '오오야(大家)'라는 말의 한자 풀이 그대로 집주인으로서 '커다란 가족'을 이루었다는 느낌이 들었습니다."라고 그때의 감동을 표현해 주었습니다.

지금까지 집주인은 아파트 단지나 공동 주택의 경영자로, 입주자의 입장에서 그저 월세를 지불할 대상으로, 가끔 집의 보수나 수리 등 관리를 해 주는 사람 정도로 인식되었습니다. 그러나 앞으로는 삶의 무대를 만들고, 그 무대를 잘 운용하기 위해서 존재하는 반드시 필요한 존재로 변모할지도 모르겠습니다.

로열 아넥스에서 아이들이 여덟 명이나 태어나자 아오키 준 씨는 더욱 바빠졌습니다. "아이들이 늘어났으므로 육아 시설이 있어야 할 것 같다!"라는 생각과 함께, "육아 교실이 생겨서 이곳에 아이들을 맡겨 두는 동안 양육자들이 조금이라도 일할 수 있는 곳이 있다면!" 하는 생각을 하게 되어, 이름하여 '도덴 테이블(都電テーブル)' 이라는 식당까지 만든 것입니다. 단순히 집주인이 아니라, 마치 마을 공동체의 '촌장님' 같은 일을 하고 있습니다.

로열 아넥스는 이케부쿠로와 오츠카 사이의, 아주 평범한 거리에 있습니다. 주민들은 본래부터 이 거리에서 살던 사람들이 아닙니다. 이 거리에 관심이 있었던 것도 아닙니다. 주민들은 그저 "소비자의 바람에 맞추어 집을 꾸며 주는, 로열 아넥스라는 흥미로운 임대 아파트에 살아보고 싶다."라는 생각에 외부에서 찾아온 사람들입니다. 하지만 이곳에서 살다 보니 자신의 집을 좋아하게 되었고, 주변에 사는 이웃이 좋아졌으며, 이 거리도 좋아진 것입니다. 이러한 변화와 함께 주민들은 거리에 있는 다양한 상점을 이용하게 되었고, 지역 사람들과도 좋은 관계를 맺고 사이좋게 지낼 수 있게 되었습니다. 다른 건물의 집주인들도 로열 아넥스가 보여 준 변화의 움직임을 보고, 이와 비슷한 시도를 하게 되었으며, 점점 새로운 삶에 흥미를 갖게 된 사람들이 모여들면서 마침내 거리 전체가 활성화되었습니다. 이렇게 공동체가 점점 더 크게 확대되어 가는 변화가 바로 히가시이케부쿠로 일대에서 일기 시작한 것입니다.

옆으로 이어지는 공동체 — 사이하테

주거는 다시 공동체 형태로 변화하고 있습니다. 고대 그리스의 '안드론'처럼, 본래 '어디에 산다는 것'은 '공동체에 속한다는 것'과 불가분의 관계였습니다. 근대에 들어와서도, 예를 들어 고도 경제 성장 시절에 '공단의 단지'라는 이름의 임대 주택이 있었습니다. 지금은 UR 도시 재생 기구라는 명칭으로 바뀐 일본 주택 공단이 건설한 이 주택 단지는 한 층을 옆으로 긴 복도로 연결한 것이 아니라, 각 층에 두 가구만이 사용할 수 있는 계단으로 위아래를 연결한 구조였습니다. 예를 들어 삼 층 건물 단지인 경우에 한 동에 있는 여섯 가구만 하나의 계단을 사용하게 되어, 이 여섯 가구 사람들은 종종 아침저녁으로 얼굴을 마주하게 됩니다. 그리고 이러한 단지의 형태는 당시 '다테나가야(縱長屋)'라고 불렀다고 합니다. 바로 에도 시대 무렵까지 일반적이었던 집단 주택인 나가야(長屋)의 형태를 철근 콘크리트 주택 단지로 재현하려는 시도였습니다.

1970년대에는 '도시를 벗어나 자연으로 돌아가자'는 움직임 속에 시골에 새로운 커뮤니티를 만들려는 히피 코뮌과 같은 시도도 세계적으로 확산되었습니다.

이 당시의 히피 코뮌은 자급자족을 목표로 삼았고, 인터넷도 휴대폰도 없던 시대였기 때문에 일단 코뮌에서의 생활을 시작하면 외부와 거의 소통할 수 없었습니다. 생활은 폐쇄적이었으며 인간관계는 고정되었습니다. 때문에 나아갈 방향을 잃고 소멸하는 코뮌도 많았습니다. 개방적이지 못한 구조였던 것이지요.

지금까지 이 책에서 기술해 왔듯이, 제이 차 세계 대전 이후의 카운터 컬처는 대중 소비 사회에 반하는 것이 쿨하다는 쿨한 저항을 추구하는 엘리트 의식을 내포하고 있어서, '대중으로부터 벗어나고 싶다', '도시에서 자연으로'라는 '밖으로, 밖으로'의 마인드를 가지고 있었습니다. 그렇기 때문에 이들은 도시에서 벗어나 도시의 아웃사이더로서 자연 속에 히피 코뮌을 만들었던 것입니다. 그러나 이러한 '밖으로, 밖으로'라는 마인드는 결국 반권력, 반체제에 머물렀으며, 어떻게 자신들이 주류로서 사회를 책임지고, 자신들이 원하는 사회를 만들어 갈 것인가 하는 생각은 부족했던 것입니다. 이것이 이들의 퇴조를 부른 원인 중 하나였다고 할수 있습니다.

　이러한 반성에서 새롭고 열린 코뮌을 만들려는 움직임도 나타나고 있습니다. 이와 같은 새로운 코뮌은 '밖으로, 밖으로'를 추구하는 저항과 도주가 아니라, '옆으로, 옆으로' 개방적으로 연결되는 방향을 목표로 삼고 있습니다.

　규슈에는 구마모토, 시라누이해를 내려다볼 수 있는산 위에 일만 평이나 되는 넓게 펼쳐져 있는 감귤 과수림이있습니다. 이 울창한 과수림에 둘러싸이듯이 능선을 따라십여 채의 주택이 줄지어 들어서 있습니다. 이곳은 '미스미에코 빌리지 사이하테'라는 히피 코뮌과 유사한 작은 공동체입니다.

　이 사이하테를 만들기 위해서 발 벗고 나선 사람은 신쿠라는 제 지인입니다. 윙윙 크릉릉 이상한 소리를 내며 털털거리는 거의 폐차 직전의 소형차로 사이하테를 안내해 주면서 그는 말했습니다.

　"이 지역은 정말 풍요로워서 고대부터 물고기든 채소든 먹을거리가 수두룩하게 있었어요. 이 주변에서 식재료를채집하는 것을 무엇이라고 하는지 알아요?"

　"뭐라고 하는데요?"

　"'줍는다'고 해요. 하하."

안과 밖의 유기적인 연대

사이하테가 위치한 곳은 본래 장애 아동을 키우는 부모님들이 공동으로 연 직업 소개소였습니다. 감귤이나 한라봉 등을 경작하는 밭에서 모두가 함께 일하고 수확해서 이것을 출하하기 위한 작업소를 중심으로, 각 가정이 각자의 집을 지었던 것입니다. 이곳을 이용하던 가족들이 고령화되면서 이를 계기로 시설을 통째로 매각하게 되었는데, 이곳을 엉뚱한 인연으로 신쿠와 그의 무리가 손에 넣게 되었던 것입니다.

신쿠의 본명은 구도 신쿠(工藤眞工)입니다. 그가 하는 일은 영화나 만화, 디자인 등 작업을 하는 크리에이터입니다. 그의 부친은 저명한 원자력 연구원입니다. 그러나 신쿠 본인은 철저한 자유인으로, 미에현에 갔다가 어느 날 갑자기 돌연 카페를 열기도 하고, 도쿄의 유명한 애니메이션 제작사에서 일을 하기도 했으며, 나아가 '자본주의 붕괴'를 콘셉트로 했다는 수수께끼투성이의 회사를 직접 설립하기도 하는 등 마음 내키는 대로 원하는 대로 행동하며 살아왔습니다.

"새로운 일을 하는 것은 재미있지만, 그것이 일상이 되는 순간 그 재미가 사라져 버려서 좀 지겹다는 느낌이 들거든요."

이것이 그가 말하는 이유입니다. '벤텐(BENTEN)'이라는 자본주의 붕괴를 콘셉트로 한 회사에서는 저작권을 완전히 포기한 음악이라든가, 연주 멤버나 곡명을 사전에 전혀 정하지 않고 그 현장에서 즉흥적으로 연주하는 밴드 음악이라든가, 기존의 개념을 완전히 뒤엎는 시도를 많이 보여 주고 있습니다.

이 일이 지겨워지자, 이번에는 부인의 친정이 있는 도야마현의 히미시로 이주해 밭일 등을 하면서 새로운 형태의 시골 생활에 도전했습니다. 그러한 가운데 구마모토의 땅이 매물로 나왔다는 것을 알게 된 것입니다. 땅 값은 천만 엔.

벤텐의 활동을 통해 커뮤니티 만들기의 가능성을 보았던 신쿠는 "이 땅에 환경 마을을 만들자!"라고 결심하고 트위터와 페이스북에도 이러한 내용을 올렸습니다. 그러자 정말 놀라운 일이 벌어졌는데, 서로 출자해서 함께 환경 마을을 만들자는 동지들이 나타난 것입니다. "마침 부모님에게서 상속받은 재산이 좀 있다. 나도 그곳에서 살고 싶으니 돈을 내겠다."

일이 순조롭게 진행되면서 구체적인 이야기도 진행되어 이주자를 모집했고, 2011년 11월 11일에 열 명이 모이면서 사이하테는 출발했습니다.

제가 2014년에 사이하테를 방문했을 때, 가을의 맑은 하늘 아래에서 편안하고 기분 좋은 바람이 감귤 잎을 가만히 흔들며 지나가고 있었습니다. 하지만 그날은 운 나쁘게도 지역 음악 페스티벌이 열려 주민들 대부분이 외출한 상태여서, 마을은 텅 비어 조용했습니다.

사이하테는 언제나 음악이 넘쳐나는 곳입니다. 직접 페스티벌을 마을 공동체에서 주최하기도 하는데 관련 장비도 소유하고 있을 뿐 아니라 그 나름의 노하우도 축적하고 있습니다. 그래서 근처에 페스티벌이 있으면, 페스티벌에 협력을 부탁받는 경우도 많다고 합니다.

마침 제가 도착했을 때에는 고사카이 고지(小堺康司) 씨와 몇 명의 동료들이 합판으로 한창 작은 집을 짓는 중이었습니다. 작은 트럭으로도 운반할 수 있는 이동식 주택을 시도하는 중이라고 합니다.

고사카이 씨는 사이하테의 주민으로, 도예, 가옥 디자인, 내외장 공사, 실내 장식 등 다양한 일을 하고 있습니다. 사이하테에는 고사카이 씨가 지은 흙 부대 집이 들어서 있습니다. 흙 부대 집은, 좁고 긴 튜브처럼 생긴 부대에 흙이나 모래를 담아 뱀이 똬리를 틀듯이 이것을 쌓아 올려서 집의 모양을 만들어 가는 건축 방법입니다. 마지막에 회반죽으로 고정시키면, 정말 귀여운 느낌의 둥그스름한 건물이 완성됩니다.

고사카이 씨는 흙 부대 집 짓는 기술을 독학으로 배웠습니다. 그의 능력이 좋은 평판을 얻으면서 사이하테 밖에서도 많은 흙 부대 집 건축 의뢰가 있어서 직접 가서 만들고 있습니다.

사이하테에는 목수, 가구 장인, 뮤지션, 디자이너 등 다양한 직종의 사람들이 살고 있습니다. 최고령 주민은 사이하테의 웹사이트를 보고 "이곳에서 살고 싶다."라는 의사를 밝혀 온 육십 대의 목수입니다. 부인은 살던 곳에서 계속 살고, 이 사람은 사이하테의 작은 집에 혼자 입주해서 살고 있습니다.

사이하테 안에서만 인간관계가 이루어지는 생활이 아니라, 고사카이 씨처럼 외부와 항상 왕래하는 것이 주민들의 삶의 방식입니다. 음악 페스티벌의 운영 사례처럼 가지고 있는 노하우를 외부에 제공해 수입도 올리고, 사이하테 안에서는 고유한 삶의 방식을 시도하면서 자기실현을 추구하고 있습니다. 이처럼 공동체의 내부와 외부가 단절되지 않고 항상 교류하는 구조를 이루고 있습니다.

내부에서만 모든 것을 완결 짓지 않고, 늘 외부와 소통하며 이를 통해 지속적인 관계를 유지하는 유기적인 안과 밖의 연대가 매우 중요합니다.

기능과 필요가 순환하는 영속 농업

제가 사이하테를 방문했을 때 막 조성하는 기묘한 밭이 있었습니다. 밭 한가운데에 닭장이 있고, 그곳에서 꽃잎처럼 보이는 방사형 그물이 밭을 향해서 펼쳐지고, 그 그물 주변에서는 채소를 기르고 있었습니다. "이것이 뭐죠?"라고 신쿠에게 물으니, "치코가 만들고 있는 밭이요!" 하고 대답했습니다. 스기야마 치코(杉山知己)는 사이하테의 영속 농업 디자이너입니다.

닭장에 사는 닭들은 꽃잎 모양의 그물 속을 자유롭게 이동할 수 있고, 채소 부스러기 같은 먹이를 먹을 수 있습니다. 먹이를 먹은 닭들은 여기저기 똥을 누고 다니는데, 이것이 채소의 거름이 되는 순환 구조를 이루고 있었습니다.

이와 같은 환경을 설계함으로써 집이나 도로나 닭장이나 밭 등의 다양한 요소가 서로 조화를 이룰 수 있는 관계를 조성하는 것이 영속 농업입니다. 그리고 이러한 관계를 설계하는 것이 영속 농업 디자인입니다. 인간이 하나하나 세세하게 손을 보거나 움직이지 않아도, 자율적으로 작동할 수 있는 상태를 만드는 것입니다.

『영속 농업, 농사짓는 삶의 영구 디자인』이라는 책에는 이렇게 설명되어 있습니다.

저수지나 물 탱크는 집이나 밭보다 높은 지대에 설치해 펌프를 사용하지 않고 중력으로 물을 끌어올 수 있도록 한다. 집의 바람막이는 바람은 막고 겨울의 햇빛을 방해하지 않도록 위치를 잡아 설치한다. 밭은 집과 닭장의 중간에 설치해 닭장으로 가는 도중에 밭에 있는 채소 부스러기를 모으기 쉽게, 또한 닭똥을 긁어모아 밭에 이용하기 쉽게 조성한다.

영속 농업 디자인에서는 닭이나 건물, 채소 등 그 기능을 분할해서 생각한다고 합니다. 예를 들어 닭의 경우에는 고기, 달걀, 날개, 깃털 빗자루, 닭똥, 호흡하면서 내뿜는 탄소, 소리, 열, 메탄 같은 기능이 있습니다. 이들 기능을 다른 요소와 어떻게 조합해서 조화를 이룰 수 있을지를 생각해 보는 것입니다.

주택에는 음식물, 연료, 난방, 온수, 조명 등이 필요합니다. 닭은 음식물, 깃털 이불을 이용한 난방, 닭똥의 메탄을 공급할 수 있습니다.

과수원은 과일을 제공하는 대신 제초, 해충 방제, 비료를 필요로 합니다. 때때로 닭을 과수원에 풀어 놓으면 곤충을 먹어서 없애 주므로 해충 방제에 도움이 됩니다. 게다가 땅을 파헤쳐 놓기 때문에 제초제 역할도 해 줍니다. 이처럼 각각의 기능과 필요에 따라 각각의 관계를 어떻게 만들어 갈 것인가를 생각하면서 살아가는 것입니다.

치코는 시즈오카의 농가에서 태어났습니다. 열여섯 살에 혼자서 도쿄로 올라와 고등학교에 다녔지만 곧 중퇴했습니다. 그 뒤에는 아르바이트를 하면서 배낭여행객이 되어 세계를 돌아다녔으며, 그렇게 배낭여행 중에 영속 농업이라는 세계를 만날 기회가 있었습니다. 다양한 분야의 지식을 필요로 하며, 이러한 것들을 조합해서 설계해 나가는 즐거움을 알게 되면서, 이후 계속 영속 농업 디자인에 몰두해 왔습니다. 치코는 말합니다.

"영속 농업은 농업이나 건축만의 이야기가 아니라, 인간관계에서부터 경제에 이르기까지 모든 것을 포함하고 있는 커다란 개념입니다. 그렇기 때문에 영속 농업 디자인 코스에서도 먼저 '인간이란 무엇인가?'라는 질문에서부터 공부가 시작됩니다."

영속 농업에서 중요한 것은 외부와 내부가 제대로 연대해 가는 것입니다. 그러므로 사이하테 같은 새로운 커뮤니티는 '밖으로, 밖으로'라는 저항과 도주가 아니라, '옆으로, 옆으로'라는 개방적으로 연결되는 방향성을 목표로 삼고 있습니다.

그래서 사이하테의 주민들은 자급자족을 목표로 하지

않습니다. 농촌의 공동체라고 하면, 아무래도 사람들은 자급자족을 떠올리는 경향이 있습니다. 농업을 "자급자족하는 것이 '친환경'이다. 집 근처 슈퍼마켓에서 생선이나 채소를 구입하는 것은 어불성설이다."라는 식으로 보는 것은 전형적인 쿨한 저항의 이미지 때문입니다. 내부를 거부하고 외부로 나와서 모든 것을 자신들이 만들어 해결한다는 생각이지요. 그러나 사이하테는 내부와 외부를 자유롭게 오고 가면서 교류하고 교환하는 모델을 생각하고 있습니다.

치코는 말합니다. "지속하는 것이 가장 중요하기 때문에 자급자족이어야 할 필요는 없습니다. 외부의 농업 지역도 포함해서 전체적으로 자율적인 에코 시스템을 만들 수 있다면 그것으로 충분합니다. 근처의 농가에서 돈을 내고 채소를 사 오는 것이 아니라, 자신들이 제공할 수 있는 것을 주변에 제공하고, 그 대신에 채소를 받아 오는 것이어도 상관없습니다. 자급자족에 지나치게 구애받은 나머지 강제 노동처럼 농사일을 커뮤니티의 구성원들에게 강요한다면, 그것은 자율적인 지속성이 있다고 할 수 없을 것입니다."

신쿠도 이렇게 말합니다. "우리는 금욕적인 자급자족 따위는 목표로 삼고 있지 않습니다. 쌀이나 채소도 경작하고 있고 결과적으로 자급률이 높아지는 것은 멋진 일이지만, 쌀과 채소만으로는 생활을 즐길 수가 없어요. 역시 오락도 필요하고, 파티에도 가 보고 싶고, 여행도 가고 싶은 거니까요. 그런데 자급자족하고 있다고 해서 하고 싶은 것을 참아야 한다는 것은 좀 이상한 일 아닌가요? 자급자족이란 것 자체가 자타를 구분해 나누는 의식입니다. 그렇다면 우리는 갖가지 기술을 보유하고 있고, 그 기술을 밖을 향해 제공하면 되는 것 아닌가 생각합니다. 주변 마을은 할아버지 할머니가 대부분이어서, 채소를 수확할 일손이 필요하고 모내기를 할 때에도 일손이 필요하다고 합니다. 그럼, 일손을 도우러 찾아가고, 그 대신에 주는 채소를 받아 오면 됩니다. 할아버지 할머니가 시내 슈퍼마켓에 가서 장을 보고 싶다고 하면, 그럴 때에는 내 차로 운전해서 모셔다 드리고, 돌아와서 수고비를 받습니다. 이러한 방식으로 서로 교환하면 되는 것입니다."

열린 커뮤니티

일본을 비롯해 세계의 다양한 지역에서 훌륭한 식재료와 음식이 만들어지고 있습니다. 일본 전통술은 역시 겨울의 추위가 날카롭게 코를 찌르는 지역에서 만들어진 것이 맛있습니다. 적도 주변의 열대 지역에 가면, 정말 맛있는 커피를 만날 수 있습니다. 이러한 다양한 지역과 교류하고 교환하는 생활은, 세계화가 진행되면서 현실적으로 가능해지고 있으며, 이와 같은 교환 관계를 실행하는 사람들이 점점 늘고 있습니다.

그리고 이와 동시에 이러한 '외부와의 열린 관계'는 인간관계를 어떻게 유지해 갈 것인가 하는 점과 관련해서도 중요한 지점입니다. 치코는 이러한 말을 했습니다.

"설립된 지 삼십 년이나 지난 공동체에 가 본 적이 있습니다. 인구 감소로 인해 존폐가 문제로 떠오른 한계 마을과 마찬가지로, 이러한 공동체도 세대 교체 문제가 수면으로 떠오르고 있었습니다. 이 코뮌에서 자란 2세는 분명 도시로 나가고 싶어 할 것입니다. '이곳은 좋은 곳이기는 하지만, 더 넓은 세계도 보고 싶다.'라는 말을 들었습니다. 그렇게 젊은 이들이 코뮌을 떠나가면 공동체의 존립이 어려워집니다. 그렇기 때문에 공동체에는 갱신과 대사(代謝)가 매우 중요하며, 공동체로 사람들이 들어오는 이민이 반드시 필요합니다."

사이하테는 주민들이 외부에서 사업을 하는 것과 동시에, 외부로부터의 이민을 언제나 적극 받아들일 준비를 하고 있습니다. 방문객이 숙박을 할 수 있는 도미토리나 게스트하우스도 마련해 놓아서 단기 체류도 할 수 있고, 때로는 길게 체류하면서 거주해 볼 수도 있습니다. 다양한 사람들이 참가할 수 있도록 시설을 운영하는 것입니다. 따라서 이곳에서는 설립 초기에 처음부터 함께했던 주민뿐 아니라 이전부터 지금까지 차례로 이주해 온 주민들과 방문객 등 다양한 사람들이 융합해 구별 없이 생활하고 있습니다.

엄격한 자급자족과 폐쇄적인 인간관계로 자기 완결을 추구하는 것이 아니라, 바깥 세계를 적극 활용하고 교류하면서 생기는 마음 편안한 기분, 이것이야말로 앞에서 수차례 언급했던 '느긋함과 느슨함'의 본질이라고 생각합니다. 다시 말해서 느긋함과 느슨함은 기업이 고객에게 제공하는 과잉 서비스가 아니라, 기업과 고객이 똑같이 대등한 입장에서 상호 작용하면서 연대해 가는 것입니다. 이러한 열린 네트워크를 실감하고, 함께 키워가는 것이 느긋함, 느슨함이라고 할 수 있습니다. 이 결론을 저는 사이하테의 네트워크 관점을 통해 배울 수 있었습니다.

외부와 단절된 공동체는 고립되어 버린 한 마리의 늑대처럼 쿨할지는 모르지만 지속성은 없습니다. 열린 커뮤니티야말로 쿨한 저항의 함정에서 벗어나, 외부와의 네트워크를 만들어 감으로써 지속 가능한 라이프 스타일을 실현할 수 있는 것입니다.

신쿠와 치코의 이야기를 계속 듣다 보니, 상당히 가슴이 벅차 올랐습니다. 잠시 휴식을 취하면서 점심 식사를 준비해 볼까요? 오늘은 카레라이스를 만들어 볼까 합니다.

　일본식 카레라이스를 만드는 방법은 천차만별이어서, 만드는 사람에 따라 채소즙을 넣기도 하고, 감춰진 맛을 내려고 초콜릿이나 마늘을 넣기도 하는 등 다양한 창의적 여지가 많은 요리입니다. 시판되는 카레에 적혀 있는 레시피대로 만드는 것이 가장 맛이 있다는 이야기도 있지만, 제가 제안하는 카레는 '가벼운 식감의 카레'입니다. 카레 가루에는 밀가루가 많이 들어가 있어서 상자에 적힌 레시피대로 만들면 다소 무거워서 배가 지나치게 부푼 느낌을 받습니다. 이를 피하기 위해 카레 가루는 양념을 하는 정도로 약간만 사용하자는 것이 저의 제안입니다.

산뜻한 카레라이스

　먼저, 마늘과 생강, 양파를 모두 잘게 썰어서 약한 불에 볶습니다. 여기에 기호에 맞는 고기와 채소를 넣고, 큼직하게 썬 생 토마토나 통조림 토마토를 넣어 토마토의 모양이 으깨질 때까지 끓입니다. 여기에 소금만 뿌리면 토마토 조림 요리로서 충분합니다. 하지만 오늘은 카레를 만들기로 했으니 소금은 넣지 않고 카레 가루를 넣습니다. 보통 카레에 사용하는 양의 ⅓ 정도를 넣습니다. 두 사람분의 카레를 만들 경우에,

카레 한 상자의 ¼ 정도면 충분합니다. 물은 넣지 않습니다. 토마토의 수분으로 가루가 풀어지면 완성입니다.

밥을 안남미로 지으면 더욱 가볍게 드실 수 있습니다. 안남미는 많은 양의 뜨거운 물로 데치고, 젓가락으로 찍어 보아서 부드러워진 것을 확인하면 체에 바쳐 물기를 제거합니다. 밥통이나 대접에 밥을 옮기고 뚜껑을 덮어 잠시 찌듯이 그대로 두는 것이 좋습니다.

자, 다시 사이하테 방문기입니다. 저는 사이하테에서 지내는 동안 또 다른 의문에 부딪쳤습니다. '다양한 사람이라고 해도, 이곳에 살고 있는 사람들은 디자이너나 도편수 급의 목수 같은 창의적인 일을 하는 사람들이 대부분인데, 어떤 의미에서는 이들도 엘리트 집단은 아닐까? 창의적이지 못한 사람에게는 문턱이 높게 느껴지지 않을까?'

그렇다면 영속 농업이라는 것은 역시 결국 강자의 논리에 기댄 것이 아닐까 하는 생각을 하게 되었습니다. 그래서 치코에게 이렇게 물어 보았습니다. "손으로 하는 일을 전혀 못하는 전직 샐러리맨이 사이하테에서 살고 싶다고 찾아오면 어떻게 할 건가요?"

그는 이렇게 명쾌하게 대답했습니다. "사이하테에서는 무엇인가 '해 주세요.'라고 지시하지 않습니다. 자기가 하고 싶은 것을 합니다. '무엇을 할 수 있는가?'가 아니라, '무엇을 하고 싶은가?'인 것이지요. 농사를 짓고 싶으면 농사를 지으면 됩니다. 건축을 하고 싶으면 건축 일을 도우면 됩니다. 사이하테에는 건축 일도 있고 목수 일도 있고 디자인 일도 있기 때문에 무엇이든지 시작해 볼 수 있습니다. 샐러리맨이었다고 해서 '할 수 있는 일이 없습니다.'라고 말하는 사람도 있겠지만, 할 수 있는 일이 없지는 않을 것이라고 생각합니다. 일을 하면서 축적해 온 것도 있고, 경험도 있을 것입니다. 영업일을 한 사람이라면, 사이하테를 위해 외부의 일을 얻어오는 영업을 할 수 있지 않겠습니까?"

그는 이렇게 덧붙였습니다. "사이하테에 들어온 뒤 무에서부터 시작해 여러 가지 일을 시도할 수도 있다고 생각합니다. 옛날에는 농사를 짓던 사람을 '백성'이라고 불렀습니다. 이 말은 백 가지의 일을 한다는 의미라고 합니다. 예전에는 전문성만으로 먹고살 수 있는 사람이 거의 없어서 대개는 일상적으로 여러 가지 일을 하고, 그 일을 해서 얻은 수입을 모아서 먹고살았습니다. 그렇기 때문에 앞으로도 한 가지만 잘하는 사람이 아니라, 여러 가지를 할 수 있는 사람으로 성장할 수 있도록 바뀌어 가지 않을까요?"

자급자족 방식으로 강제 노동을 강요받는 것이 아니라, 한 사람 한 사람이 할 수 있는 것을 하는 것입니다. 그렇게 하면 '이거 해라, 저거 해라' 같은 일방적이고 틀에 박힌 명령이 아니라, 모두가 자기 나름대로의 방식으로 마을의 일을 해 나가게 된다는 것입니다.

"그러한 경험을 쌓아 가다 보면, 다른 커뮤니티로 이주하더라도 잘살 수 있을 것으로 생각됩니다. 농업 지도자가 일러 주는 대로 잡초를 제거하거나 씨를 뿌리는 등 단순노동만 한다면, 농업에 대한 식견은 영원히 몸에 익힐 수 없을 것입니다." 치코는 이렇게 명쾌하게 설명해 주었습니다.

마음대로의 철학

내가 무엇을 할 수 있을까? 나는 어떤 위치에 서 있는가? 이러한 점에 대한 실질적인 인식이 중요할 것입니다. 이는 '나는 이것밖에 할 수 없다.'라는 부정적인 자기 인식이 아니라, '나는 이러한 것을 할 수 있지 않을까?'라는 긍정적인 자기 인식으로 받아들여야 하며, 이러한 '할 수 있는 것'이 많아져서 자기 내면의 다양성이 증가할수록, 앞으로 '무슨 일이 있어도 나는 살아갈 수 있다.'라는 강인함으로 이어질 수 있을 것입니다.

사이하테는 이러한 방식으로 운영되는, 마치 살아 있는

생명체처럼 유기적인 공동체로서, 딱히 규칙이라고 할 만한 규칙도 없습니다. 신쿠에게 물어 보니, 사이하테 유일의 규칙은 이것입니다. "마음대로 하세요."

다시 말해서 규칙이 전혀 없는 것이 유일한 규칙이라는 것입니다. 건물을 수리하거나 하면 비용이 발생하므로 공동체를 유지하기 위해 사이하테 기금이 조성되어 있고, 주민은 매달 일만 엔을 입금할 수 있습니다. 하지만 이는 의무가 아니라 입금하고 싶은 사람만 입금하면 됩니다. 돈을 주고받는 일은 거의 없습니다. 고사카이 씨의 흙 부대 집도 모두가 자금을 모은 것이 아니라, 개인 자금에다가 워크숍 형태로 외부로부터 돈과 일손을 모아서 지었습니다.

신쿠는 말합니다. "규칙을 만들면, 규칙에 얽매여서 힘들어집니다. 규칙이 없으면 모두가 자율적으로 움직입니다."

치코가 좀 더 이해하기 쉽게 설명해 주었습니다. "이러한 커뮤니티에서는 처음 주민이 모인 단계에서 특정한 이념을 바탕으로 규칙을 만드는 경우가 많을 것입니다. 하지만 그 이념에는 아직 실체가 없지요. 그러면 이념을 바탕으로 한 규칙은 실체가 없는 가공의 규칙이 되어 버리는 경우가 많습니다. 그럴 경우 실제로 생활을 시작하게 되었을 때, 규칙이 현실과 괴리되는 경우가 많거든요. 게다가 일본인은 분명하게 의견을 말하는 데에 익숙하지 않습니다. 서구 사람들의 경우에는 자신이 하고 싶은 말을 분명하게 하기 때문에 이견이 있을 때 해결을 위한 규칙이 필요하다고 생각합니다. 일본인의 경우는 주장을 하지 않고 가만히 관망합니다. 그러면 규칙에 불만이 있더라도 말로 표현하지 않습니다. 그렇게 말로 표현하지 않으면, 점점 욕구 불만이 쌓여서 아주 사소한 일에도 분쟁이 일어나기 쉽습니다. 의견을 조정하는 방법에 익숙하지 않아서 속으로 쌓이고 쌓이다가 분출하고 마는 것입니다.”

아주 사소한 일을 하나 예로 들면 '부엌의 개수대에서 씻은 그릇을 자연 건조할지 말지'와 같은 일이 있습니다. 자연 건조를 하려는 사람도 있고, 마른 행주로 잘 닦자는 사람들도 있습니다. “그런 것은 어느 쪽이든 상관없지 않은가?”라고 생각하는 사람도 물론 있습니다. 이 일에 벌써 세 가지 의견이 대립각을 세웁니다. 하지만 이는 너무나도 사소한 일이기 때문에 다른 사람이 불만스러워도 모두 입 밖으로 의견을 내지는 않습니다. 그러나 이러한 일이 결과적으로 욕구 불만으로 이어집니다. 그렇기 때문에 가능한 한 느슨하게, 엄격한 규칙을 만들지 않고 그때그때 의견을 들으면서 진행해 나아가는 방식이 일본인에게는 가장 무난한 방식입니다.

다만 이와 같은 방식이 성립하려면 모든 구성원이 항상 커뮤니티에 '참여'한다는 생각을 가질 수 있도록 해야 합니다. 예를 들어 자신이 부재중일 때에 커뮤니티와 관련한 이야기가 임의로 진행되거나 하면 '소외되고 있다'고 느낄 수 있습니다. 그러한 주민이 발생하지 않도록 항상 '나는 커뮤니티와 이어져 있다, 이어질 수 있다'는 인식을 지속적으로 유지해 나갈 필요가 있습니다.

나아가 '마음대로'의 철학을 바탕으로 자신이 좋아하는 것을 마음대로 할 수 있다는 것, 주변 사람들도 자신이 좋아하는 것을 마음대로 할 수 있다는 것, 서로가 참견하지 않는 것, 외부와의 왕래를 적극적으로 실천하는 것, 이와 같은 열린 커뮤니티가 필요하다는 것, 치코는 이러한 것을 가르쳐 주었습니다.

생활과 관계에 필요한 가용성

밖으로 열린 커뮤니티는 '가용성(可用性)'을 가지고 있습니다. 가용성은 익숙하지 않은 용어입니다. 언제든지 얻을 수 있는 성질이라는 뜻의 영어 단어 'availability'를 옮긴 것으로, 컴퓨터 업계에서 많이 사용하는 말입니다. 어느 컴퓨터의 시스템이 부분적으로는 고장이 많이 발생하지만, 그러한 고장의 영향을 최소한으로 만드는 구조가 잘 짜여 있거나, 다른 부분으로 대용할 수 있도록 만들어져 있다면, '가용성이 높은 시스템'이라고 할 수 있습니다. 오히려 완벽을 기해서 만든 정밀한 시스템이라도, 일부분에 문제가 발생해서 전체가 멈추어 버린다면, '가용성이 낮다'는 평을 받게 됩니다.

세계를 연결하는 네트워크인 인터넷은 본래 군사용으로 개발된 것으로, 일부가 끊어져도 통신이 우회해 연결될 수 있도록 설계되어 있습니다. 그렇기 때문에 인터넷은 매우 가용성이 높은 시스템입니다.

이와 같은 가용성의 개념은 우리의 생활에도 적용할 수 있습니다. 신쿠는 사이하테의 구호로 이러한 말을 했습니다. "전기, 가스, 수도, 정치, 경제가 멈추더라도 웃을 수 있다."

언뜻 들으면 기술이나 기존의 정치를 거부하는 쿨한 저항과 다르지 않게 느껴질 수도 있지만 사실은 그렇지 않습니다. "하나가 멈추더라도 다른 것으로 대용할 수 있다면, 생활은 유지됩니다."라고 신쿠는 설명합니다.

중앙 집중적인 생활은 중앙이 무너져 버리면 생활이 제대로 기능하지 못하게 되므로 가용성이 낮습니다. 분산된 생활은 어느 한 곳이 무너져도 전체는 기능할 수 있습니다. 그리고 무엇보다 중요한 지점은 바로 우리 사회에서의 가용성은 열린 관계성이어야 한다는 점입니다. 다시 말해 폐쇄적인 세계 속에서, 높은 동조 압력 속에서 형성된 관계는 쉽게 무너져 버립니다. 1970년대의 히피 코뮌을 보아도 알 수 있습니다. 그렇기 때문에 관계의 지속성을 위해 언제나 소통이 잘 되도록 창구를 마련해 외부와 언제든 연결될 수 있게 함으로써 가용성을 높여 가야 할 것입니다.

외부를 향해 열린 네트워크가 구축한 느슨함은 매우 강인한 모습을 가지고 있습니다. 그래서 간단히 무너지지 않습니다. 이것은 언뜻 보아도 폐쇄적인 관계로 보이는 남녀 두 사람의 인간관계, 부부 사이에도 적용해 볼 수 있습니다.

저는 부부 관계에 대해서 잡지나 웹 미디어의 인터뷰 의뢰를 받고 이야기를 나누어 본 경험이 있습니다. 이런 질문들을 자주 받았습니다. "서로 얼마나 사랑하시나요?", "서로의 어떤 점을 좋아하나요?", "부부 싸움은 하실 것 같지가 않은데요?"

때로는 "이상적인 부부시군요.", "완벽한 커플이시군요."라는 인사치레의 말을 들은 적도 있습니다. 그러나 이러한 질문들은 개인적으로 그다지 좋은 질문이 아니라고 생각합니다. 왜냐하면 이는 "부부란 서로 사랑하는 존재이다.", "결혼하고 나서도 계속 연애 관계를 유지하는 부부가 이상적이다", "두 사람만의 완벽한 세계를 만들고 있다."라는 고정 관념에서 출발하고 있기 때문입니다. 이러한 이상적인 모습을 실천하는 것처럼 보이는 부부를 찾아서 '이상적인 관계'라는 기사를 내보냅니다. 이에 의해서 "부부는 서로 사랑해야 한다.", "부부 두 사람만의 세계를 만들어야만 한다."라는 고정 관념이 더욱 증폭되고 확대되어 갑니다. 이러한 과정이 지난 수십 년 동안 일본 사회에서 계속되어 왔고, 이것이 오히려 부부 관계에 대한 억압으로 작용하고 있는 것은 아닌가 하는 생각이 듭니다.

결혼 생활의 비법

『야스이 가즈미가 있던 시대』라는 평전이 있습니다. 야스이 가즈미는 쇼와 시대를 풍미한 작사가로, 「위험한 두 사람」, 「나의 조카마치」, 「부탁해 애수」 등 많은 히트곡을 발표했습니다.

야스이는 1960년대부터 뉴욕이나 유럽으로 자주 외유를 떠났으며, 전설적인 아파트, 가와구치 아파트에 집을 마련하기도 했습니다. 가가 마리코(加賀まりこ), 고시노 준코(コシノジュンコ)와 친밀하게 교류하면서 자유로운 생활을 했습니다. 당시로서는 유일무이한 이탈리안 레스토랑, 이쿠라카타마치에 있는 '키안티'의 단골이었던 것으로도 유명합니다.

이 레스토랑은 예전에 일반인이 가게를 이용하는 것도 꺼릴 정도로 유명인 전용 레스토랑이었습니다. '키안티'는 지금도 여전히 영업 중인데요. 정말로 맛있는 요리를 제공해 주기 때문에 저는 이곳의 요리를 좋아합니다. 그러나 예전의 유명인 전용 레스토랑으로서의 위용은 시대와 함께 과거의 일이 되었으며, 지금은 요리를 음미하며 천천히 식사를 할 수 있는 조용하고 오래된 레스토랑이 되었습니다.

야스이는 '한없이 자유롭고 끝없이 분주했으며 위험하고 권태로운 매력에 빠진 여성'이었다고 합니다. 1977년에 여덟 살 연하인 뮤지션 가토 가즈히코(加藤和彦)와 재혼했는데요. 두 사람은 '일본 최고의 커플'이라고 불리며, 저녁 식사는 반드시 옷을 갈아입고 부부가 함께 식탁에 앉아 식사를 했습니다. 일 년에 두 번은 장기 휴가를 떠나 해외에 머무르며 생활했기 때문에 동경의 대상이었습니다. 야스이 가즈미의 취향도 점차 변해서, 거실에 놓여 있던 멋진 흰 목재로 만든 테이블은 코코 샤넬의 집에 있을 법한 화려한 테이블로 바뀌었으며, 몸에 걸치는 코트도 고급 브랜드 에르메스의 것이었습니다. 그리고 예전부터 함께 교류해 온 친구들과도 점점 소원해졌으며, 오직 남편을 중심으로 인생을 살게 되었습니다. 부부의 폐쇄된 관계에만 빠져 있었던 것입니다. 이러한 관계는 가토의 불륜을 계기로 깨지기 시작했습니다.

『야스이 가즈미가 있던 시대』에는 이렇게 기술되어 있습니다.

사랑해 주기를 바라는 순간, 인간은 자유를 포기하게 됩니다. 단지 한 남자의 마음이 다른 여자에게 옮겨 가 버린 순간에, 두 사람의 힘의 균형은 완전히 역전되어 그렇게 자유분방하던 사람조차 자신을 접고 남편의 낯빛을 살피기 시작하면서 위축되어 갔던 것입니다.

야스이의 책 대부분을 담당하고 사생활까지도 잘 알고 있던 편집자 야지마 사치코(矢島祥子)는 이 책에서 다음과 같이 회고합니다.

"완벽한 부부를 연기하는 것은 정말 어려운 일이었을 것입니다. 야스이 가즈미에게 가토 가즈히코와 헤어진다는 선택지가 있었다면, 훨씬 다른 인생을 살 수 있지 않았을까 하고 생각해 봅니다. 하지만 아마도 그것은 무리였겠지요."

가토는 아내인 야스이가 병으로 세상을 떠난 일 년 뒤에 재혼했습니다. 그의 재혼은 당시 주위 사람들로부터 많은 빈축을 사기도 했습니다. 당시의 시대 배경이 보수적이긴

하지만 사별한 지 일 년 뒤에 재혼하는 것은 그다지 질책을 받을 일이 아닙니다. 그러나 질책을 받았다는 것 자체가 가토와 야스이 부부가 이상적인 부부로서 많은 사람들로부터 크게 추앙받았다는 사실을 역설적으로 보여 주는 것이기도 합니다. 가토 본인도 이러한 큰 관심이 괴로웠을지 모릅니다.

부부 생활과 연애는 다릅니다. 연애를 출발점으로 부부가 되는 일이 지금은 일반적이어서, 부부는 곧 연애라고 보는 사람이 많지만, 예전에는 중매결혼이 대부분이었습니다. 이보다 더 오랜 시대의 유럽 귀족 계급이나 일본 무사 계급의 경우에는 정략결혼이 일반적이었습니다. 그러나 근대의 낭만주의 사조가 "멋진 연애를 해서 최종적으로 결혼에 이르러 성취한다."라는 연애 예찬론을 전개하면서 이러한 내용의 연애 소설이 크게 양산되었으며, 이를 통해서 환상적인 '이상적 부부'의 이미지가 고정되어 갔습니다. 이는 18세기 말의 유럽이라는 시대 속에서 인간의 자유를 찬미했다는 의미를 가지고 있었습니다. 현대에 들어와서는 한편으로 억압을 초래하기도 했다는 것은 부정할 수 없습니다.

연애 감정은 언제까지나 이어지는 것이 아닙니다. 초기의 열정이 식은 다음에 어떻게 부부 관계를 유지해 갈 것인가 하는 문제는 정말 난제 중의 난제입니다. 이를 인정하지 않고, "결혼하면 하루 종일 함께 있어야 한다. 취미도, 좋아하는 것도 같아야 좋다."라는 이상을 계속 추구한다면 결혼 생활은 감옥과 같은 것으로 여겨져서 결국 파탄에 이르고 말 것입니다.

오랫동안 지속되는 부부 관계를 유지하기 위해서는 서로 지나치게 의존하지 않는 것이 중요합니다. 일본인은 자칫 "거리가 가까우면 사이가 좋다. 거리를 두면 관계가 냉랭하다."라는 생각을 지나치게 하는 경향이 있습니다. 하지만 부부가 서로에게 지나치게 의존하면 노예처럼 복종하는 관계로 전락하기 쉽습니다. 이는 가정 폭력의 수많은 사례를 통해서도 밝혀진 사실입니다. 의존을 통해서는 상대에 대한 독립된 개체로 존중하려는 마음이 우러나지 않습니다. 적절한 거리감을 유지하면서 서로가 독립된 인간임을 인정하는 것이 '파탄에 이르지 않는 결혼 생활'을 지속하기 위해 필요한 것이 아닐까 하는 생각을 해 봅니다.

다시 말해서 상대는 자신의 소유물의 아니라, 자신이 모르는 열린 인간관계를 밖으로 펼칠 수 있는 존재라는 것을 인정하는 것부터 출발해야 합니다. 부부 관계도 '느슨할' 필요가 있는 것입니다. 이를 통해서 부부 관계도 언제나 신선한 공기를 받아들이고 환기하면서 지속할 수 있습니다.

공감을 소중히 여기는 '관계 혼'의 시대

이러한 변화는 결혼식 자체의 모습을 통해서도 찾아볼 수 있습니다. 결혼 정보지 《젝시》의 전 편집장인 이토 아야(伊藤綾)는 "요즘의 결혼식은 '관계 혼(婚)'입니다."라고 말합니다. 신랑 신부의 양가 부모님뿐만 아니라, 할아버지와 할머니, 친척인 양가 부모님의 형제자매, 그 밖의 친인척까지 참석해 모두가 손을 잡고 안아 주며 가족의 유대 관계를 확인합니다. 가족뿐만 아니라 결혼식장에 찾아와 준 친구나 동료들과의 관계도 서로 확인하게 됩니다. 신랑 신부 두 사람만 주인공이 아니고 결혼식에 참석한 모든 사람이 주인공입니다.

결혼식이 예전처럼 집 안에서가 아니라 호텔이나 전용 결혼식장에서 거행된 것은 1970년대에 들어와서부터입니다. 텔레비전이 보급되어 연예인의 결혼식이 텔레비전으로 중계되면서 웨딩드레스를 입는 서양식 결혼식을 동경하는 사람들이 늘어나기 시작했습니다.

1980년대에는 거품 경제의 분위기가 한껏 달아올랐던 시기이기도 해서 화려한 연예인의 대규모 결혼식이 텔레비전으로 더욱 많이 생중계되었습니다. 1985년, 마츠다 세이코(松田聖子)와 간다 마사키(神田正輝)의 메구로 살레지오 교회

에서의 결혼식은 열 시간에 걸쳐서 텔레비전으로 생중계되었으며, 평균 시청률이 34.9퍼센트나 나왔습니다. 그로부터이 년 후, 마츠다 세이코와 헤어져 실연에 빠졌던 고 히로미(鄕ひろみ)와 니타니 유리에(二谷友里惠)와의 결혼식은 시청률이 무려 47.6퍼센트를 기록했습니다. 지금으로서는 도저히믿기 어려운 시청률입니다. 거품 경제 최고조였던 1989년에는 이츠키 히로시(五木ひろし)와 가즈 유우코(和由布子)의 '5억엔 결혼식'이 화제가 되었습니다. 그 당시 이들의 결혼식에등장한 웨딩 케이크의 높이는 11미터나 되었으며, 일본 역사상 최고의 높이였습니다.

연예인의 화려한 결혼식의 영향을 받아 일반인들의 결혼식도 변하기 시작했습니다. 안개가 깔리면서 곤돌라를 탄신랑 신부가 결혼식장으로 내려오기도 하고, 하얀 마차를타고 가루이자와의 고원에 있는 교회로 가는 등, 형언할 수없이 거창한 연출이 대유행을 했습니다.

1990년대에 경기가 불황에 빠지자, 이러한 결혼식 풍경은 사라지고 '소박한 결혼'이라고 불리는 결혼식이 거행되었습니다. 이러한 결혼식의 상징은 1997년에 아무로 나미에(安室奈美惠)와 댄서인 SAM의 결혼식이었습니다. 기자 회견에서는 검정색의 시크한 터틀넥에 결혼반지만을 장착했으며, 결혼식은 올리지 않았던 것입니다. 호텔이나 결혼식장보다

편안하고 저렴하게 레스토랑에서 간단한 결혼식을 올리게
된 것도 이 무렵부터였습니다.

2010년대에 들어와서는 게스트 하우스에서 결혼식을
올리는 경우도 늘어나고 있습니다. 넓은 정원이 있는 저택풍
의 결혼식장에서 초록빛이 주변을 무성하게 감싸고 있고 창
도 크게 나 있는, 그래서 볕이 기분 좋게 드리운 밝은 실내에
서 아늑한 분위기의 결혼식을 올리는 것입니다. 이것이 바로
요즘 결혼식의 분위기를 대변해 주고 있습니다.

한편 미혼율은 높아지고 있습니다. 결혼을 하지 않는,
할 수 없는 사람이 늘어나고 있어서, 결혼을 한다는 것 자체
가 기적 같은 일이라고 여기는 경향까지 나타나고 있습니다.

더구나 미래에 대한 불안은 결혼을 해도 그다지 변하지
않습니다. 그렇기 때문에 결혼은 '가족으로서 앞으로 고난의
시대를 함께 살아가기 위한 출발 지점'이라는 의미로 그 의미
가 바뀌었다고 이토 아야는 설명합니다. 지금 세상에는 정말
다양한 일들이 일어나고 있습니다. 신랑 신부가 하객들에게
"여러분, 우리 힘내요. 저희들도 힘내겠습니다."라고 선언하
면서 결혼식장은 공감이 형성되는 공간으로 재탄생하는 것
입니다. 부부만의 관계가 아니라, "이곳에 함께 계신 여러분
모두를 사랑합니다."라는 생각을 모두 공유하는 것입니다.

'둘만의 것'에서 '지인들과 함께'로 변화하고 있다고 할

수 있습니다. 열린 관계의 중요성이 결혼식의 모습에도 반영되고 있는 것입니다.

의식주 모두 느긋하고 느슨하게

앞에서 소개한 셰어 하우스에서 열린 토크 이벤트 이야기를 이어 가겠습니다. 이벤트가 끝나고 질의응답 시간이 되자, 한 청년이 손을 들고 이러한 질문을 했습니다.

"저는 지금까지 셰어 하우스에서 생활했지만, 정리를 잘 못하는 성격이어서 함께 거주하는 다른 사람에게 청소를 거의 맡기다시피 했습니다. 이것은 아니다 싶어서, 자립해 혼자 원룸 생활을 시작했습니다. 그런데 혼자 살다 보니 정리하지 않아도 나무라는 사람이 없어서, 더 엉망이 되는 느낌입니다. 어떻게 하면 이 문제를 해결할 수 있을까요?"

이 청년과 몇 마디 말을 나누어 보니, 성격이 밝고 분위기 메이커 역할을 할 수 있는 사람이라는 것을 알게 되었습니다. 그래서 저는 이렇게 조언해 주었습니다.

"혼자서 뭐든지 할 수 있어야 자립한 것은 아니라고 생각합니다. 사회 속에서 자신의 입장을 자각하고 역할을 다하는 것도 멋진 자립이라고 생각합니다. 자기가 잘 못하는 부분이 있다면 그 부분은 다른 사람을 통해서 보완받고, 대신에 자기가 할 수 있는 다른 부분으로 공헌하면 된다고 봅니다. 분위기 메이커 역할을 하면서 셰어 하우스의 분위기를 살릴 수 있다면, 그것도 훌륭한 공헌이라고 생각합니다."

열린 네트워크에서는 자기 혼자서 모든 것을 완결 지을 필요가 없습니다. 혼자서 모든 것을 해결하는 자급자족적인 인생이 아니라, 언제나 네트워크와 끈을 놓지 않고 느긋하고 느슨한 '관계 속에 있는 인생'을 만들어 가는 것입니다.

전후 시대를 돌이켜 보면 이러한 관계성은 지금까지 크게 변화를 거듭해 왔습니다. 저항 문화는 서로 연결되는 것보다도 저항하여 아웃사이더로 탈출하는 것을 쿨하다고 생각했습니다. '밖으로, 밖으로' 향해 있었던 것이지요. 이러한 바람이 많은 사람들의 마음을 자극했던 것입니다. 이는 대중 문화의 '부자가 되고 싶다', '성공하고 싶다'는 '위로, 위로' 향하는 바람과 하나가 되어, 우리의 전후 사회를 구성하고 있었다고 할 수 있습니다. 중앙으로 향하는 중앙 집중적인 인력(引力)과 외부로 향하는 쿨한 저항의 인력이 존재해서 사회는 그 자리에 멈춰 서 있었던 것입니다.

그러나 근대가 끝난 지금은 '위로, 위로' 향하는 것이 대부분 실현 불가능한 환상의 꿈처럼 변했습니다. 그것의 가용성이 아주 낮습니다. '내부의 견고함'이 붕괴하면 '밖으로, 밖으로'의 유용성도 빛을 잃어 갑니다.

다시 말해서 '위로, 위로' 향하는 중앙 집중적인 지향과 '밖으로, 밖으로' 향하는 쿨한 저항에 대한 지향은 언뜻 보아 서로 전혀 다른 방향으로 보이지만, 실은 전후 사회라는 안정적인 시스템에 기반을 두고 있던 한 몸의 존재였다고 할 수 있을 것입니다.

그러나 이제 이러한 것들은 모두 더 이상 유효하지 않습니다. 새로운 21세기의 시대 상황에서 새로운 네트워크의 중요성이 더 커졌으며, 굳이 표현하자면 '옆으로, 옆으로' 향하는 그물망처럼 인간관계를 확대해 가는 방향성이 요구되고 있습니다. 이것이 새로운 주거, 새로운 공동체, 새로운 도시의 모습에 대한 전망인 것입니다.

앞으로 도시와 주거에 있어서는 다시 공동체에 대한 감각이 부활할 것입니다. 집이라는 것이 확장되어 거리와 도시로 이어져 갑니다. 그리고 여기에 안과 밖을 구분하지 않는 개방된 공동체를 만들어 가려는 움직임이 일고 있습니다. 지금 우리가 사는 사회는 이러한 출발선에 서 있는 것일지도 모릅니다.

우리 자신은 소유하는 물건을 줄이고, 쾌적하고 활동하기에 좋은 옷을 몸에 두르고, 가벼운 몸가짐으로 이동하면서 살아가게 됩니다. 건강한 식생활과 이를 통해 만들어지고 가꾸어지는 이야기를 함께 공유합니다.

　이제 더 이상 패션은 외부의 적과 대치하기 위한 '무장'이 아니고, 주거는 '요새'가 아니며, 식생활은 거품처럼 덧없는 보여 주기나 원리주의가 아닙니다. 무장을 풀고, 요새를 열어젖히고, 보여 주기나 원리주의를 버리고, 우리는 동료들이 기다리고 있는 거리로 발길을 옮기면 됩니다.

　이제 의식주 모두 변하고 있습니다. 사람들에게서 벗어나려는 '쿨한 저항'이 아니라, 사람들과 다시 이어지기 위한 새로운 수단으로 재구성되는 시점에 와 있는 것입니다.

제 4 장

모든 것은
공동체로 향한다

우리 생활을
움직이는 '장'

'위로, 위로' 향하는 중앙 집중적인 출세 지향과, '밖으로, 밖으로' 향하는 쿨한 저항은 모두 더 이상 유효하지 않습니다. 우리의 생활은 '옆으로, 옆으로' 이어지며, 밖으로 열린 네트워크를 통해 '느긋함과 느슨함'을 실현해 가고 있습니다. 이와 같은 세계가 구체화될 때, 우리와 기업, 조직과의 관계는 어떠한 모습을 갖추게 될까요?

여기서 한 가지 관점을 추가해 살펴보고자 합니다. 바로 정보 통신 기술의 관점입니다. 여기에는 두 가지 중요한 지점이 있습니다.

첫 번째 새로운 기술은 우리가 맨몸으로 세계에 직접 접속해 있는 듯한 미니멀리즘적 감각을 가져다줄 것이라는 점입니다. 두 번째, 새로운 기술은 공동체를 지탱하는 장치로 진화해 갈 것이라는 점입니다.

'쿨한 저항'의 입장에서는 기술에 대해 중앙 집중적인 억압을 가하는 정부가 국민을 감시하는 도구로 이용하고 있다는 음모론 시각으로 보아 왔습니다. 더 나아가, 자본주의화된 세계에서는 행복을 찾을 수 없으므로, 에도 시대 같은 공동체 세계로 되돌아가는 것이 낫다고 주장하는 사람들도 있습니다.

그러나 지금 진행되는 기술의 진화는 이러한 케케묵은 음모론과는 아주 다른 양상을 보여 주기 시작했습니다. 저는 이러한 변화를 2013년에 발표한 『레이어화하는 세계』라는 책에서 자세히 설명했습니다. 아주 간략하게 설명하면, 21세기에 들어와 더욱 가속화하는 정보 통신 기술 혁명에 의해 기업은 많은 종업원을 고용할 필요가 없어졌으며, 기업이 성장해도 부(富)는 전 세계 각지로 흩어져 기업이 속한 모국을 풍요롭게 해 주지 않는 상황을 만들고 있습니다.

20세기의 대량 생산 시스템은 거대 기업들이 많은 사람들을 고용해 대량으로 물건을 만들어 팔았으며, 수익이 늘어날수록 사람들의 급여는 올랐습니다. 그리고 그 급여로 사람들은 다시 물건을 구입했으며 생활도 청결해지고 풍요로워지는 순환을 만들어 냈습니다. 그러나 21세기의 거대 기업들은 이처럼 사람들을 구조적으로 에워싸듯이 포섭하여 영향력을 행사하지 않습니다. 반면에 21세기의 기업들은 '플랫폼'이라는 기반을 몇 억 명이나 되는 사람들에게 제공하면서 국경을 넘나들며 활동하고 있습니다. 예를 들어 페이스북, 애플, 아마존, 나아가서 신흥 숙박 공유 서비스인 에어비앤비, 혹은 차량 공유 서비스인 우버 등의 기업을 떠올려 보면 이해에 도움이 될 것입니다. 이러한 기업들은 소수 정예의 인원들로 운영됩니다. 그러나 막대한 자금을 조달할 수 있는 능력을 가지고 있고, 전 세계에 서비스를 제공하며, 전 세계 사람들에게 일과 오락, 인간관계의 기반을 제공하고 있습니다.

저는 『레이어화하는 세계』에서 이와 같은 기반을 '장(場)'이라고 표현했습니다. '장'은 사람들을 에워싸듯이 위에서부터 지배하는 것이 아니라, 아래로부터 지탱해 주면서 지배하는 것입니다. 수직으로 지배하는 것이 아니라, 수평으로 지배하는 것이라고 할 수 있습니다.

이 '장'이 우리 생활에 어떠한 영향을 주고, 또 어떻게 우리의 공동체를 뒷받침해 주게 될까요? 그 가능성에 대해 지금부터 설명해 보겠습니다.

중첩되는 인터넷과 현실

기업과 우리 사이의 접점이 크게 변화하고 있습니다. 상가에 있는 상점과 우리의 접점은 상점이라고 부르는 현실 속의 사실적 공간이었습니다. 생선 가게 주인이 걸쭉한 목소리로 "오늘은 광어가 저렴하고 좋아요."라고 노래하듯 외치고, 스태프가 빙그레 미소를 지어 보내는 분위기가 좋은 카페 같은 현실적인 장소입니다. 텔레비전이나 잡지의 광고에서도 접점을 찾을 수 있지만, 상품이나 서비스를 자신의 눈으로 직접 보고 돈을 지불하는 것은 현실의 공간에서만 가능했습니다.

그런데 인터넷이 보급됨에 따라 우리와 상점의 접점은 매우 복잡하게 변했습니다. 인터넷 기업에서 물건을 구입하는 것이 당연하게 여겨졌고, 이와 같은 흐름을 타고 오이식스 같은 회사도 성장해 왔습니다. 소비자들도 인터넷과 현실 세계의 상점, 양쪽을 다 이용하게 되었습니다. 예를 들어 오븐레인지를 사고 싶으면, 먼저 실물을 팔고 있는 가전 제품 판매점에 가서 물건의 실물을 보고 만져 보면서 확인합니다. 그러나 그 상점에서 물건을 구입하지는 않고 인터넷 쇼핑몰에서 더 저렴한 곳을 찾아 주문합니다. 이러한 주문 방식을 현실 속 실제 상점을 쇼룸의 대용으로 삼는다는 의미에서

쇼루밍이라고 합니다. 이러한 주문 방식이 빈번해질수록 현실 세계의 상점들은 이를 참고 지켜보지만은 않을 것입니다. 특히 의류는 직접 입어 보고 사이즈를 확인할 필요가 있으므로, 쇼루밍이 많아질수록 수익 면에서 매우 곤란한 상황에 처하게 될 것입니다.

그래서 이를 타개하기 위해 현실 세계의 판매점들도 인터넷에 관심을 갖고 힘을 쏟기 시작했습니다. 그리고 스마트폰이 보급됨에 따라 O2O라는 용어까지 등장했습니다. 이 용어는 '온라인에서 오프라인으로'라는 의미인데요. 예를 들어 인터넷에서 할인 쿠폰을 발행해서 고객이 이 쿠폰을 가지고 직접 판매점으로 오도록 유도하거나, 각각의 판매점에서 재고 정보를 사이트에서 확인할 수 있도록 하는 등의 방식을 말합니다. 스마트폰의 애플리케이션을 이용해 택시를 부를 수 있도록 하는 것도 O2O 방식의 하나입니다. 애플 스토어에서는 전용 스마트폰 애플리케이션으로 현실 세계의 판매점에서 결제할 수 있도록 하는 장치까지 마련해 두었습니다. 이 역시 O2O 방식입니다.

이처럼 기업이나 상점과 우리 사이의 접점은 인터넷과 현실 세계에서 서로 중첩되어 있어 이전보다도 훨씬 복잡하게 변하고 있음을 알 수 있습니다. 소비자들의 입장에서는 무엇인가를 구입할 때에 정말 복잡한 과정을 거치고 있는 것이지요.

예를 들어 스마트폰을 구입하려면, 먼저 인터넷에서 여러 다양한 기사를 이리저리 뒤지며 읽어 보고 자신에게 맞는 모델을 찾습니다. 페이스북이나 트위터에서 "어떤 것을 사면 좋을까?"라고 친구에게 물어봅니다. 이후 실제로 스마트폰 판매점에 가서 실물을 찾아보고, 마지막에는 인터넷 쇼핑몰에서 구입합니다. 이렇게 구입한 스마트폰을 사진으로 찍어서 페이스북으로 모두에게 보여 줍니다. 이러한 과정을 우리는 아주 일상적으로 반복하고 있습니다. 그러나 인터넷이 없었던 시절에는 정보가 적었기 때문에 원하는 물품을 판매하는 상점에 가서 판매원과 상담을 하고 그 자리에서 구입했으며, 그다음에는 주위 친구나 동료에게 보여 줄 뿐, 사진을 찍거나 하는 일은 없었습니다. 구입 과정이 아주 간단했던 것입니다.

그런데 이제 인터넷의 보급으로 이처럼 복잡한 과정을 상점도 소비자도 자연스럽게 소화하고 있습니다. 더구나 정보의 양이 압도적으로 많아지고 있기 때문에 시장 경쟁도 더 치열해지고 있습니다.

이러한 시대를 맞이해서 기술과 우리가 서로 어떻게 좋은 관계를 만들어 갈지가 커다란 과제로 떠오르고 있습니다. 그러면 이 장의 첫머리에서 제시했던 두 가지의 관점에 대해 이야기를 이어 가도록 하겠습니다.

디지털 네이처에 속하는 미래

먼저, 첫 번째로 새로운 기술은 우리가 맨몸으로 세계에 직접 접속해 있는 듯한 미니멀한 감각을 가져다줄 것이라는 점입니다. 이는 바꾸어 말하면 우리가 어떻게 의식하지 않고 인터넷을 자유자재로 구사할 것인가 하는 것이기도 합니다. 예를 들어 일본의 가전제품 회사의 제품 디자인은 형편없는 것이 많아서, 쓸데없이 버튼이 많거나 메뉴가 복잡하기도 하고, 아이콘의 의미가 불분명하거나 조작을 할 때마다 취급 설명서를 확인해야 하는 경우가 적지 않습니다. 직관적으로 이해할 수 없는 것이 대부분입니다.

이와 같은 성가신 사양들을 배제하고 어떻게 하면 직관적으로 '느긋하고 느슨하게' 사용할 수 있을까? 보기에도 좋고 조작 방식도 단순하고 미니멀하게 만들 수 있을까?

이를 위한 시도의 선구적인 예로 아마존의 원클릭 구입 방식이 있습니다. 지금은 너무나 당연한 것이 되어 버렸기 때문에 원클릭이 얼마나 선진적인 것이었는지 대부분의 사람들은 이미 잊어버렸을지도 모르겠습니다. 그러나 등장 당시에는 매우 혁신적인 방식이었습니다. 상품 구입 페이지에서 '장바구니에 넣기'를 클릭하고, 장바구니를 확인한 다음, '구입'을 클릭하고, 신용카드 번호를 입력하고 주소와 이름도 확인하고…… 이렇듯 많은 절차가 필요했던 인터넷 판매업계에서 한 번만 클릭하면 물건을 구입할 수 있게 된 것입니다.

아마존은 특허까지 받은 이 원클릭 구입 기능과 자신이 원하는 것을 상당히 정확하게 표시해 주는 추천 기능, 이 두 가지 기능을 매우 편리하게 만들어 놓아서, 이를 통해 인터넷 판매의 생태계를 만드는 데에 큰 공헌을 했다고 해도 과언이 아닐 것입니다.

최근의 인터넷 미디어 사이트도 마찬가지입니다. 얼마 전까지는 인터넷에서 기사를 읽을 때 쓸데없이 페이지를 여러 번 넘기도록 되어 있어서, 몇 번이나 '다음 페이지' 버튼을 클릭해야 다음 페이지로 넘어갈 수 있거나, 상하좌우에 성가신 광고가 표시되어서 화면이 어지러웠습니다. 하지만 이러한 이용 환경을 가진 인터넷 미디어는 독자가 떠나가 버리므로, 지금은 미국이나 일본에서도 훨씬 안정된 환경의 인터넷 미디어가 늘어나고 있습니다. 광고 표시도 없고 '다음 페이지' 버튼도 없어서, 오직 스크롤을 움직이는 것만으로 모든 기사를 편하게 읽을 수 있습니다. 스마트폰의 작은 화면에서도 일그러짐 없이, 기사를 읽는 데에만 집중할 수 있는 디자인이 점점 주류를 차지하고 있습니다.

웹의 세계에는 UX와 UI라는 용어가 있습니다. UX는 이용자의 경험(user experience)을 뜻하는 말입니다. UI는 이용자 인터페이스(user interface)라는 말로 사용하는 사람의 조작 방법을 의미합니다. 예를 들어 스마트폰을 사용할 때에 터치스크린 위에 손가락을 쓸어서 작동하는 스와이프 방식, 손가락을 오므리거나 펴서 조작하는 방식 등 조작 방법을 UI라고 합니다.

설명을 좀 더 알기 쉽게 하기 위해 '요리를 먹는다'는 행위를 통해 생각해 보겠습니다. UI에 해당하는 것은 접시나 스푼이나 포크, 젓가락과 같은 도구입니다.

UX는 경험이라는 단어를 사용하고 있듯이, UI의 조작을 통해 사용자가 얻을 수 있는 주관적, 총체적인 느낌을 말합니다. 나이프와 포크와 접시를 사용해 식사를 하던 서구 사람이 동양의 젓가락을 처음으로 사용했다고 가정해 봅시다. 처음에는 익숙하지 않아서 사용하기가 어렵지만 어느 날 방법을 터득하고 나면, "뭐야, 나이프나 포크보다 훨씬 기능적이고 사용하기 편리하잖아!"라며 감동할 것입니다. 이러한 사용자의 주관이 UX입니다. 다시 말해서 컴퓨터의 경우라면, 태블릿 PC를 사용하면서 "일반 컴퓨터에 비해 훨씬 직관적이어서 이해하기 쉽구나." 하고 느끼는 것이 바로

UX입니다. 즉 정교하게 사용하기 쉽게 만들어진 UI가 있어서, 멋진 UX가 탄생합니다.

앞으로 기업들이 노력을 기울여야 하는 부분은 UI와 UX를 어떻게 향상시킬 것인가 하는 점입니다. 이에 따라서 우리는 인터넷을 한층 마음 편하게 성가신 것을 배제하고 느긋하고 느슨하게 이용할 수 있을 것입니다.

앞으로는 인터넷의 세계와 우리가 살아가는 이 현실 공간이 더욱더 융합해 갈 것입니다. 그곳에서는 디지털의 인터넷 공간이 주도하게 될 것인가? 그렇지 않으면 리얼한 현실 공간이 주도하게 될 것인가? 예리한 미디어 아티스트로서 최근 매우 주목받고 있는 오치아이 요이치(落合陽一)는 그 어느 쪽도 아니라고 주장하면서, 인터넷 공간도 리얼한 현실 공간도 모두 융합된 새로운 '디지털 네이처'라는 공간이 탄생해, 인간도 기계도 모두 그곳에 속하게 될 것이라는 미래상을 제시했습니다.

예를 들자면 "음악 CD는 인간의 가청대역으로만 짜 맞추어 그 외의 음을 제거했기 때문에, 아무것도 제거하지 않은 아날로그 레코드보다도 질이 낮아! 그렇기 때문에 디지털은 역시 기대할 것이 없어."라고 판단하는 고정 관념에 사로잡힌 기술 비판적 의견이 있습니다. 그러나 오치아이는 이에 대해 이렇게 반박했습니다.

"디지털이 아날로그보다 한 수 아래에 있다고 보는 사고방식이 벌써 잘못되어 있습니다. 디지털은 아날로그를 넘어섰습니다. 디지털은 이제 인간의 가청대역을 훨씬 뛰어넘는 음역대의 소리까지도 수록할 수 있게 되었으며, 이러한 디지털 네이처의 음역대 세계에서는 인간이 들을 수 있는 범위는 그리 중요한 것이 아닙니다. 그러한 세계가 이미 실현되고 있는 것입니다."

인간의 세계를 넘어선 디지털 네이처는 이미 기술적으로 가능한 단계에 이르렀습니다. 디지털 네이처가 전 세계를 뒤덮을 시대는 결국 언젠가 도래할 것입니다.

생각날 때 버튼 하나로

그렇게까지 선구적인 미래로 가지 않아도, 지금과 같은 웹 화면에서 클릭하거나 탭을 해서 '장바구니'에 넣고, 마지막으로 결제하는 UI는 얼마 지나지 않아 쇠퇴할 것으로 보입니다. 더욱 실생활에 밀접하게 연결되어, 예를 들면 현실 세계의 상점이나 시장 등과 제휴한 새로운 UI가 등장할 것입니다.

지금의 웹의 UI는 대면형(對面型)입니다. 컴퓨터, 스마트폰, 태블릿 PC 모두 화면과 인간이 서로 마주보고 있습니다. 하지만 역사를 되돌아보면, 인간과 도구가 같은 방향을 바라보는 경우가 어찌 보면 주류였습니다. 삽, 괭이, 연필, 스푼, 포크, 젓가락, 구두, 화살, 활, 칼 모두 같은 방향이거든요. 물론 아날로그면서 대면형인 것도 있었습니다. 나침반, 자, 주판 등이 그렇습니다. 이것들이 왜 대면형인가 하면, 간단히 말하자면 표시 부분이 있기 때문입니다. 나침반으로 방위를 읽을 수 있고, 자의 눈금으로 길이를 잴 수 있으며, 주판으로 덧셈의 답을 확인할 수 있습니다. 하지만 이렇게 표시 부분을 보면서 조작하는 기계는 인간의 신체와 일체화되기가 어렵습니다. 항상 자신과는 떨어진 곳에 두고 눈으로 확인해야 하기 때문입니다.

컴퓨터나 스마트폰도 그러한 의미에서 대면형이지만, 좀 더 인간의 신체와 협력하게 되면 얼마 지나지 않아 삽이나 젓가락과 마찬가지로 동방향형(同方向型)으로 이행할 것이라는 의견도 나옵니다. 실제로 최근에는 직접 몸에 걸칠 수 있는 디바이스들도 발매되기 시작했으며, 안경 형태의 디바이스는 동방향형이기도 합니다. 이것이 오히려 인간에게는 자연스럽습니다.

애니메이션 영화감독인 미야자키 하야오(宮崎駿)는 태블릿 기기에 대해서 이러한 발언을 한 적이 있습니다.

"당신이 손에 들고 있는, 그 게임기 같은 것을 묘한 손놀림으로 어루만지는 동작이 좀 기분 나쁘기도 하지만 그렇다고 내게 어떠한 관심이나 감동을 불러오지는 않습니다. 혐오감 정도는 있습니다. 시간이 지나면 전철 안에서 그 묘한 손놀림으로 자위행위를 하듯이 어루만지는 인간이 늘어나겠지요. 전철 안이 만화를 읽는 사람투성이였던 때에도 휴대폰투성이가 되었을 때에도 진절머리를 쳤던 적이 있습니다." (소책자《넷푸》, 2010년 7월호)

몇 십 년 뒤의 미래 사람들이 2010년대의 거리 풍경을 보면 분명 아주 이상하게 여길 것입니다. "이 사람들은 무슨 부적을 보고 있는 걸까요? 종교적인 의식 같은 건가요?" 아마도 그 시대에는 액정을 보면서 손가락으로 조작하는 대면형 기계가 쇠퇴해 있지 않을까 하는 생각이 듭니다.

인터넷 쇼핑 방식도 변해 있을 것입니다. 컴퓨터나 스마트폰을 사용해 주문하는 것이 아닌 분명 다른 형태로 변화해 있을 것입니다.

이미 현실화되어 있는 것을 예로 들어 보면 아마존의 '대시'라는 제품이 있습니다. 음성 인식과 바코드 리더를 내장한 스틱 모양의 기기입니다. 스틱의 한쪽에는 고리가 달려 있어서 부엌 같은 곳에 걸어 놓을 수 있습니다. 주방 세제를

다 썼다면 대시를 이용해 주방 세제 용기의 바코드를 읽습니다. '삐' 소리가 나면, 무선 인터넷을 통해 아마존에 데이터를 보내 쇼핑 목록에 같은 상품을 추가해 주는 구조입니다.

바코드가 없어도 대시를 향해 '탄산수'라고 말하면, 음성 인식으로 쇼핑 목록에 탄산수 상품을 올려 줍니다. 그리고 시간이 날 때 모두 한꺼번에 정리해 주문하면 상품이 택배로 배달되어 옵니다. 아마존은 지금 미국에서 '아마존 프레시'라는 신선 식품 택배 서비스도 실시하고 있어서 사과나 육류도 전용 팩에 담아서 배달해 주고 있습니다.

이후 아마존은 대시를 더욱 간소화한 '대시 버튼'이라는 기기도 발표했습니다. 스틱 모양이었던 대시를 작은 단추크기로 만든 것입니다.

대시 버튼을 설명하는 아마존의 동영상을 살펴보면, 세탁기의 조작 패널 주변에 세탁 세제 '타이드'의 로고가 프린트된 작은 버튼이 자석으로 있습니다. 이 버튼을 톡 하고 누르면, 아마존의 쇼핑 목록에 늘 사용하는 타이드의 세제 상품이 자동으로 들어가게 됩니다. 아주 단순하면서 미니멀합니다.

대시 버튼은 용도를 이것저것 궁리해 보면, 생활 공간의 다양한 장소에서 더 많이 활용될 가능성이 매우 높습니다. 예를 들어 잡지 꽂이에 《뉴스위크》 대시 버튼을 붙여 놓고 버튼을 누르기만 하면 최신호를 손에 넣을 수 있는 것입니다.

그럴 바에는 아예 자동적인 정기 구독을 신청하는 편이 낫지 않느냐고 생각하는 사람도 있을 것입니다. 하지만 그것이 의외로 성가실 때가 있습니다. 여행이나 출장 중일 때에 우편으로 집에 잡지가 도착하면 곤란하기도 하고, 세제나 쓰레기봉투 같은 일상적인 소모품은 구입 시기가 늘 일정하지는 않습니다. 방을 대청소한 경우 쓰레기봉투가 많이 필요할 것이고, 오랜 출장으로 외출했다면 주방 세제나 세탁 세제는 크게 줄어들지 않습니다. 정기 배송을 하면 배송 시기에 자신의 생활 패턴을 맞추어야 하기 때문에 왠지 본말이 전도되는 느낌을 받습니다. '기계에 조종당하는' 느낌도 있습니다.

대시 버튼을 사용하면 정기 배송처럼 아무 때나 배송될 우려는 없습니다. 어디까지나 고객이 '자신의 의사로' 구입을 판단한 이후, 고객이 판단을 내린 바로 그 즉시 매우 간단한 방법으로 구입할 수 있도록 해 줍니다. 이것이야말로 이상적인 인터넷 판매 기업의 모습일지도 모르겠습니다.

마법 같은 기술 속에서

미래의 웹이나 인터넷 판매가 어떠한 형상으로 변모할 것인지 아직 분명하게 드러나 있지는 않습니다. 지금 가상 현실이나 증강 현실 등 새로운 기술적 시각도 등장하고 있습니다. 또한 직접 몸에 걸치는 웨어러블 기기에 이어서, 인체를 개조해 초소형 기기를 심는 '임플란트' 기술이 도래할 것이라고도 합니다. 2016년에는 증강 현실을 이용한 '포켓몬 GO'라는 스마트폰 게임이 유행했습니다. 이러한 게임은 멀지 않은 미래에 구글 글라스 등의 전자 안경, 나아가 전자화된 콘택트렌즈, 더 나아가 전자화된 우리의 망막 그 자체에서 즐기는 방향으로 진화해 갈 것입니다.

이와 같은 미래적 신체 감각으로 확실하게 말할 수 있는 것은 미래에는 인터넷이 마치 공기로 호흡을 하는 것처럼 아주 자연스럽게 스며들어 있을 것이라는 점입니다.

단순하고 미니멀한 디자인이 궁극적으로 진화하면 기기나 인터넷 서비스와 '마주하고 있다'는 감각마저도 사라질 것입니다. 삽, 포크, 활, 화살처럼 인간과 기계가 같은 방향을 함께 바라보고, 기계는 바로 옆에서 인간을 도와주는 '함께 달리는 존재'의 역할을 하게 될 것입니다.

중개하는 도구를 의식하지 않고도, 자신의 이용 목적

과 콘텐츠를 직접 마주하면서 편한 마음으로 눈앞의 것에 집중할 수 있습니다. 이러한 디자인과 기술을 비롯한 미니멀한 것들은 우리와 인터넷 사이의 울타리를 제거해서 우리를 직접 인터넷에 접속시켜 줍니다.

얼마 전까지는 정보 통신 기술이라고 하면, 스마트폰, 컴퓨터, 음악 플레이어, 디지털 카메라 같은 많은 전자 기기의 집합이라는 이미지가 있었습니다. 그리고 '인터넷을 잘 안다'고 하면, 이러한 전자 기기를 쓸데없이 많이 가방에 넣고 다니는 사람이라는 인상을 주었습니다.

그런데 기술이 발달하면서 이러한 간단한 장치들은 도태되어 갑니다. '존재가 사라진다'는 것이 아니라 함께 달리는 존재로 변모해 가는 것이며, 이윽고 그 존재도 의식되지 않아 '존재가 보이지 않게 되는' 것입니다. 그와 동시에 인터페이스도 '사라지는' 것이 아니라 '무의식'이 됩니다.

『2001 스페이스 오디세이』의 작가로 잘 알려진 아서 C. 클라크는 1960년에 명언을 남겼습니다. "충분히 발달한 과학 기술은 마법과 구별할 수 없다."

1960년 당시에 살던 사람이 현대의 스마트폰을 보면 마법처럼 보일 것입니다. 같은 미래의 기술을 살짝 엿볼 수 있다면, 지금의 우리에게는 그것 역시 마법처럼 보일 것입니다.

의식해서 조작하는 것이 아니라, 거의 무의식적으로 마

치 피부 감각처럼 인터넷을 조작하는 것입니다. 이는 앞의 장에서 소개한 미니멀리스트가 물건의 소유를 최소화하는 것과 같은 방향으로의 변화입니다.

이와 같은 기술의 진화는 우리를 알몸 상태로, 맨발 상태로 만들어 갑니다. 언뜻 보면 마치 원시생활처럼 보이지만, 한계까지 발달한 마법과 같은 기술에 의해서 이러한 생활이 유지될 수 있습니다.

기술이 진화할수록 물건은 줄어들며, 우리의 생활은 외견상으로는 미니멀하게 변모해 갑니다. 이러한 시대의 서막이 서서히 열리고 있습니다.

인공 지능에 의한 빅데이터 분석

이어서 기술과 생활의 관계를 전망하기 위한 두 번째 관점을 살펴보겠습니다. 기술은 공동체를 지탱하는 장치로 진화해 간다는 것을 설명하고자 합니다. 지금의 상황을 보면 이 관점은 왠지 모순되는 듯 보일 것입니다.

예전부터 인터넷에 반감을 가지고 있던 사람들은 지속적으로 "인터넷은 사람을 고독하게 만든다."라는 주장을 펼쳐 왔습니다. 인터넷을 시각적으로 형상화한 이미지는 대개

"조명을 낮춘 어둡고 난잡한 방 안에서 건강해 보이지 않는 젊은이가 창백한 액정 모니터에 달라붙어서 키보드를 타닥타닥 치고 있다."라는 이미지가 선입견으로 들어 있습니다.

이런 이미지가 극단적이긴 합니다. 실제로 인터넷 기술은 개인에게 최적화되는 방향으로 나아가고 있는 것으로 보입니다.

개인화된 기술은 확실히 정보가 넘쳐나는 가운데 정확하게 자신이 원하는 것을 찾아내도록 해 주고 있습니다. 그런데 왜 이것이 고독을 향해서 가는 것이 아니라, 공동체로 연결되어 가는 것이라고 할 수 있을까요? 우회적으로 설명해 보겠습니다.

개인화를 진화시키는 것은 인공 지능에 의한 빅 데이터 분석 기술입니다. 빅 데이터는 말 그대로 '방대한 데이터'를 말합니다. 아마존, 라쿠텐, 페이스북, 구글 같은 거대한 인터넷 기업에는 사람들이 어떤 물건을 구입하고, 어떤 메일을 주고받으며, 어떤 사람들이 인간관계로 이어져 있는지, 오늘은 어떤 식사를 하고 어디에 다녀왔는지와 같은 데이터가 무한하다고 해도 과언이 아닐 정도로 많이 쌓여 있습니다. 이전에는 이러한 데이터를 어지러이 뒤섞여 있는 잡동사니로만 보았고 의미도 그다지 없다고 여겼습니다. 그러나 최근 십 년 동안 컴퓨터의 처리 속도 향상과 인공 지능의 진화로, 잡동사니 같았던 이러한 데이터들도 엄청난 속도로 분석할 수 있게 되었습니다. 빅 데이터를 분석함으로써, "이러한 행동을 한 사람은 다음에는 어떠한 행동을 할 것인가?", "이러한 행동을 한 사람은 전 세계에 얼마나 있을까?" 같은 내용을 순식간에 분석할 수 있게 되었습니다.

구글은 메일, 일정, 지도 등 다양한 서비스를 무료로 제공하고 있으며, 전 세계 사람들이 이를 마음껏 이용하고 있습니다. 이러한 서비스가 모두 무료인 이유는 이용자가 어떠한 데이터를 어떻게 사용하고 있는지 구글 측이 수집할 수 있기 때문입니다.

이는 페이스북이나 트위터 등 SNS도 마찬가지입니다. 무료로 서비스를 제공하는 대신에 기업은 데이터를 수집하는 것입니다. 이전에 더글러스 러시코프라는 저널리스트는 이러한 관계를 멋지게 표현한 적이 있습니다. "당신은 페이스북의 고객이 아니다. 상품이다."

페이스북은 광고로 수익을 올리기 때문에 이들에게 고객은 페이스북의 이용자가 아니라, 광고를 내주는 광고주인 것입니다. 그리고 광고주의 광고 효과를 올리기 위해 이용자의 데이터를 활용합니다. 그래서 '상품'이라는 것이지요.

하지만 일방적으로 데이터를 수집당하는 것만으로는 우리에게 아무런 이득도 없습니다. 그래서 페이스북, 구글은 우리에게 사용하기 편리한 서비스를 무료로 제공하고, 그 서비스의 질을 날마다 향상시키고 있는 것입니다.

구글은 사전에 우리의 행동을 데이터를 통해 읽어 내고, 여기에 적절한 도움을 주고 있습니다. 예를 들어서 오늘 정오부터 친구들과 점심 식사 약속을 잡아 놓았고, 그 후에 오후 4시 비행기로 하네다 공항을 출발해 출장지인 후쿠오카로 향해야 한다고 가정해 봅시다. 당신은 시부야 역 근처의 레스토랑에서 친구들을 만나 점심 식사를 하고 있습니다. 오후 2시 무렵이 되면 구글이 당신에게 알려 줍니다.

"늦어도 2시경에는 레스토랑을 나서야 비행기 시간에 맞출 수 있습니다. 탑승 수속 시간을 고려해서 3시 조금 넘어서는 공항에 도착해야 합니다."

구글에서는 이러한 개인 비서 역할을 상당히 정확하게 수행할 수 있게 되었습니다. 그래서 사람들이 처해 있는 다양한 상황이나 사정, 맥락을 읽어 내고 있다는 의미에서 이러한 기술을 콘텍스트 컴퓨팅이라고 부릅니다. 또한 지금처럼 굳이 검색 엔진에 글자를 입력하지 않더라도, 컴퓨터가 사람들의 상황을 정확하게 파악해 인식하고 있다는 의미에서 인지 컴퓨팅이라고도 부르고 있습니다.

빅 데이터의 가능성

여기서 식재료를 인터넷으로 판매하고 있는 오이식스를 다시 한번 등장시키겠습니다. 등장할 인물은 오이식스의 마케팅의 책임자로 근무하고 있는 니시이 도시야스(西井敏恭) 씨입니다.

니시이 씨는 이전에 화장품 회사인 닥터 시라보에서 일한 적이 있습니다. 이직 후 오이식스에서 일하게 되면서, 채소와 화장품 사이에 결정적인 차이가 있다는 것을 깨달았습니다.

화장품과 달리 채소는 증산을 할 수 없습니다. 화장품은 공산품이기 때문에, 제품이 인기를 끌면 원재료를 다량으로 발주해 얼마든지 생산을 늘릴 수 있습니다. 소규모 인터넷 판매 기업에서는 히트 상품을 하나라도 더 만들 수 있다면 성공이라고 할 수 있을 것입니다.

그러나 채소의 경우에는, 예를 들어 새로운 형태의 토마토가 폭발적으로 인기를 끌었다고 하더라도 즉각적으로 증산에 들어갈 수 없습니다. 농가에서 납품받은 양만 판매할 수밖에 없습니다. 더구나 계절이 바뀔 때마다 채소는 제철 채소로 하나하나 바뀝니다. 여름이 끝나면 여름 토마토는 점차 들어가고, 가을 채소가 시장에 나오게 되는 것입니다.

그렇기 때문에 채소는 '한 방 노리기'가 불가능합니다. 게다가 채소는 종류가 매우 많아서 홈페이지의 화면을 하나하나 만들어 가야 합니다. 많은 품종을 소량씩 판매해 전체적인 수익을 올려야 하기에 성과를 한 방에 내기는 여간 어려운 일이 아닙니다.

더구나 채소는 '날것'이기 때문에 재고 관리나 품질 관리도 매우 손이 많이 가고 어렵습니다. 화장품은 쉽게 제품이 상하지 않기 때문에 창고의 빈자리만 있으면 재고를 장기간 보관할 수 있지만, 채소는 불가능합니다. 얼마 전까지 "와, 이 토마토 정말 맛있다!"라고 느꼈던 토마토이지만, 세 달 후에는 맛이 뚝 떨어져서 전혀 맛있다는 느낌이 들지 않습니다. 게다가 외견상으로는 알 수가 없고 실제로 먹어 보아야만 맛을 확인할 수 있습니다. 그런 확인 과정을 빠뜨리고 판매했다면, 고객으로부터 "정말 맛이 없었어요."라는 불만의 소리를 듣게 되며, 품질을 제대로 관리하지 않는다는 이미지를 남길 수도 있습니다.

가정의 식생활 관련 사업은 정말 고충이 많은 것 같습니다. 품질이 금방 변질되고 상하기 쉬운 상품인 채소를 고객이 있는 곳으로 빠르게 배송해야 합니다. 더구나 크게 인기를 끈 상품이 나와도 증산을 할 수 없습니다. 같은 상품을 계속 판매하는 것도 어렵습니다. 다양한 상품을 어떻게 조합해서 판매할지, 또 어떻게 전체적인 수익으로 연결할지를 생각하지 않으면 안 됩니다. 하지만 니시이 씨는 그렇기 때문에 가정의 식생활 관련 사업이 재미있다고 말합니다.

고객 한 사람 한 사람이 구입하는 상품의 종류와 양을 생각해 봅시다. 보통 화장품을 매일매일 구입하는 사람은 없습니다. 예를 들어 한 고객이 "보습 크림과 클렌징 크림은 이 사이트 제품이 마음에 들어서 언제나 여기에서 구입한다."고 마음먹고, 사용하던 화장품을 다 쓰고 나서 다시 화장품을 구입한다면, 일 년 동안 그 고객의 구입 횟수는 기껏해야 다섯 번 정도입니다. 구입하는 상품의 종류도 많아야 두 종 정도입니다.

하지만 오이식스처럼 채소를 택배로 보낼 경우 고객은 일 주일에 한 번은 주문하고 상품을 구입합니다. 구입하는 상품도 열 종류에서 스무 종류 정도는 됩니다.

이러한 차이로 생기는 특징은, "고객이 어떠한 사람인가?"를 상상해 보기가 쉬워진다는 것입니다. 보습 크림과 클렌징 크림을 일 년에 다섯 번 정도 구입하는 사람이 어떠한 사람인지는 거의 알 수가 없습니다. 화장을 하는 사람이겠구나 하는 정도일 것입니다.

하지만 식생활 관련 인터넷 판매 기업을 이용하는 고객들이 어떠한 사람인지를, 그리고 그들의 생활 양상이 어떠한

지를 이것저것 상상해 볼 수 있습니다. 채소를 자주 구입하는 고객, 뿌리 채소를 좋아하는 고객, 향이 좋은 채소를 좋아하는 고객, 기본 조미료를 자주 구입하는 고객, 구입하는 상품의 종류나 양에는 그 사람의 생활 스타일이 그대로 드러나기 쉽습니다.

채소나 육류 등 식품의 경우에는 구입이 매우 감각적입니다. 셔츠, 액세서리, 화장품 등은 "어느 것을 살까?" 하고 고민하는 경우가 많을 것입니다. 사람들은 상품 하나를 선택하는 데에 매우 신경을 씁니다. 하지만 토마토 한 개, 돼지고기 백 그램, 두부 한 모를 구입할 때 삼십 분이나 고민하고 생각하는 사람은 없을 것입니다. 대부분의 사람들은 본능적으로 "아, 이거 맛있을 것 같아."라고 느끼면 감각적으로 구입하지 않나요? 그리고 이러한 감각적인 소비는 평소의 생활, 사고, 라이프스타일 등을 직접적으로 드러내기 쉬울 것입니다.

채소를 인터넷을 통해 구입할 때 또 하나 소소한 특징이 있습니다. 그것은 바로 매번 가격을 비교할 수 있는 다른 사이트가 별로 없다는 점입니다. 슈퍼마켓에서 토마토를 구입할 때에는 전단지 등을 통해서 근처에 있는 슈퍼마켓 두세 군데의 토마토 가격을 비교해 보고, "그래, 이 슈퍼마켓 토마토가 더 저렴하니까 오늘은 이곳으로 가자."라고 선택하는 경우도 있을 것입니다. 그러나 식재료를 인터넷으로 구입할 때에는 이렇게 가격을 비교해 보는 경우가 그다지 없으며, 여러 사이트에서 나누어 구입하는 사람도 적습니다. 그렇기 때문에 한 사이트 안에서 고객과 좀 더 긴밀하게 연결되고 고객의 물건 구입을 포괄적으로 제공해 주는 것이 가능해집니다.

니시이 씨는 이런 말도 했습니다. "'식단을 짜는 것이 정말 성가시다.'라는 모두의 숙제에 대해서 다양한 방법으로 대응할 수 있으리라 생각합니다. 예를 들어 자녀의 월령과 나이에 맞춘 요리를 고려해, 그에 맞는 식재료를 제공하는 서비스는 이미 시행되고 있습니다. 어른들도 나이가 들어가면서 살이 찌거나 성인병에 걸리지 않도록 식단을 조절해 레시피를 제공해 주는 서비스도 있을 것입니다. 매일매일의 식사를 정기 배송으로 보내 주는 오이식스의 식재료로만 준비한다면, 칼로리나 영양소의 관리도 일일이 계산하지 않고도 웹 사이트상에서 식단 관리가 가능해지는 것입니다."

'고객의 물건 구입을 포괄적으로 제공한다.'는 서비스의 목적을 구체적으로 실현하는 데에 빅데이터의 가장 큰 가능성이 있다는 것을 알 수 있습니다.

모든 장소는 미디어가 된다

그러나 여기에는 한 가지 문제가 있습니다. 바로 그것은 사생활 침해를 당하는 불쾌감을 경험할 수 있다는 점입니다. 무엇이든 나보다 먼저 내가 하고 싶은 것, 내가 원하는 것을 가르쳐 준다면 마치 기계에게 조종당하는 듯한 느낌이 들 것입니다. 개인화와 사생활의 충돌이라는 문제는 이미 십여 년 전부터 계속 지적되어 온 사안이지만, 지금도 해결의 단서는 보이지 않습니다.

앞으로 아무리 컴퓨터나 인터넷이 발달하더라도, 역시 인간이 그 중심에 있고 인간이 통제한다는 생각을 포기하지 않고 계속 가지는 것이 무엇보다 중요합니다.

정보가 잘 정제되어 정확하게 제공되는 것, 우리의 사생활이 침해되는 느낌이 들지 않는 것, 이렇게 상반되는 것처럼 보이는 두 가지의 과제를 양립하는 것이 가능할 것일까요? 저는 가능하다고 생각합니다. 그 열쇠는 미디어와 공동체의 새로운 관계에 있습니다.

미디어라는 말을 들으면 텔레비전, 신문, 잡지, 라디오 등의 대중 매체의 이미지를 떠올리는 사람이 많을 것입니다. 최근에는 인터넷상의 뉴스 사이트 등도 많이 보급되어서 웹 미디어 혹은 인터넷 미디어라고 부르고 있습니다.

그러나 지금 미디어의 의미는 사실 크게 변화하고 있습니다. 본래 미디어가 '매체'라고 번역되었던 것에서도 알 수 있듯이 정보를 보내는 수단이나 장치를 가리키는 말이었습니다. 따라서 디지털 카메라에 삽입해 사진을 저장하는 소형 메모리 카드도 '저장 미디어'라고 부르고 있습니다. 대중 미디어의 '미디어'와 메모리 카드 같은 저장 미디어의 '미디어'는 그 의미가 매우 다릅니다. 그러나 본래는 정보를 보내는 수단의 의미였다는 점을 생각하면 납득할 수 있습니다. 텔레비전 방송이 미디어인 것이 아니라, 전파로 송출하는 구조가 미디어인 것입니다. 신문 기사가 미디어인 것이 아니라, 기사가 실린 신문지를 트럭에 실어서 배송하는 구조가 미디어였던 것입니다.

그러나 미디어는 이러한 단순한 배송 수단으로서의 미디어에서, 더욱 넓은 의미의 미디어로 변화하고 있습니다. 인터넷 시대에는 모든 장소가 미디어가 될 수 있는 것입니다.

인터넷에서는 뉴스 사이트뿐 아니라 SNS, 메신저 혹은 존재하는 모든 장소가 미디어로 변모할 수 있습니다. 페이스북이나 트위터 등의 SNS에는 친구와 공유하는 기사나 동영상을 보는 사람이 많습니다. 이 경우에는 SNS라는 인간관계를 공유하는 서비스가 미디어로 변모한 것입니다. 현실 공간에서는 지하철역이나 버스 정류장 등에 있는 광고 간판도 최근에는 '디지털 사이니지'라고 불리는 액정 화면으로 만들어 동영상을 게시하고 있습니다. 이것 역시 미디어입니다.

우리가 받는, 인터넷으로 구입한 물건 상자 역시 외견은 단순한 상자이지만, 기업에서 고객에게 정보를 보내는 중요한 미디어라고 할 수 있습니다.

상자를 열 때에 "오늘은 어떤 느낌일까?" 하고 가슴이 두근두근하고, 신선한 채소나 두부, 햄 등을 발견했을 때 "와, 맛있을 것 같아!" 하는 기쁨, 나아가 상자 안에 들어 있는 전단지 등을 읽을 때의 즐거움, 거기에는 여러 가지 이야기가 담겨 있고, 신선한 체험이 있습니다. "이 채소에 대해 가족들에게 이야기해야지!" 하는 소통의 씨앗을 통해 만들어지는 우리의 각양각색의 생각이 빼곡하게 담겨 있습니다. 이는 대중 미디어에서 멋진 영상이나 글을 접했을 때 받는 감동과 그리 다르지 않습니다. 다시 말해서 미디어는 이야기를 구동하는 엔진이기도 하다는 것입니다.

정보의 정확한 전송은 매우 중요하지만, 빅데이터 분석에 의존해서 정보를 정확하게 보내는 것에만 지나치게 집착한다면 이야깃거리가 약해집니다. 약해질 뿐만 아니라 "기업에서 쓸데없는 정보만 잔뜩 보내서 귀찮다."라며 스팸 취급을 받을 수 있을 것입니다. 그러므로 빅데이터는 기초 기술로서는 중요한 부분이지만, 그것에만 기대서는 안 됩니다.

새로운 미디어의 공간은 이처럼 이야깃거리를 축소하는 것이 아니라, 이야깃거리를 항상 재생산하고 새로운 생각을 사람들에게 계속 전달할 수 있어야 합니다. 어떻게 하면 이러한 일이 가능해질까요?

미디어상에서 만드는 이야기
― 북유럽, 생활 도구 가게

그 힌트를 '북유럽, 생활 도구 가게'라는 생활 잡화 판매 사이트에서 찾아보겠습니다. 이 가게가 주목을 받고 있는 것은 단순히 인터넷 판매 사이트만이 아니라, 미디어와 같은 역할도 담당하는 신기하고 묘한 사이트이기 때문입니다. 이를테면 인터넷 판매 사이트 중에 가장 다양한 기사가 게재되어 있습니다.

인터넷 판매 사이트가 자신들이 보유한 상품의 소개 기사를 게재하는 것은 아주 일반적인 일입니다. 그러나 '북유럽, 생활 도구 가게'에는 상품 소개 기사뿐만이 아니라, 인물 인터뷰 등 언뜻 보아 상품과는 관련이 없는 듯한 기사를 아주 많이 게재하고 있습니다. 오히려 상품 소개보다는 이쪽이 더 압도적 주류를 이루고 있습니다. 상품 소개 기사는 극히 일부에 불과합니다. 웹 미디어인지 인터넷 판매 사이트인지 알 수가 없을 정도입니다.

'북유럽, 생활 도구 가게'를 운영하고 있는 곳은 구라시콤이라는 주식회사로, 사원이 마흔 명 정도인 매우 작은 회사입니다.

아오키 고헤이(青木耕平) 사장에 따르면 처음에는 일반적인 판매 사이트였다고 합니다. 2007년에 사이트를 열고 해마다 매상은 올라가고 있었지만, 어찌된 일인지 수익이 전혀 나지 않았습니다. 왜냐하면 이 업계는 경쟁이 심했기 때문에, 광고를 내고 포인트를 돌려주거나 경품 캠페인을 하면서 마케팅 비용이 지나치게 들어갔기 때문입니다. 라쿠텐이치바와 같은 인터넷 쇼핑몰에 입점하면 수수료도 지불해야 합니다. 구글에서 검색할 수 있도록 하려면 검색 광고비도 내야 합니다. 일반적으로는 매상의 20퍼센트 정도를 마케팅에 투자해야 한다는 말이 있을 정도입니다. 생활 잡화는 나름대로 원가가 들어가는 업종이며, 화장품 등 소모품처럼 정기적으로 구입하는 상품도 아니기 때문에 사업을 해 나가는 데에 상당히 어려움을 겪습니다.

아오키 사장은 이렇게 들어가는 비용을 활용해 뭔가 다른 방법을 찾는 것이 낫지 않을까 하고 생각했습니다. 그래서 생각해 낸 것이 사이트에 게재하던 사원들의 블로그였습니다. 평판도 좋고, 고객들도 "블로그 항상 잘 보고 있어요."라는 댓글을 종종 남겼습니다. 그래서 아오키 사장은 생각했습니다. "지금은 광고를 다른 사이트에 내면서 돈을 내고 있지만, 생각해 보면 광고는 재미있고 도움이 되는 콘텐츠를 만들어서 고객 모집할 능력이 있는 매체에 게재하는 것이다. 그렇다면 우리가 직접 재미있는 기사를 만들고 고객들의 요구에 맞추어서 싣는다면 우리가 바로 그 매체가 될 수 있지 않을까?"

텔레비전이나 잡지밖에 없던 시절은 그러지 못했지만, 인터넷 시대에는 누구나 자신이 직접 미디어가 될 수 있습니다. 기존의 고정 관념으로는 광고 기업이 미디어를 소유하는 것은 금기시되었습니다. 그러나 인터넷 광고 회사인 사이버에이전트는 2004년에 아메바라는 자사의 블로그 미디어를 설립해, 그곳에 자사의 광고를 싣기 시작해서 대성공을 거두었습니다.

더 오래된 사례도 있습니다. 예를 들면 1980년대부터 있었던 《쓰한세이카츠》는 판매 카탈로그인데요. 그 내용의 반 이상은 일반 기사가 차지하고 있었으며 마치 미디어 같은 역할을 했습니다. 이처럼 판매와 광고가 미디어와 융합하여 하나가 되어 가는 사례는 여기저기에서 찾아볼 수 있습니다.

그렇게 '북유럽, 생활 도구 가게'는 미디어가 되어 외부에 맡겼던 광고를 조금씩 줄여 갔으며, 지금은 외부에 광고를 거의 맡기지 않고 있습니다. 기사를 읽으러 사이트로 들어오는 사람들 중에 실제로 상품도 구매하러 오는 사람의 비율은 매우 낮습니다. 예를 들어 1000명이 기사를 읽으러 들어왔다가 상품을 구입해 가는 사람이 5명 정도의 비율이라면, 얼핏 보아 매우 적다는 생각이 들 것입니다. 그러나 이를 바라보는 시각을 바꾸면, 보통의 판매 사이트라면 5명밖에 들어오지 않는 곳에 상품과는 관련이 없는 995명이 기사를 읽으러 찾아와 주는 것이라고도 생각할 수 있습니다. 그렇게 생각하면, 지금까지 손이 닿지 않았던 사람들에게까지 사이트를 알릴 수 있게 된 것입니다.

이와 더불어 생활 잡화를 파는 곳이라면 고객이 한 번 구입하고 난 이후 다시 찾아와 줄 확률이 매우 낮지만, 정기적으로 기사가 새롭게 올라오는 미디어라면, 같은 사람이 몇 번이고 기사를 읽으러 찾아옵니다. 다시 말해서 단골을 만들 수 있는 계기가 된 것입니다.

구라시콤의 문화

이러한 단골 고객들이 '북유럽, 생활 도구 가게'에게는 단순히 고객이 아니라, 언제나 놀러 와 주는 친구 같은 존재로 자리매김합니다. 아오키 사장은 이렇게 말합니다.

"고객과 회사가 하나의 조직처럼 돌아가서, 고객 중에서 사원을 선발해 실제로 사원이 되는, 그러한 핵심 집단을 만들고 싶었습니다. 그러기 위해서 고객이 공감할 수 있는 문화, 공감할 수 있는 동료라고 생각해 주는 것이 중요하다는 것을 알게 되었습니다."

같은 문화를 공유한다는 감각, 이것은 매우 중요합니다. '북유럽, 생활 도구 가게' 사이트에 접속했을 때에 이곳의 팬들이 느끼는 공감은 계획하고 의도한다고 해서 만들 수 있는 것이 아닙니다.

아오키 사장은 이를 모에(萌え: 본래는 '싹이 트다.'라는 의미이다. 이 단어의 의미에 대해 여전히 의견이 분분해서 한 마디로 정의하기 어려우나, 최근에 자주 오르내리는 경향을 중심으로 정리하면 만화나 애니메이션, 게임에 등장하는 캐릭터 등에 깊은 애정을 갖고 아끼는 것을 가리키는 속어로, 하위문화 용어 중 하나이다. — 옮긴이)라는 문화를 예로 들어서 설명해 주었습니다. 저는 모에 계통의 문화에 대해 잘 알지 못합니다. 어떤 사람이 미소녀를 그린 그림을 보고 '모에' 혹은 '모에하지 않다'고 하는 것은 모에 계통의 문화 속에 있는 사람이 아니면 이해할 수가 없습니다. 일러스트레이터를 데려와서 미소녀의 그림을 그리게

한다고 해도 그저 그림을 잘 그린다는 것만으로는 아마도 별 다른 감흥이 없이 '모에하지 않을' 것입니다. '모에'의 감흥을 위해서는 어떠한 스위치가 필요하고, 그 스위치는 모에 문화 속에 있는 사람이 아니면 만들 수 없을 것입니다.

"모에를 아는 사람이 아니면, 모에 감정을 느낄 수 있게 해 주지 못합니다. 이와 마찬가지로, 공감할 수 있는 문화를 만들기 위해서는 철저하게 핵심 집단 내에서 같은 감각을 가진 사람을 모으고, 그곳에서의 공감을 비언어적으로 공유하며 함께 움직일 수 있도록 해야 합니다." 아오키 사장은 이렇게 강조합니다.

구라시콤에서는 사원을 일 년에 한 번만 일괄적으로 채용하고 있습니다. 보통 회사라면 외부의 구인 잡지나 구인 사이트에 모집 공고를 내는 경우가 대부분이지만, 이 회사는 '북유럽, 생활 도구 가게' 사이트에만 사원 채용 공고를 올리고 있습니다. 앞에서 아오키 사장이 언급했던 것처럼 "고객 중에서 사원을 선발한다."는 것입니다. 아무리 우수한 사람이라고 해도, 자신들의 문화에 공감하지 않는다면 입사하지 않기를 바란다는 강력한 의지를 느낄 수 있습니다.

구라시콤의 문화란 어떠한 것일까요? 아오키 사장의 대답은 분명했습니다. "매거진하우스의 잡지를 읽어 본 적이 있는 사람들입니다. 그런 가치관을 가진 사람들을 하나의 모집단으로 보고 있습니다."

출판사인 매거진하우스는 현재도 물론 건재합니다. 1970년대부터 1980년대에 걸친 시기에 지금으로서는 상상도 할 수 없을 정도로 크게 빛을 발하던 출판사였습니다. 예를 들어서 잡지 《뽀빠이》는 1976년에 창간되어, 그 당시 일본에서 그다지 주목을 받지 못했던 미국 서해안의 저항 문화를 소개해서 젊은이들의 열광적인 관심을 모았습니다. 일본에 서핑이나 아웃도어 패션 등의 문화가 뿌리를 내리기 시작한 것은 바로 이 《뽀빠이》라는 잡지가 기점이었습니다. 저역시 고등학생 시절부터 대학생이 될 때까지 이 잡지를 애독했으며, '뽀빠이 소년'을 동경해 마운틴 파카를 입고 데이팩이라는 소형 배낭을 메고 다니는 유행을 따라 했던 기억이 떠오릅니다.

매거진하우스는 이 밖에도 《앙앙》,《크루아상》,《브루투스》,《타잔》 등 한 시대를 풍미한 잡지를 많이 발매했지만, 구라시콤 문화의 원류가 된 것은 1982년에 창간한 《올리브》입니다. 프랑스의 여고생 리센느의 라이프 스타일을 일본에 소개했고, 도시적이고 세련된 소녀 문화의 중심 잡지로서 사랑을 받았습니다. 자연스러운 화장과 베레모, 카페오레 볼, 바게트 같은 아이템을 구비하고, 길모퉁이 영화관에서 오래된 프랑스 영화를 관람한 다음 카페에서 허브티를 마십니다. 듣고 있는 음악은 어쿠스틱한 보사노바지요. 지금은 상당히 고정된 이러한 도시 소녀의 이미지는 대부분 잡지 《올리브》를 통해 만들어졌습니다.

잡지 《올리브》는 아쉽게도 2000년대에 들어와 휴간되었지만, 그 문화는 《쿠넬》이나 《앤드 프리미엄》 같은 매거진하우스의 다른 잡지가 계승하고 있습니다.

하지만 안타깝게도 현재 잡지 업계 자체가 예전과 달리 쇠락의 길을 걷고 있습니다. 특히 2008년 금융 위기 이후의 하락세는 무서울 정도로, 2000년 무렵에 1조 엔 정도였던 잡지 매출액은 2014년에는 약 5000억 엔 대로 격감했습니다. 거의 반으로 줄어든 셈입니다.

《쿠넬》도 2008년에는 11만 8000부나 팔렸지만, 2015년에는 7만 부 대까지 떨어졌습니다. 이대로라면 휴간할 수밖에 없다고 전망하면서, 매거진하우스는 내용의 쇄신을 결정하고 오십 대를 위한 라이프 스타일 잡지로 새 단장했는데, 오랜 독자들로부터 항의를 받는 소동까지 일어났습니다.

이 새 단장은 오십 대 이상 세대가 잡지에 더 친숙한 세대여서 지금도 여전히 잡지를 보기 때문이기에 시작되었을 것입니다. 이십 대, 삼십 대의 젊은 세대는 이제 더 이상 종이로 출판된 잡지를 구입하는 습관이 없어서 모두 인터넷으로 잡지를 즐기고 있습니다.

그렇지만, 이십 대, 삼십 대의 잡지 《올리브》나 《쿠넬》과 같은 문화를 즐기는 사람들이 없는 것은 아닙니다. 일본 전체에 빗대면 극히 소수일지는 모르지만, 전부 모이면 분명 상당한 인원일 것입니다. 그렇다면 그런 젊은 여성들은 잡지를 읽지 않고 과연 어디에서 도시 소녀 취향의 문화를 접할 수 있을까요?

그 대답 중 하나가 '북유럽, 생활 도구 가게'와 같은 사이트입니다. 예전에 지방에 살아서 주변에서는 '양키' 문화(일반적으로 미국 문화를 하대하는 말이지만, 일본에서는 주위를 위협할 듯 강한 화장과 복장으로 자신을 꾸미면서 동료나 주변인들의 시선을 끌고 싶어 하는 경향의 소년 소녀가 만들어 낸 문화를 말한다. ― 옮긴이)밖에 접할 문화가 없는 시골의 소녀가 길목의 서점에서 잡지 《올리브》를 구입해서 "와, 여기에는 나와 비슷한 사람들이 있구나." 하고 반가워하면서 조용히 안도의 숨을 내쉽니다. 이와 마찬가지의 일이 지금은 인터넷 회선을 통해 '북유럽, 생활 도구 가게' 라는 사이트에서 일어난다고 할 수 있습니다.

잡지가 쇠퇴하고 잡지가 뒷받침해 오던 문화권도 조금씩 무너지고 있습니다. 이제 인터넷이 여기에서 내몰린 의지할 곳 없는 사람들의 뒤에서 다시 버팀목이 되어 주려고 합니다. 지금 이러한 구도가 점차 부각되기 시작했습니다.

이렇게 볼 때 '북유럽, 생활 도구 가게'라는 사이트가 열린 것이 금융 위기 전년인 2007년이었다는 것은 어쩌면 운명적인 신호였을지도 모르겠습니다.

미디어 3C 모델

미디어는 문화를 지탱하는 토대라고 할 수 있습니다. 종이로 발행되는 잡지든, 전파를 수신하는 라디오든, 인터넷의 사이트든 차이는 없습니다. 예전에 젊은이들이 심야에 작은 라디오 수신기를 귀에 대고, 진행자들이 하는 말의 향연에 넋을 놓고 귀를 기울였던 것처럼, 지금은 인터넷 공간에 만들어진 문화권에 사람들이 모여들고 더 가까이 다가가려 하고 있습니다. 다시 말해서 미디어는 문화 그 자체라고 해도 과언이 아닐 것입니다.

'미디어는 문화이자, 그 문화를 추종하는 사람들이 모이는 공간을 지탱하는 구조이다.' 저는 이러한 전망으로 미래의 미디어를 바라보고 있습니다. 앞에서 저는 "모든 것이 미디어화하고 있다."라고 기술했습니다. 이는 모든 장소가 문화권이 되어, 서로 공명할 수 있는 사람들이 이 공간에 모여 공동체와 같은 것을 구성하는 것을 말합니다. 예전에 종이 잡지로 이어진 공동체보다 훨씬 복합적이고 다양한 형태로 나아갑니다. 그 공동체는 일시적이고 한정적인 경우도 있고, 지속적이고 강한 인력(引力)을 가진 경우도 있습니다.

이와 같이 새로운 미디어상이 등장하면, 미디어의 구조도 변화할 것입니다. 이러한 전망에서는 이제 더 이상 미디어를 '인터넷, 종이, 전파' 등으로 구분하는 것 자체가 그다지 의미를 갖지 못하게 될 것입니다.

인터넷이 크게 확산되어 가던 2000년대 무렵까지는 확실히 인터넷과 전통적인 미디어의 대립 구도로 볼 수 있는 현상이 있었습니다. 저 역시 당시에는 이러한 현상에 대해 토론하기도 했습니다. 그러나 2010년대에 들어와 SNS와 스마트폰이 보급되면서 그런 구도는 급속하게 퇴색되어 갔습니다.

미디어의 구도를 콘텐츠(Contents), 컨테이너(Container), 컨베이어(Conveyor)라는 세 가지 'C'로 설명하는 모델이 있습니다. 이것은 기술자인 오이카와 다쿠야(及川卓也)가 발안한 사고방식으로, '3C 모델'이라고 부르고 있습니다. 콘텐츠는 기사나 동영상, 컨테이너는 이들 기사를 운반하는 용기, 컨베이어는 용기인 컨테이너를 배달해 주는 매체입니다. 신문과 지상파 텔레비전은 다음과 같이 설명할 수 있습니다.

• 신문

콘텐츠: 기사

컨테이너: 지면에 기사를 편집해 싣고 배달하는 구조

컨베이어: 판매점

• 텔레비전

콘텐츠: 프로그램

컨테이너: 프로그램을 편성해 광고와 송출하는 구조

컨베이어: 전파

1990년대에 인터넷이 보급되면서, 신문 기사를 포털 뉴스에서도 읽을 수 있게 되었습니다. 그렇게 되자 구도가 이렇게 바뀌었습니다.

• 인터넷 뉴스

콘텐츠: 기사

컨테이너: 포털 사이트에서 기사를 모아 올리는 구조

컨베이어: 인터넷

이 3C 모델을 통해서 알 수 있는 것은 콘텐츠 자체가 아무리 좋은 내용이라고 해도, 컨테이너라는 정보 유통 구조를 확보하지 못하면 미디어의 패권을 잡을 수 없다는 점입니다. 신문이나 텔레비전밖에 없었던 시대에는 신문사나 텔레비전 방송국이 직접 콘텐츠나 컨테이너, 컨베이어 등 모든 것을 확보한 '수직 통합' 구조였습니다. 하지만 인터넷 시대에 들어와 야후가 영향력을 갖게 되면서, 콘텐츠는 여전히 신문사가 만들고 있는데, 컨테이너 부분은 포털이라는 제삼자가 장악하게 된 것입니다. 이러한 '수평 분산'으로 인해 신문사의 영향력은 작아졌고, 컨테이너를 소유한 포털 사이트의 영향력은 커지는 현상이 발생했습니다. 그러나 이러한 구도는 스마트폰과 SNS의 시대에 들어서면서 다시 변화를 맞이합니다.

예를 들어 제가 젊은 친구들과 함께 창업한 《타비 라보》는 인터넷 미디어이지만, 동영상을 만들고 이벤트도 열고, 종이 무가지도 발행하고 있습니다. 또한 젊은 여성들에게 많은 인기를 끌고 있는 《메리》라는 인터넷 미디어가 있으며, 최근에는 종이 잡지도 간행하고 있습니다. 창간호는 오만 부나 찍었으며, 금방 다 팔려서 미디어 업계에서 큰 화제를 모으기도 했습니다. 이처럼 새로운 미디어에서는 인터넷에 한정하지 않고, 종이 잡지, 무가지, 현실 공간에서의 이벤트 등을 수평적으로 가로지르면서 활용해, 독자와 만나려는 움직임이 활발하게 일고 있는 것입니다.

이러한 새로운 구도를 3C 모델로 설명한다면 어떻게 될까요?

• 새로운 미디어

콘텐츠: 기사, 이벤트

컨테이너: SNS, 지하철역에 설치된 무가지, 편의점의 잡지 판매대, 이벤트에서의 홍보

컨베이어: 인터넷, 종이, 이벤트 현장

컨테이너 부분이 상당히 복합적으로 변모하고 있어서 한 마디로 설명하기 어렵다는 것을 알 수 있습니다. 미국의 《버즈피드》를 비롯한 새로운 미디어는 SNS를 활용해 정보를 확산시키는 방법을 주력으로 삼고 있습니다. 하지만 정보의 경로가 인터넷에서 종이, 이벤트 등으로 확대됨에 따라 인터넷만으로 완결되지 않고 컨테이너가 다양하게 확장되고 있는 것입니다.

반면 독자들의 입장에서 볼 때 왜 미디어에 접속하는지 살펴보면, 예전처럼 "읽을거리가 달리 없으니까 손이 닿는 곳에 있는 잡지를 읽는다.", "텔레비전이 켜 있으니까 텔레비전 프로그램을 본다."라는 식의 이유는 나오지 않습니다. 인터넷의 출현으로 콘텐츠 수요와 공급의 역학 관계가 역전되

어, 예전처럼 "뭔가 읽을거리가 없을까?" 하는 욕구는 사라졌으며, 어디를 둘러보아도 읽을거리나 볼거리가 무수하게 넘쳐나는 상황이 되었습니다. 이러한 상황에서는 왜 미디어에 접속하는가 하는 '이유'가 필요하게 됩니다.

그 이유는 각양각색일 것입니다. "성공하고 싶다.", "부자가 되고 싶다.", "취업에 성공하고 싶다."라는 흔하고 솔직한 욕망도 있습니다. 그러나 이뿐만이 아닙니다. "내가 좋아하는 세계와 이어지고 싶다.", "마음 편안함을 느껴보고 싶다.", "같은 감각을 가진 사람들과 알고 지내고 싶다."와 같은 사회적인 요구도 있습니다. 사회적 동물인 인간이라면 누구나 갖는 이러한 욕구가 미디어를 문화권으로 키워 가는 기저에 있다는 생각이 듭니다. 이러한 미디어가 문화의 욕구를 충족시켜 주는 것이라면, 그것이 인터넷이든, 종이든, 전파든, 이벤트든, 컨베이어는 무엇이든 상관없다는 것입니다.

이전에는 미디어가 '경로'나 '매체'로 인식되었습니다. 텔레비전이라는 경로를 통해 프로그램을 시청했습니다. 신문이라는 매체를 통해 기사를 읽었습니다.

앞으로의 새로운 미디어는 경로나 매체가 그 무엇이든 크게 상관이 없습니다. 경로가 중요한 것이 아니라, 사람들이 서로 연결되어 공명하는 공간이 그곳에 존재하는지 아닌지가 중요합니다. 그 공간을 설계하고 지탱하는 것이 앞으로 기업의 역할이 될 것입니다. 이러한 의미에서 이제 모든 기업은 미디어 기업이라고 보아도 되지 않을까 하고 생각합니다.

기업과 사람이 이어지는 미디어

앞에서 빅데이터에 의한 정확한 정보 제공이 실현되고 있다는 것에 대해 이야기했습니다. 이 방향성과, 모든 것이 미디어화하여 문화권을 만들어 간다는 방향성은 어디에서 만나게 될까요?

이 두 가지의 방향성은 개별적으로 최적화해 가는 방향과, 많은 사람들을 한데 모아 가는 것이기 때문에, 얼핏 보면 마치 서로 다른 방향으로 나아가는 것처럼 보일 수도 있습니다. 하지만 사실은 그렇지 않습니다. 서로 다른 방향으로 향하는 것처럼 보이는 이 두 가지 변화는 최종적으로 서로 교차하게 될 것이라고 저는 생각합니다.

최근 '옴니 채널'이라는 용어가 주목을 받고 있습니다. '옴니'란 '모든 것', '전부'라는 의미의 영어이므로, 옴니 채널이라고 하면 '모든 채널', '전부의 채널'이라는 의미입니다. 지금까지는 소매점에서 물건을 판매하거나 혹은 인터넷에서 물건을 판매하도록 고객과 기업의 접점을 각각의 채널로 분리해서 생각했습니다. 하지만 이것을 나누어 생각하지 않고 매장, 이벤트 현장, 인터넷, 스마트폰, 웨어러블 기기 등 존재하는 모든 접점에서 고객들과 이어져서 물건을 판매한다는 사고방식이 옴니 채널입니다.

옴니 채널은 판매자 입장의 사고방식이지만, 고객들의 입장에서 보면 판매자로부터 활용할 수 있는 모든 체험이나 장을 제공받아, 자신이 원할 때에 좋아하는 상소에서 구입해 받아 볼 수 있다는 것이기도 합니다. 다시 말해서 옴니 채널은 넓은 의미에서 생각할 때, 전방위 공간 속에 판매자뿐 아니라 고객까지도 포함해 자유자재로 정보나 물건을 주고받는 것입니다. 지금 이와 같은 세계가 실현되고 있습니다.

옴니 채널에서 지금 현재 가장 주목을 받고 있는 것은 세븐 일레븐일 것입니다. 운영 회사인 세븐 앤드 아이 홀딩스는 몇 년 전부터 옴니 채널 구상을 다듬고 다듬어서, 2015년 11월에 본격적으로 서비스를 시작했습니다. '옴니 세븐'이라는 사이트에서 세븐 일레븐, 이토요카도, 세이부, 로프트 등 총 180만 가지의 전문점 상품을 취급하고 있습니다. 구입한 상품은 전국의 세븐 일레븐 편의점에서 받아 볼 수 있으며, 반품도 할 수 있습니다. 인터넷 판매는 반품할 때에 택배 집하를 의뢰해 반품해야 해서 매우 번거롭고 성가신 면이 있지만, 세븐 일레븐 매장에서 반품할 수 있다면 매우 편리할 것입니다. 반품을 위한 택배 전표도 쓰지 않아도 되니 정말 편리합니다.

흥미로운 점은 고객이 가지고 있는 컴퓨터나 스마트폰을 통한 주문뿐만 아니라 세븐 일레븐의 매장에 설치되어 있는 태블릿 단말기를 통해서도 옴니 세븐을 이용할 수 있다는 점입니다. 컴퓨터나 스마트폰에 익숙하지 않은 어르신들도 세븐 일레븐의 매장에서 인터넷 판매를 이용하도록 하려는 목적도 있습니다. 게다가 매장에서만이 아니라, 세븐 일레븐의 직원이 어르신의 집을 방문해서 태블릿 단말기로 상품을 보여 주고 소개하면서 물건을 구입할 수 있도록 하는 서비스도 시작한다고 합니다. 다시 말해서 예전부터 있었던 '방문 주문'이라고 할 수 있습니다. 지금까지도 세븐 일레븐에서는 '세븐 밀'이라는 도시락 택배 서비스를 이용했을 때, 도시락을 배달하면서 어르신의 집 등지에서 더 필요한 것은 없는지 여쭈어 왔다고 합니다. 도시락을 주문하면서 채소 등 다양한 반찬거리를 겸사겸사 주문하는 사람이 많아서, 이러한 흐름을 옴니 채널로도 흡수해 이어 가고자 하는 발상이었던 것입니다.

이 태블릿 택배는 세븐 일레븐의 매장에서만 받는 것이 아니라, '방문 주문'처럼 매장의 직원이 자택까지 배송해 주는 서비스도 시행한다고 합니다.

모든 것은 공동체로 향한다

다만 지금 현 상황에서 옴니 세븐은 세이부나 로프트 등에서 취급하는 고급스럽고 질 높은 상품을 구입하는 사람은 적은 편이고, 세븐 일레븐에서 판매하는 친숙한 상품을 구입하는 사람이 더 많은 편입니다. 한계점을 넘어설 수 있을지 없을지는 상당히 예측하기 어려운 측면이 있습니다.

기업과 소비자가 함께 만드는 가치

옴니 채널을 단순히 '유통 경로'로만 설명해 버리면 오해할 우려가 있습니다. 이것은 단순히 모든 수단을 이용해서 상품을 고객에게 배송한다, 혹은 고객이 받아본다는 것만이 아닙니다. 앞서 설명했듯이 '미디어에 의해서 만들어진 문화 공간'이 중첩되어 가는 것입니다.

다시 말해서 옴니 채널에 의해서 기업과 우리가 인터넷, 현실 속의 판매점, 택배 등 모든 방법을 통해 연결되는 것이라면, 이러한 유대 관계가 기업과 우리를 포괄적으로 감싸 안는 미디어 공간이 된다는 것입니다.

선이 하나밖에 없다면 그것은 단순한 선에 불과합니다. 하지만 많은 선이 있고 무수한 선으로 이어져 가는 것이라면 그것은 선이 아니라 면이며, 이는 면에서 나아가 입체적인 공간이 될 수 있습니다.

여기서 또 오이식스에서 근무한 사람을 소개하고자 합니다. 옴니 채널을 담당하는 오쿠타니 다카시(奧谷孝司) 씨의 말입니다. "이곳 오이식스에 입사해서 깨닫게 된 것은 앞으로 기업이 가치를 제공하는 것이 아니라, 기업과 고객이 함께 가치를 만드는 시대가 될 것이라는 점입니다."

단순히 채소를 판매하는 것에만 관심이 있다면, 슈퍼마켓의 채소 코너나 그 슈퍼마켓이 운영하는 인터넷 슈퍼마켓과 다를 게 없습니다. 그러나 슈퍼마켓의 채소 코너가 단순히 식재료의 인프라로서 기능하고 있을 뿐인 데 반해, 오이식스에는 열정적인 고객들이 있어서, 그 사람들의 유대 관계 자체가 오이식스의 둘러싸듯 자리 잡아 하나의 문화권을 생성하고 있다고 볼 수 있습니다.

기업과 고객의 유대가 어떻게 생겨나고 어떻게 유지되는 것일까요? 인터넷 쇼핑은 "인간미가 없다.", "얼굴을 맞대고 있지 않으니 사람과 사람의 관계가 형성되기 어렵다."라는 말을 자주 듣습니다. 정말 그럴까요?

분명 레스토랑에도 카페에도 의류점에도 좋은 상점에는 좋은 직원이 있습니다. 그런 직원들과 재미있게 이야기를 나누면서 친구처럼 사이가 좋아지는 것은 즐거운 일입니다. 하지만 현실 세계의 상점에는 그와 같은 소규모의 점포만 있는 것이 아닙니다. 대형 패스트푸드 체인점, 대규모 패스트 패션 매장, 혼잡한 도심의 대형 편의점에서는 고객과의 유대를 만드는 것이 매우 어렵습니다. 물론 좋은 느낌을 주는 직원도 많이 있습니다. 그렇다고 해서 이야기를 나누거나 친구처럼 사이가 좋아지는 경우는 많지 않을 것입니다. 이와 같은 대규모 매장은 유대 관계에서 파생되는 소비를 만드는 것보다는 어디까지나 기능 소비에 중점을 두고 있어서, 필요한 것을 정확하게 판매하는 인프라 역할을 하기 때문입니다.

이것은 현실 세계의 상점에서도, 인터넷 속의 상점에서도 마찬가지입니다. '인터넷 상점인지, 현실 세계의 상점인지'를 구분하는 것은 이제 더 이상 의미가 없습니다. '인터넷인지, 현실인지'가 아니라, '문화인지, 대규모 인프라인지'라는 기준으로 보아야 합니다.

기업은 함께 달리는 존재가 된다

오이식스나 세이조 이시이, '북유럽, 생활 도구 가게' 같은 상점과 서비스는 문화이자, 그곳으로 모여드는 사람들을 지탱하는 응원단 같은 존재입니다. 그에 반해서 세븐 일레븐, 이온, 유니클로, 아마존, 라쿠텐 등은 많은 사람들의 생활을 지탱해 주는 대규모 인프라라고 할 수 있습니다.

많은 사람들의 생활을 지탱하고, 기능 소비를 제공하는 대규모 인프라로서의 상점, 문화를 만들고, 유대 관계 속에서 소비를 파생해 가는 상점, 앞으로 상점들은 이와 같은 두 가지의 방향을 향해 느긋하고 느슨하게 나뉘어 갈 것으로 보입니다.

오이식스의 다카시마 사장은 오이식스가 고객들에게 제공하고 싶은 것은 대단한 신제품이나 유행의 첨단이 아니라, '다움'이라고 말합니다.

카페 체인 스타벅스를 예로 들어 생각해 보겠습니다. 스타벅스는 늘 새로운 상품을 개발하고 있으며, 히트 상품도 많이 보유하고 있습니다. 저 역시 그러한 것을 즐겨서, 근처의 스타벅스에 들르면 무심결에 '화이트 초콜릿 크럼블 코코아 프라푸치노'라는 새로 막 출시된 상품을 주문하기도 합니다. 하지만 그렇다고 해서 이러한 인기 상품을 잇달아 출시하는 것만으로 스타벅스가 인기를 얻는가 하면, 결코 그렇지 않습니다.

스타벅스는 도시 사람들에게 매우 인기 있는 카페입니다. 처음 사업을 시작했던 무렵에는 어땠을지 모르지만, 지금은 더 이상 첨단 유행의 장소는 아닙니다. 유행이니까 한번 가 보자는 것이 아니라, 자유롭고 하고 싶은 대로 하는 도시 생활을 상징하는 스타일이 사람들의 눈길을 끌면서 많은 사람들이 일상 속에서 애용하고 있습니다. 이러한 '스타벅스다움'이 있어서, 이를 애용하는 사람들에게는 "아, 스타벅스 느낌이야. 과연" 하면서 의미가 통하는 것입니다. '스타벅스다움'에는 커피의 맛뿐만이 아니라, 매장의 인테리어 감각이나 스태프들이 풍기는 좋은 느낌, 비교적 조용한 고객들, 언제나 깨끗하게 정리된 실내 등 여러 가지 요소가 있습니다. 모두가 이러한 '스타벅스다움'을 좋아하고, 스타벅스를 소중히 여기는 하나의 커다란 문화권을 만들고 있다는 느낌이 듭니다.

스타벅스는 현실 세계의 매장이 있기 때문에 그곳에는 '공간'이 있습니다. 인테리어, 외관, 직원들의 미소, 고객들의 분위기 같은 현실성이 '스타벅스다움'에 직접적으로 이어져 있는 것입니다.

그러면 인터넷 속에서 나타나는 '다움'이라면 어떤 것일까요? 인터넷에는 현실적인 장소가 존재하지 않습니다. 인터넷이라는 가상의 공간에도 '다움'이 있을까요?

예를 들어서 아마존이나 라쿠텐 같은 대형 쇼핑 사이트를 생각해 보겠습니다. '아마존다움' '라쿠텐다움'이라고 할 만한 것이 있습니까? 아마존이나 라쿠텐에서는 팔 수 있는 모든 것을 판매합니다. 이들 사이트는 이용하기 편하고,

어떤 것이든 살 수가 있습니다. 하지만 그곳에는 '다움'이 없습니다. 아마존이나 라쿠텐은 어디까지나 쇼핑을 위한 플랫폼이지, 문화나 콘텐츠가 아니기 때문입니다.

한편으로 같은 쇼핑 사이트이기는 하지만 패션 의류를 취급하는 사이트, 조조타운은 어떨까요? 패셔니스타가 모여드는 느낌이랄까요? 조조타운에는 조조타운의 문화적 느낌이 짙게 자리 잡고 있습니다.

다시 말해서 같은 인터넷 쇼핑 사이트라고 하더라도 어디까지나 플랫폼 역할에 충실하게 커다란 규모를 노리는 사업과 플랫폼 위에 투명하게 겹쳐지는 문화를 소중히 하는 사업, 이 두 가지 종류가 있습니다.

지금 유통업계는 커다란 변동을 맞이하고 있으며, 한편으로 플랫폼으로서 거대화하는 사업이 대두하고 있습니다. 하지만 모든 것이 플랫폼에 흡수되는 것은 아닙니다. 특히 일본 전국 방방곡곡에 이온이라는 대형 마트가 침투하고 있어도, 세이조 이시이에서의 쇼핑 체험을 원하는 사람이 없는 것은 결코 아니며, 아마존이나 라쿠텐에서 간편하게 의류를 구입할 수 있다고 해서, 사람들이 조조타운의 즐거움을 잊어버리는 것은 아닙니다. 문화를 형성하고 사람들과 이야기를 공유하면서 친구로 만들어 가는 사업은 플랫폼에 흡수되지 않고 앞으로도 번창해 갈 것입니다. 이와 같은 위치에

모든 것은 공동체로 향한다

오이식스, 스타벅스, 세이조 이시이, 조조타운, 그리고 '북유럽, 생활 도구 가게' 같은 존재들이 있습니다.

그리고 옴니 채널이 고객과 기업이 서로 이어져 형성하는 새로운 미디어 공간의 이미지라고 한다면, 그것은 하나의 문화권을 구성하며, 후자와 같은 공동체로 변모해 갈 것입니다. 소비자와 기업이 함께 만드는 미디어 공간에서 정보도 상품도 모두 공유되고, 모든 방법으로 사람과 회사가 연결됩니다. 이것이 전체적으로 문화를 형성해 가는 것입니다. 이것이 '문화이다'라는 인식이야말로 고객을 수동적인 존재로 폄하하지 않고, 함께 문화를 만들고 공유할 수 있는 친구로서, 능동적인 유대 관계로 격을 높이는 열쇠라고 생각합니다.

따라서 앞으로의 소비는 단순히 개인 고객을 상대로 하는 장사, 즉 물건을 파는 것 이상의 의미입니다. 그 고객과 친구가 되고, 나아가 고객의 주위에 있는 가족, 연인, 친구들 사이에서 만들어지는 문화의 공간을 지탱하는 것으로 이어져야 합니다. 무엇인가를 파는 행위는 특정한 한 사람을 향해서가 아니라, 문화 전체를 향해서 이루어집니다. 한 사람이 서 있는 곳 너머의 많은 사람들을 향해서도 전해지는 것입니다.

이처럼 기업은 밖으로 열린 네트워크로서 고객이 이용할 서비스나 상품을 제공함으로써 '느긋하게, 느슨하게'를 실현합니다. 이는 또한 기업이 앞으로 해 나가야 할 역할이기도 합니다. 그렇기 때문에 기업이 해야 할 일은 과잉 서비스가 아니라 서로 공명하면서 문화를 지탱해 나가는 것이며, 오쿠타니 씨가 말한 것처럼 "기업이 가치를 제공하는 것이 아니라, 기업과 고객이 함께 가치를 만드는" 것이라고 할 수 있습니다.

과잉 서비스가 아니기 때문에 비로소 느긋하고 느슨한 상태가 유지되며, 함께 가치를 만드는 일이 가능해지는 것입니다. 저는 앞에서 정보 통신 기술의 진화로, 앞으로의 디지털 기기는 지금의 스마트폰이나 컴퓨터처럼 인간과 대면하는 기기가 아니라, 함께 같은 방향을 바라보며 인간을 받쳐 주고, 인간이 그 존재를 의식하지 않게 되는 '함께 달리는 존재'로 변모해 갈 것이라고 설명했습니다. 기업과 사람들의 관계도 그처럼 변모할지도 모르겠습니다. 기업은 보이지 않는 곳에서 사람들을 뒷받침하고, 문화 공간이 유지되도록 고심할 것입니다. 그렇게 함께 달리는 존재가 되어 갈 것입니다.

살아 있는 체험을 공유하다

그러한 예를 또 하나 소개하고자 합니다. 바로 토마토

주스로 유명한 가고메 주식회사입니다. 좀 오래전인 2012년의 일이지만, 구온이라는 소비자 커뮤니티 개발 기업을 소개하는 기획을 담당하면서 이 회사를 취재한 일이 있습니다. 당시 가고메는 '가고메 두근두근 네트워크'라는 인터넷 커뮤니티를 운영하고 있었습니다.

이 커뮤니티는 '린린코'라는 토마토 품종을 중심으로 한 공동체였습니다. 린린코는 토마토 주스를 만들기 위한 가고메의 오리지널 품종으로, 칠십 년의 역사를 가진 품종입니다. 새빨갛게 완숙되는 것이 특징이고 적절한 산미가 있어서 산뜻한 맛을 낸다고 합니다.

가고메는 이 린린코의 모종을 선물하는 활동을 전개해 왔습니다. 바른 식생활 교육을 지원하는 형태로 예를 들어 유치원, 초등학교에 배포하거나, 때로는 거리에서 모종을 배포하는 프로모션 활동 등을 전개했습니다. 그리고 인터넷의 보급과 더불어 웹 사이트에서도 모종을 배포하기 시작했습니다. 이것이 '가고메 두근두근 네트워크'였던 것입니다. 이 커뮤니티에 등록한 참가자는 직접 린린코 토마토를 기르면서 그 생육 일지를 사이트 안에 공개하고 SNS에 공유할 수 있었습니다. 봄에 린린코 토마토의 모종을 심고 가을에 수확을 하고, 그 토마토로 요리를 하기까지의 전 과정을 커뮤니티 안에서 즐길 수 있는 구성입니다.

이 커뮤니티가 시작된 것은 2007년이었습니다. 가고메 토마토 주스의 브랜드 가치를 높이려는 목적이었습니다. 하지만 본래 토마토 주스나 채소 주스와 같은 일상적인 음료의 경우 고급 브랜드와 달리 소비자와의 연계성은 그다지 강하지 않습니다. 물론 '건강', '채식 생활' 같은 이미지가 있기는 하지만, 이러한 이미지는 너무나도 평범한 이미지여서 과연 이에 대한 구매 욕구가 있을까 확신이 없었습니다.

그렇다면 어떻게 하면 좋을까 하는 고민 속에서 떠오른 대상이 토마토의 품종인 린린코였습니다. 린린코는 가고메의 원점입니다. '린린코'라는 이름에서도 알 수 있듯이 이 토마토는 의인화된 이미지를 가지고 있습니다. 가고메와 구온 사람들은 이 이미지를 제품의 브랜드 명칭과 상표를 설정하는 데에 중심에 두고 생각해 보면 재미있지 않을까 하고 생각한 것입니다.

그래서 '린린코를 하나의 미디어로 인식'한다는 전략을 세웠습니다. 린린코를 유저들이 직접 키워 봄으로써 그 과정에서 얻을 수 있는 성과는 단순히 "토마토를 얻게 되었다."라는 결과로 끝나지 않을 것이라고 생각했습니다. 키우는 기쁨, 수확의 기쁨, 먹는 기쁨 등 많은 부가가치가 그 과정을 통해 생겨날 것이라고 예상한 것입니다.

더구나 이러한 기쁨은 간단하게 얻을 수 있는 것이 아

닙니다. 5월에 심어서 8월에 수확하기까지, 매일매일 정성껏 돌보아야 하고 병충해, 병, 기후 등 갖가지 장애를 극복해야 합니다. 상점에서 사온 토마토 주스 캔을 그저 벌컥벌컥 마셔 버리는 것과는 전혀 다른 경험인 것입니다.

그렇기에 다른 한편으로 다시 생각해 보면 이와 같은 어려움이 있고, 그런 어려움을 극복한 다음에 먹는 기쁨이 있으니, 이를 통해서 가고메와 고객 사이에 강한 유대 관계가 생겨날 가능성도 있습니다.

그런 유대 관계를 강화하기 위해 가고메의 직원과 린린코를 키우는 사람들 사이에 "어떻게 키우면 되나요?", "병충해는 어떻게 피할 수 있나요?", "추천해 줄 요리 방법은?" 같은 상담과 교류가 이루어질 수 있는 커뮤니티의 필요성이 커졌습니다.

커뮤니티를 시작하고 나서는 모두가 적극적으로 참여할 수 있도록 다양한 장치도 마련했습니다. 예를 들어 '모종을 심었다', '꽃이 피었다', '열매를 맺었다', '수확했다', '먹었다' 같은 일련의 과정의 사진 등을 투고하면, 서포터로서 인정받을 수 있는 제도입니다. 이 시점에서부터 서포터들이 자율적으로 활동하려는 움직임이 확산되어, 조금씩 자율적 커뮤니티로 발전될 싹이 보였던 것입니다.

또한 '린린코에 빠진 바보 에피소드 캠페인', '추천하고 싶은 린린코 요리 캠페인', '린린코 문예 공모 캠페인' 같은 콘테스트도 수차례 개최했습니다.

린린코 커뮤니티가 활동한 결과는 수치로도 나타났습니다. 커뮤니티에 참가한 고객의 64퍼센트에서 상품을 구입하는 빈도가 늘었으며, 토마토소스, 주스 등의 정기 구매가 일반 고객의 두 배나 되었다고 합니다. 참가자 중에는 태어난 자신의 아기에게 '린린코'라는 이름을 지어 준 사람까지 등장했다니, 정말 놀라운 일입니다.

이 커뮤니티는 안타깝게도 2013년에 활동을 마감했습니다. 하지만 이는 매우 선진적인 시도였습니다. 기업이 커뮤니티를 운영하고, 그 커뮤니티에 참여한 사람들 사이에 분명한 공동체 의식이 있었을 뿐만 아니라, '토마토를 키운다'는 살아 있는 체험이 구성되었던 점이 매우 선진적이었습니다.

살아 있는 생생한 체험, 이는 "지금 이 순간에 의식을 집중한다."라는 마음 챙김과도 방향이 맞닿아 있습니다. 일상과 이어져 있으면서도 때로는 비일상적인 생생한 체험을 어떻게 만들어 갈까요? 이것을 공동체 미디어의 공간 속에서 어떻게 공유하면서 공감을 키워 갈까요?

모든 것은 공동체로 향한다

살아 있는 체험과 지속적 커뮤니케이션

　이러한 것들을 어떻게 실현할 것인가가 앞으로 미디어 공간의 주요 과제가 될 것입니다. 미국에서는 최근 푸드 트럭이 크게 인기를 모으고 있습니다. 푸드 트럭이란 트럭을 포장마차처럼 개조해 현장에서 조리한 요리를 제공하는 트럭 식당입니다. 일본에서는 식품 위생 관련 규제가 엄격해서인지 보급되지 않고 있지만, 미국에서는 아주 당연하게 일상적인 식생활을 담당하고 있습니다.

　2014년에는 「아메리칸 셰프」라는 코미디 영화도 제작되었습니다. 보고만 있어도 "우와, 먹고 싶다! 배가 고파졌다!"라는 느낌과 함께 배에서 꼬르륵 소리가 나는, 식욕을 한껏 불러일으키는 영화입니다.

　이 영화의 줄거리는 이렇습니다. 미국 로스앤젤레스의 매우 인기 있는 레스토랑에서 근무하는 중년의 셰프가 주인공인데요. 어느 날, 이 레스토랑에 저명한 요리 비평가이자 인기 있는 블로거가 찾아옵니다. 셰프는 의욕적으로 참신한 요리를 내놓기로 마음을 먹었습니다. 그런데 보수적인 레스토랑 주인(더스틴 호프만이 호연을 펼쳤습니다.)의 제지를 받았고, 결국 평상시에 제공하던 정해진 요리를 내놓고 말았습니다.

　흔하디 흔한 요리에 실망한 블로거는 혹평을 했습니다.

"셰프가 엄청 살이 찐 것은 손님이 남긴 요리를 쉬지 않고 먹은 결과일 것이다. 별 세 개."

이에 크게 화가 난 셰프는 사용이 익숙하지 않은 트위터에 글을 올려 이 블로거를 매도하고 말았습니다. 결과는 비방과 비난이 이어지는 악플 쇄도. 게다가 다시 레스토랑을 찾아온 블로거에게 다짜고짜 맹렬히 달려들었고, 이 장면을 손님들이 스마트폰으로 찍어 유튜브에 올리면서 전 세계로 퍼져 버립니다.

급기야 일하던 레스토랑에서 해고되어 모든 것을 잃은 셰프는 아들과 함께 푸드 트럭으로 요리사 인생을 다시 시작하기로 결심합니다. 이 푸드 트럭에서 만드는 요리는 매우 맛있는 쿠바 요리입니다. 이곳저곳을 여행하면서 따끈따끈한 쿠바샌드위치를 만들어 팔면서 각지를 돌아다니는 장면은 최고의 장면입니다.

이 영화에는 요리하는 장면의 묘사가 많이 나옵니다. 셰프가 아들에게 치즈 토스트를 만들어 주는 장면은 그중에서도 가장 멋집니다.

먼저 프라이팬에 올리브유를 두르고, 식빵 두 장을 돌려가면서 익혀 기름이 배도록 합니다. 그리고 치즈를 올리고 천천히 더 굽습니다. 치즈가 걸쭉하게 녹기 시작하면 즉시 식빵을 겹쳐 올려 샌드위치로 만들고 버터를 발라서 보기 좋은 갈색이 될 때까지 굽습니다. 저는 이 영화를 보면서 "와, 맛있겠다……." 하며 군침을 흘렸고 그날 집에 돌아오자마자 이 샌드위치를 만들어 보았습니다. 간단하지만 정말 맛이 있었습니다.

이 영화를 제작하는 과정에서 요리 지도를 해 준 사람은 사실 로이 최라는 사람이었습니다. 로이 최는 한국 요리와 멕시코 요리를 융합해 한국식 불고기가 들어간 타코를 만들어 크게 유행시켰으며, 푸드 트럭이 성황을 이루게 한 주역으로 유명합니다.

푸드 트럭이 미국에서 유행하게 된 계기는 바로 2008년 금융 위기입니다. 금융 위기를 겪고 난 다음에 레스토랑 업계는 큰 불경기에 빠졌으며, 이 때문에 저렴한 푸드 트럭이 크게 늘어났습니다.

푸드 트럭은 창업 비용이 일반적인 레스토랑을 여는 것보다 훨씬 적게 들기 때문에, 비싼 내부 인테리어 비용을 들여야 하는 레스토랑보다 저렴한 비용으로 창업할 수 있는 장점이 있습니다. 손님들 입장에서도 저렴한 식사를 원하므로, 레스토랑보다 푸드 트럭을 선택할 확률이 높습니다.

푸드 트럭의 원형은 미국 뉴욕에서 스트리트 벤더라고 불리던 포장마차였습니다. 스트리트 벤더가 핫도그, 햄버거, 인도 요리 등 기본적인 식사를 제공했던 데에 반해 푸드 트럭은 새로이 시작하는 사람들이 많아서, 제공하는 요리의 폭이 훨씬 넓어졌습니다. 예를 들어서 '유기농 식재료만 사용해서 만든 햄버거'라든가 '프랑스 셰프가 제공하는 세련된 요리'라든가, 레스토랑 못지않은 맛을 자랑하는 푸드 트럭도 많이 등장했습니다.

게다가 트위터나 페이스북이 보급되면서 지금까지는 이동 중일 때에는 알 수 없었던 푸드 트럭의 위치를 SNS로 바로 전송할 수 있게 되었습니다. 영화 「아메리칸 셰프」에서도 셰프의 아들이 스마트폰으로 "오늘은 ○○ 거리로 갑니다!"라고 트위터에 올리면, 사람들이 그 정보에 맞추어 찾아오는 장면이 재미있게 묘사되어 있습니다.

푸드 트럭의 경우에는 트윗을 올리는 타이밍도 매우 중요합니다. 이전에 《매셔블》이라는 미국의 미디어에서 '릭쇼 덤플링'이라는 뉴욕의 만두 푸드 트럭을 소개한 적이 있습니다. 《매셔블》에서는 오전 중에 오피스 거리의 사람들이 "오늘은 어디에서 점심 식사를 할까?"라는 생각을 할 때, 오늘의 요리와 그 위치 정보를 정확하게 트윗하고 있다는 사실을 소개하기도 했습니다. 때로는 다른 지역에서 오후 늦게, 사람들이 간식을 찾는 시간에 트위터를 통해 정보를 전송하기도 합니다. 단순히 살아 있는 생생한 체험을 제공할 뿐만 아니라, 그 지점에서부터 사람들과 고정적인 유대 관계를 형성해 가는 것입니다. 이동하는 포장마차는 어쩌다 한 번 만나서 그 음식을 먹게 된다는 이미지가 강하기 때문에 강렬하고 생생한 체험이 될 수도 있습니다. 이와 같은 푸드 트럭의 존재는 이렇듯 생생한 체험을 기점으로 삼아, 그곳에서 지속적으로 커뮤니케이션을 해 가면서 포장마차와 손님이 서로 인연을 만들어 갑니다. 이것은 매우 흥미로운 방향이라고 생각합니다.

사람을 이어 주는 포괄적 프로세스

미국의 첨단 미디어인 《버즈피드》의 창업자 조나 페레티는 이런 말을 했습니다. "기사와 동영상은 개인에게 최적화된 것이 아니라서, 어떠한 기사와 동영상을 독자가 모두와 공유하고 싶어 하는가에 포커스를 두어야 합니다."

이것은 한 개인을 향해 정보를 전송하는 것이 아니라, 친구나 공동체를 향해 정보를 전송한다는 사고방식입니다. 여기서 앞서 기술한 두 가지의 서로 전혀 다른 방향성 문제에 대한 해결의 실마리를 발견할 수 있었습니다.

'빅데이터를 통해 정보가 정제되어 정확하게 제공되는 것'과 '우리의 사생활이 침해되는 느낌이 들지 않는 것'

이 두 가지의 서로 전혀 다른 방향성을 해결하기 위해서는 공동체라는 개념을 그 사이에 끼워넣으면 됩니다. 우리 한 사람 한 사람에게 정확한 정보를 개인화해 보내는 것이 아니라, '우리'라는 친구, 공동체에게 정확하게 보내는 것입니다. 이에 따라서 사생활 문제는 해소될 수 있는 것입니다.

나아가 이 두 가지가 교차하는 지점에서는 미디어의 의미도 변화하게 됩니다. 조나 페레티는 이런 말도 했습니다. "《버즈피드》는 단순한 미디어가 아닙니다. 뉴스, 동영상, 라이프 스타일 등 다양한 콘텐츠를 웹, 모바일, 애플리케이션 등을 경유해 전송하는 '포괄적인 프로세스'입니다."

미디어가 아니라 프로세스라는 것입니다. 지금까지 우리가 알고 있던 텔레비전, 잡지, 신문, 라디오와 같은 매체만을 의미하는 것이 아니라, 인터넷은 이보다 더 큰 규모로 변화해 갈 것입니다. 사람들을 한데 모으고, 그곳에 사람들 사이의 유대, 개인으로서의 만족 등, 모두가 찾고 있는 결과를 만들어 내기 위해 버팀목이 되는 이미지입니다. 미디어의 변화는 여기에서도 화제가 되고 있습니다.

인터넷에서 읽은 기사를 페이스북이나 트위터에 공유하는 행위는 이제 아주 일상적인 일이 되었습니다. 기사를 읽고, "아, 이 기사 재미있는데? 모두에게 알렸으면 좋겠다." 하는 생각이 들면 바로 공유합니다. 다시 말해서 기사와 동영상은 인터넷 이용자 한 사람 한 사람에게만이 아니라, 사실 그 한 사람 한 사람의 저편에 있는 가족, 친구, 지인을 향해서도 전송되고 있습니다.

오해해서는 안 되는 것은 기업이 미디어 공간 전체를 밀접하게 설계하고 관리하고 지배하는 것이 아니라는 점입니다. 애초에 기업이 일방적으로 관리할 수도 없습니다. 기업과 우리의 상호 작용에 의해 이 공간은 형성되고 운영되는 것으로 인식해야 합니다.

"우리가 문화를 전달한다는 감각이 아니라, 우리가 문화에 도움을 주기 위해 거들어 주는 것이 아닐까 생각합니다." 오이식스의 사장인 다카시마 고헤이 씨도 이렇게 언급했습니다.

건전한 일상과 거기에서 조금 벗어난 비일상, 그곳에서 만들어지는 강렬하고 생생한 체험과 공동체 의식, 이들 모든 것을 한데 모아서 기업과 사람, 사람과 사람을 이어 주는 문화로서의 미디어 공간. 이것이야말로 미디어의 미래상이며, 우리의 건강한 일상인 생활을 지탱해 주는 시스템이 되어 가는 과정이라고 생각합니다.

21세기의 사고방식, 놈코어

그러면 이 책의 주제도 이 시점에 이르러 마침내 마지막 단계를 맞이하게 되었습니다. 일단 여기에서 지금까지의 논의에 대해 정리해 보겠습니다.

20세기의 사고 체계는 크게 두 가지로 나뉘어 있었습니다. 대중 소비 사회 속에서 성공한 부자를 목표로 삼은 '위로, 위로' 향하고자 하는 출세 지향. 대중 소비 사회를 멸시하고 쿨한 저항을 추구하는 '밖으로, 밖으로' 향하려는 아웃사이더 지향입니다.

그러나 금융 위기와 대지진을 거치면서 21세기 일본인의 새로운 사고 체계는 '위로, 위로' 향하는 것도 아니고, '밖으로, 밖으로' 향하는 것도 아닙니다. 새로운 방향을 찾고 있습니다.

새로운 방향이란 소유하는 물건을 줄이고, 쾌적하고 활동하기 편한 옷을 입고, 가벼운 차림으로 이동하면서, 세계와 직접 이어지는 맨몸의 감각을 가지는 것입니다. 그리고 우리 스스로가 직접 다른 사람과, 도시와 연결되어 안과 밖을 구별하지 않는 열린 공동체의 체험을 만들어 가는 것입니다. 다시 말하자면 '옆으로, 옆으로' 향해 나아가는 네트워크를 지향하는 것입니다.

기업과 기술이 '함께 달리는 존재'가 되어 사람들의 이러한 스타일을 지탱하는 것입니다. 이것이 새로운 미디어의 문화 공간을 만들어 갑니다.

큰 성공을 하는 것이 아니고, 반항아를 자처하는 것도 아니라, 지금 여기에 있는 현재의 생활 자체에 애착을 갖고 소중히 여기려는 것입니다. 매일매일 마음 편안한 삶과 생활을 보내고 싶은 것입니다. 나아가 자신도 이 사회의 한 사람이라는 것을 자각하고, '나 자신도 사람들과 똑같다는 것', '많은 사람들과 이어져 있다는 것'을 깨닫습니다. 그런 공동체로의 회귀가 시작되는 것입니다. 그리고 모두가 함께 이 대중 소비 사회를 기분 좋게 업데이트해 가는 것이 지금 우리에게 매우 중요한 일입니다. '옆으로, 옆으로' 향하는 감각은 우리의 시대정신까지도 변화시켜 갈 것입니다.

미국에서 만들어진 '놈코어(Normcore)'라는 용어가 있습니다. 직역하면 노멀(normal)한 코어(core), 즉 '보통이라는 핵심'이라는 의미입니다. 다시 말해서 화려한 패션이 아니라, 보통의 셔츠, 보통의 바지, 보통의 구두를 평범하게 입는 것이 좋은 것이라는 사고방식입니다.

놈코어는 일반적으로 패션 용어로 쓰이는데요. 패션 업계에서는 이것을 "앞으로는 운동복을 일상복으로 입게 될 것이다."라고 보고 유행의 하나로 파악하는 사람들도 있습니다.

그러나 놈코어는 이러한 피상적인 개념이 아닙니다. 인간의 삶의 방식이나 관계가 변화해 갈 것이라는 철학적인 의미가 담겨 있습니다. 이 용어를 만든 것은 미국 뉴욕에서 활동하고 있는 '케이홀'이라는 그룹으로, 2013년에 발표한 「유스 모드: 자유에 관한 보고서」라는 글에서 처음 사용했습니다.

그렇다면 보통이라는 것은 어떠한 것일까요? "대중 소비 사회에서 사람들은 몰개성이 되어 비슷비슷한 옷만을 입고 다닌다." 이렇게 이미 고정 관념이 된 인식도 있습니다. 그러나 이것은 역사적 인식에서 보면 잘못된 것이며, 대중 소비 사회야말로 개성을 다양하게 만들어 주었습니다.

대중 소비 사회 이전에는 농부는 농부의 옷을 입고, 대장장이는 대장장이의 복장을 하고 있었으며, 노동자는 노동자의 제복을 입었습니다. 실제로 일본에서도 1960년대 무렵까지 성인, 특히 남성의 패션은 매우 수수했습니다.

1950년대부터 1960년대에 걸쳐서 제작된 오즈 야스지로 감독의 영화 등을 보아도 한눈에 알 수 있습니다. 영화를 보면 화이트칼라 남성들은 외출할 때 대개 정장을 입습니다. 당시에는 양복이라고 했습니다. 회사에 갈 때에도, 여행을 갈 때에도, 외식을 하러 나갈 때에도, 대체로 이 복장이었습니다. 한편으로 공장 등에서 일하던 블루칼라인 경우에는 낫파후쿠라는 옅은 파랑이나 베이지색의 작업복이 일반적이었습니다. 십 대의 젊은이들도 마찬가지로, 외출할 때에는 대부분 교복을 입었습니다. 그리고 화이트칼라든 블루칼라든 집에 돌아오면 유카타나 파자마로 옷을 갈아 입었습니다. 당시는 저지나 트레이닝복과 같은 실내복이 없었던 시대이므로, 편안한 옷은 유카타나 파자마가 전부였습니다.

그러나 1950년대 말부터 고도 경제 성장이 시작되어, 사람들의 생활이 풍요로워지고 대중 소비 사회가 실현되면 사람들의 패션은 개성 있고 다양해졌습니다. 대중 소비 사회가 완성되는 1970년대에 들어서면, 청바지, 컬러 셔츠, 프린트 티셔츠와 같은 다채로운 색깔의 캐주얼 패션이 남성들 사이에서도 유행하기 시작했습니다.

미국에서는 1960년대 후반, '피콕 혁명'이라는 개념도 나왔습니다. 베이비붐 세대의 성장과 함께 화려하고 다채로운 색깔의 패션을 선보이는 남성들이 나타났으며, 이러한 현상을 수컷 공작에 비유하면서 등장한 개념입니다.

이처럼 패션의 다양화와 개성화는 사실 대중 소비 사회의 실현과 더불어 나타난 것입니다. 대중 소비 사회야말로 실은 개성을 실현하는 동력이었던 것입니다.

대중 소비 사회는 선진국에서 1970년대에 거의 완성되었으며, 이에 발맞추듯이 '개성 있는 것'이 미덕으로 자리하면서 크게 유행하게 된 것입니다.

자유를 만드는 궁극의 보통

그런데 여기서 하나의 모순이 발생합니다. 그것은 바로 개성적이려 하면 할수록 세상에는 개성 있는 사람들로 넘쳐나서, 오히려 눈에 띄지 않게 되어 버린다는 모순입니다.

모두가 회색 제복을 입고 있는데 한 사람만 새빨간 사복을 입고 있으면 눈에 띄지만, 모두가 제각기 화려한 원색의 옷을 입고 있다면, 그 안에서 새빨간 옷을 입고 있다 해도 그다지 눈에 띄지 않습니다. 바로 이러한 일이 발생하고 마는 것입니다.

그렇더라도 개성적이려면, 예를 들어 액세서리를 특이한 것으로 바꾸거나 신경을 많이 쓰면서 세세한 디테일을 달리하려는 경향을 보일 수밖에 없습니다. 그러나 이 역시 "나는 개성적입니다."라고 주장하더라도, 다른 사람들은 무엇이 개성적이라는 것인지 도통 알 수가 없습니다.

이러한 상황을 앞에서 소개한 글인 「유스 모드: 자유에 관한 보고서」에서는 '매스 인디'라는 용어로 표현했습니다. 개성적인 것, 독자적인 것이 대중적인 것이 되었다는 의미입니다.

이제 더 이상 개성적이고 독자적인 것은 의미가 없습니다. 그렇기 때문에 이 글에서는 개성적일 필요가 없다, 그냥 평범해도 된다고 주장했습니다.

이것이야말로 놈코어의 철학입니다. 억압되어 있는 시대에는 억압으로부터 해방되는 것에 의미가 있습니다. "국왕의 절대적 지배에서 해방되고 싶다.", "노예에서 해방되고 싶다.", "봉건적 제도에서 해방되고 싶다.", "회색 제복을 강요받는 것에서 해방되고 싶다.", "학교 교복에서 해방되고 싶다."

이러한 해방은 선진국에서는 많은 부분 실현되었습니다. 물론 부분적으로 억압은 아직 많이 남아 있습니다. 더구나 일본의 비정규직 고용의 문제로 상징되듯이, 해방이 자유를 가져다주지 않은 채 불안만 떠안기는 상황을 야기하고 있습니다. 이는 자유라는 것의 근본적인 문제로, 해방되면 모든 문제가 해결될 것이라는 기대를 극단적으로 보여 주는 것입니다.

다시 말해서 해방은 목적이 아닙니다. 해방되어도 문제는 해결되지 않는다는 것을 알게 되면, 해방은 목적이 되지 않는다는 것을 인식하게 됩니다.

영국의 사회학자 앤서니 기든스는 20세기 후반 이후, 해방이 가장 문제라고 지적했습니다. 기든스는 정치도 영향을 크게 받는다고 언급했습니다. 억압이 많았던 시대에는 해방을 목적으로 하면 되었습니다. 이것을 기든스는 '해방의 정치'라고 불렀습니다.

그러나 해방의 정치는 21세기인 지금, 더 이상 유효하지 않습니다. 기든스는 앞으로 우리가 어떻게 다른 사람들과 관계를 형성하고, 어떻게 환경과 대면하고, 자기 자신을 어떻게 만들어 갈 것인지 논의해 가는 시대가 될 것이라고 주장하면서, 이것을 삶의 정치라고 부르고 있습니다. '생활의 정치', '생명의 정치'라는 의미입니다.

공동체의 재구성

놈코어의 철학도 기든스의 삶의 정치와 같은 흐름의 멜로디를 연주하고 있습니다. 억압으로부터의 해방이 의미를 갖지 못하는 오늘날에는 개성적이거나 독자적인 것을 좋아도 무의미합니다. 이 시대는 그런 것보다는 다른 사람들과의 관계 형성에 더 큰 무게 중심이 쏠려 있는 것입니다.

「유스 모드: 자유에 관한 보고서」에는 이렇게 기술되

어 있습니다. "'타인과 다르다'는 것이 한계점에 이르면, 정말로 멋진 것은 '모두 같다'는 것의 극단이다." 독자적인 것이 멋지다는 스타일을 넘어서 '모두 똑같은' 정통파 스타일이 도래하는 것입니다.

예전에는 사람들이 농촌이나 종신 고용 형태의 회사라는 공동체 안에서 살면서 공동체에 얽매여 그곳으로부터 탈출할 자유를 원했습니다. 그렇기 때문에 자신의 개성을 찾으려고 했지요. 그러나 21세기에 사람들은 개인으로 태어나며 자신이 속하게 될 공동체는 더 이상 눈앞에 존재하지 않습니다. 그렇기 때문에 스스로 직접 자신이 속하려는 공동체를 찾아 나서야 하는 것입니다. 공동체와 자유의 관계가 예전과 지금은 완전히 달라졌습니다.

「유스 모드: 자유에 관한 보고서」에는 이렇게 기술되어 있습니다. "누군가가 되겠다(to become someone)가 아니라, 누군가와 함께 있는 것(to be with anyone)입니다." 동경의 대상인 멋진 누군가가 되기 위해서 자유를 갈구하는 것이 아니라, 그저 좋아하는 사람들과 함께 있을 수 있는 삶을 실현하는 것이야말로 중요하다는 것입니다.

개성이라는 것이 스스로 자신의 인생을 개척해 가는 자유로 이어지는 여정이었던 시대도 있었습니다. 그러나 자유를 실현할수록 우리는 더 고독해졌던 것도 사실입니다.

따라서 놈코어의 세계에서 우리는 '고독하지 않을 자유'를 찾고 싶어 합니다. 개성적인 것이 아니라 평범한 것에서 새로운 해방감을 느끼고, 평범함이 다른 사람과의 새로운 연결 고리를 만들어 내는 것입니다.

이러한 미래에 우리는 새로운 공동체를 다시 만들어 낼 것이며, 그곳에서 우리의 마음 편안한 생활이 조용히 이루어질 것입니다.

모든 것은 공동체로 향한다

느긋하고 느슨하게, 귀찮고 성가신 일들을 던져 버리고 마지막으로 남는, 자기 자신이 좋아하는 것에 온 마음을 쏟고 의식을 집중하는 것. 저는 부엌일은 밑 손질에서부터 조리, 테이블 세팅, 설거지까지 모든 과정을 좋아하기 때문에, 부엌에 있을 때에 '지금 이 순간에 모든 의식을 쏟아붓는' 상태를 즐깁니다.

식사를 마치고, 설거지를 하고, 마른 행주로 물기를 깨끗이 닦습니다. 커피 원두를 갈아 프렌치 프레스로 커피를 내리고, 포트와 커피밀도 깨끗이 씻어서 말립니다. 마지막으로 싱크대와 가스레인지도 말끔하게 닦고, 모든 것을 정리하고 행주를 빨아 널어놓습니다.

그러고 나서 커피를 천천히 마시면서 책상 앞에 앉아서 일을 시작합니다. 이 순간, 저는 '자, 지금이야말로 나의 세계가 시작된다.'라는 생각에 사기가 올라갑니다.

미래의 풍요로운 생활을 꿈꾸는 것이 아니고, 지금의 일상생활을 소홀히 하는 것도 아닙니다. 그저 지금 여기에 살아 있다는 것, 그리고 이러한 삶이 한 층씩 쌓이는 것을 소중히 여기며 사는 것입니다.

우리 안에 축적되어 온 소중한 생활은 우리가 살고 있는 인생이나 과거의 추억, 애정이나 슬픔과 밀접하게 연결되어 있습니다. 십 대 시절에 즐겨 듣던 음악을 추억하면서 듣는 것처럼, 소박해도, 오래됐어도 좋습니다. 소소하고 사소한 생활 속 추억이 우리가 살아가는 원천이 됩니다.

이를테면 저는 추억이 어려 있는 그리운 커피숍의 나폴리탄 스파게티를 자주 떠올립니다. 이 요리는 제 사춘기 시절의 달콤한 추억을 떠올리게 하는 직접적인 연결 고리입니다.

나폴리탄 스파게티의 면은 알덴테의 쫄깃쫄깃 매끈매끈한 식감이 아니라, 부드럽고 차진 식감이 어울립니다. 이러한 식감은 미국의 영향일 것입니다. 알덴테를 중요하게 생각하는 이탈리아와 달리 미국에서는 푹 삶아 흐물흐물한 파스타를 더 많이 먹습니다. 1930년대 미국 해군의 요리책에는 파스타를 삶는 시간이 삼십 분 정도로 기록되어 있다고 합니다. 미국 문화가 태평양 전쟁 이후에 연합군 주둔과 함께 일본에 들어와 정착하면서 나폴리탄 스파게티가 탄생한 것입니다.

그 당시에 세모리나 밀가루는 아직 귀해서, 시중에는 박력분으로 만든 두꺼운 스파게티 면이 판매되었습니다. 어린 시절, 슈퍼마켓의 냉장 코너에 꼭 한 자리를 차지하고 있었던 '마마 스파게티'를 볶아서, 피망과 양파, 비엔나소시지까지 넣어서 어머니가 나폴리탄 스파게티를 만들어 주셨던 기억이 떠오릅니다. 이 마마 스파게티는 이미 삶아 놓은 면을 냉장 처리한 것으로, 가루로 된 케첩 소스가 작은 비닐 백에 담겨 함께 들어 있었습니다.

저는 1961년에 태어나 1970년대 후반에 시골에서 고등학교를 다녔습니다. 아이치현의 오카자키라는 오래되고 조용한 도시에 있는 고등학교였습니다.

그 당시 오카자키 같은 작은 도시에는 세련된 카페는커녕 패밀리 레스토랑조차 존재하지 않았습니다. 방과 후에 들를 만한 곳은 커피숍밖에 없었습니다. 그 커피숍에서 커피를 블랙으로 주문해서 마셔 보기도 하고, 레몬스쿼시('레스카'라고 줄여 부르는 것이 좀 마셔 본 느낌도 나고 멋져 보였습니다.)나 크림소다를 마시는 것이 무리해서 어른인 체하던 고교생의 일상이었습니다.

커피숍에서는 경양식도 판매하고 있었습니다. 피자 토스트, 나폴리탄 스파게티, 필래프 등이 메뉴에 있었어요. 대개는 케첩으로 맛을 낸 냉동식품이었는데 지금 생각하면 싸구려 음식이었다는 생각이 듭니다.

그로부터 오랜 시간이 흘러 거품 경제 시기를 거치며 일본의 요리는 크게 진화했습니다. 스파게티는 파스타로 총칭하게 되었으며, 케첩 맛이 느껴지는 면 요리를 먹을 일도 이제는 없습니다. 생토마토를 이용해서 만든 소스를 가정에서도 자연스럽게 먹을 수 있게 되었습니다.

하지만 때로는 그립기도 하고 조금은 부끄럽기도 한 1970년대의 포크 음악을 듣듯이, 그 시절의 나폴리탄 스파게티가 먹고 싶어질 때가 있습니다.

추억의 옛날 맛

나폴리탄 스파게티

파스타는 1.9밀리미터의 두꺼운 스파게티 건면을 준비합니다. 면을 봉지에 표시된 시간대로 삶습니다. 보통은 씹는 맛이 있는 알덴테로 하고 싶어서 짧은 시간 안에 삶지만, 나폴리탄 스파게티는 면이 조금 부드러워야 맛있습니다. 전에 나폴리탄 스파게티로 텔레비전에 소개된 유명 식당은 심지어 면을 전날 삶아서 하룻밤 재워 둔다고 설명했습니다. 지금 만드는 것은 집에서 먹을 것이니까 그렇게까지 신경을 쓸 필요는 없겠지요.

면을 삶는 동안에 소스를 만듭니다. 프라이팬에 잘게 썬 마늘을 많다 싶을 정도로 넣고 올리브유와 함께 약한 불에서 볶습니다. 좋은 향이 나기 시작하면, 채 썬 양파와 작게 썬 소시지, 다진 베이컨을 넣고 더 볶습니다. 양파가 투명해지면 토마토를 통째로 큼직하게 썰어서 넣고, 토마토의 모양이 뭉개질 때까지 푹 조립니다. 소금으로 간을 하고 케첩을 두 스푼 정도 넣어서 맛을 조절합니다. 잘게 썬 피망을 넣고 아주 잠깐 약 일 분 정도 가열한 다음, 다 삶은 면을 넣고 잘 섞어 주면 완성입니다.

맛의 베이스를 마늘과 생토마토로 내어서, 케첩의 알싸한 맛이 부드러워지면서 자연스러운 산미를 즐길 수 있습니다. 피망을 넣으면 그 시점부터 바로 옛날 추억의 나폴리탄 스파게티의 맛이 나서 정말 신기합니다. 아, 정말 맛있습니다.

나폴리탄 스파게티를 만들어 먹을 때마다 저는 오래전 청춘 시절의 나날들이 생각납니다. 커피숍의 오래된 테이블, 집 부엌에 놓여 있던 꽃무늬 보온병, 고등학교에 들어가서 처음으로 선물 받은 반짝반짝 윤이 나던 밤색 가죽 구두의 광택, 학교 중정의 잔디밭에서 열변을 토하던 친구의 하얀 셔츠. 나폴리탄 스파게티의 맛과 냄새가 추억과 밀접하게 이어져 있어서, 당시의 일들이 영화처럼 눈앞을 스칩니다. 음식은 달콤한 기억입니다.

생활은 이러한 '달콤한 기억'을 하나씩 쌓아 가는 것일지도 모르겠습니다. 때로는 자기 혼자서, 때로는 연인이나 가족과, 때로는 친구들이나 동료들과, 그리고 때로는 우연히 만난 모르는 사람들과 함께 말이죠.

기억은 이렇게 쌓여서 우리 생활의 정신적 지주처럼, 생활을 지탱해 주는 '지팡이'처럼 존재하는 것이 아닐까 생각해 봅니다. 이렇게 존재하는 '지팡이'가 나와 내 주위 사람들의 인생을 만들어 갑니다. 매일매일의 소소한 시간을 소중히 여김으로써 쌓이는 것들은 이윽고 보물이 되어 갑니다.

2016년 서점 대상을 수상한 『양과 강철의 숲』은 피아노 조율사들의 군상을 묘사한 미야시타 나츠의 훌륭한 소설입니다. 이 책 속에 주인공의 선배인 조율사 야나기라는 인물이 등장합니다. 다정하고 성실해 주인공인 도무라 군을 잘 이끌어 주는 존재입니다만, 야나기 씨를 잘 아는 한 여성은 야나기에 대해서 이렇게 평가합니다.

"다정하고 성실한 사람으로 키우기까지 정말 힘이 들었거든요. 신경과민이어서 사춘기 특유의 증폭 장치가 달려 있었던 거지요. 그럴 때에는 무엇을 보든 기분이 나빠져서, 머리를 감싸고 금방이라도 토해 낼 듯이, 필사적으로 피난할 곳을 찾았어요."

그런 야나기가 마지막으로 구원을 받은 것은 메트로놈의 존재였다고 합니다. 메트로놈은 아날로그이면서 태엽 방식으로 되어 있어서, 재깍 재깍 재깍 재깍 소리를 내며 정확한 리듬을 알려 주는 도구입니다. 메트로놈의 소리를 듣고 도무라 군은 마음속으로 이런 생각을 했습니다.

무엇인가에 의지해, 그것을 지팡이로 삼아 일어서는 것. 세계를 질서 있게 만들어 주는 것. 그것이 있어서 살아갈 수 있는 것. 그것이 없으면 살아갈 수 없는 것. 바로 그런 것.

우리는 이 불안과 혼란의 시대에 야나기의 메트로놈 같은 '지팡이'가 필요할 것입니다. 정성을 기울여 생활을 한 층씩 쌓아 나가면서, 우리의 달콤한 추억도 기억의 서랍 속에 쌓아 가고, 그 풍부한 것들이 우리를 서로 이어 주면서, 우리의 인생 그 자체가 되어 가는 것입니다.

이 책의 취재와 인터뷰는 2014년부터 2016년에 걸쳐서 중단되기도 하고 다시 이어지기도 하면서 진행되었습니다. 그 중심에 있었던 것은 식재료 네트워크 판매 기업인 오이식스의 장기 취재입니다. 오이식스의 관계자 여러분께 진심으로 감사드립니다.

또한 제가 주재하는 유료 회원제 커뮤니티인 '라이프 메이커스'에 올려 주셨던 많은 분들의 이야기도 이 책에 아주 많이 실렸습니다. '21세기의 새로운 교양을 체득한다.'를 모토로 삼는 이 커뮤니티는 2015년 봄에 개설된 이래 매월 두 분의 게스트를 초청하고 있으며, 이 밖에도 여러 분을 인터뷰를 하고 있습니다. 이 책에 등장하는 다음 분들(등장 순)의 이야기는 '라이프 메이커스'에서의 대담과 취재에 기초한 것입니다.

편집자 스가츠케 마사노부 씨, 《생활 수첩》 전 편집장이자 웹 미디어 《생활의 기본》의 편집장 마츠우라 야타로우 씨, 길을 떠나는 채소 가게 '미코토 청과 상회'의 스즈키 뎃페이 씨, '하이커스 데포'의 대표이자 울트라 라이트 하이킹의 전도사인 츠치야 도모요시 씨, 『나는 단순하게 살기로 했다』의 저자인 미니멀리스트 사사키 후미오 씨, 부동산 컨설턴트 나가시마 오사무 씨, NPO '그린즈'의 대표이자 작은 집에 사는 스즈키 나오

씨, 이케부쿠로 '로열 아넥스'의 건물주 아오키 준 씨, '미스미 에코 빌리지'의 대표 구도 신쿠 씨, 미디어 아티스트 오치아이 요이치 씨, '북유럽, 생활 도구 가게'의 아오키 고헤이 씨.

이 책은 2015년 가을부터 집필을 시작해 세 차례에 걸친 대폭적인 전면 수정을 거쳐서 2016년 9월 초에 마침내 탈고했습니다. 도중에 "으음, 이번 원고는 완전히 망했어……"라면서 절망하기를 수차례 거듭했습니다. 하지만 최종적으로 아주 만족할 수 있는 내용으로 완성되어서 스스로도 기쁘게 생각하고 있습니다.

책의 내용에 공감해 주시는 분이 한 분이라도 늘어나기를 기대하며.

사사키 도시나오

ジョセフ・ヒース, アンドルー・ポター,『反逆の神話 カウンターカルチャーはいかにして消費文化になったか』, 栗原百代 譯, NTT出版 (『혁명을 팝니다』, 마티, 2006)

カレ・ラースン,『さよなら, 消費社會 カルチャー・ジャマーの挑戦』, 加藤あきら 譯, 大月書店

ナオミ・クライン,『ブランドなんか, いらない 搾取で巨大化する大企業の非情』, 松島聖子 譯, はまの出版 (『슈퍼 브랜드의 불편한 진실』, 살림Biz, 2010)

デイビット・ブルックス,『アメリカ新上流階級 ボボズ ニューリッチたちの優雅な生き方』, セビル楓 譯, 光文社 (『보보스』, 동방미디어, 2001)

群ようこ,『かもめ食堂』, 幻冬舍 (『카모메 식당』, 푸른숲, 2011)

シンシア・カドハタ,『きらきら』, 代田亞香子 譯, 白水社

米沢亞衣,『イタリア料理の本』, アノニマ・スタジオ

山本盆博,『美食の世界地圖 料理の最新潮流を訪ねて』, 竹書房新書

青果ミコト屋(鈴木鐵平, 山代 徹),『旅する八百屋』, アノニマ・スタジオ

上阪 徹,『成城石井はなぜ安くないのに選ばれるのか?』, あさ出版

ソレン・ゴードハマー,『シンプル・ライフ 世界のエグゼクティブに學ぶストレスフリーな―き方』, 黑輪篤嗣 譯, 佐々木俊尚 監修, 翔泳社 (『위즈덤 2.0』, 쌤앤파커스, 2016)

佐々木典士,『ぼくたちに, もうモノは必要ない。』, ワニブックス (『나는 단순하게 살기로 했다』, 비즈니스북스, 2015)

大平 健,『豊かさの精神病理』, 岩波新書

地曳いく子,『服を買うなら, 捨てなさい』, 寶島社 (『옷을 사려면 우선 버려라』,

YUNA, 2016)

安倍夜郎,『深夜食堂』, 小學館 (『심야식당』, 미우, 2008)

山本理顯,『權力の空間 / 空間の權力 個人と國家の<あいだ>を設計せよ』, 講談社

R. J. ミッチェル,『ロンドン庶民生活史』, リーズ, 松村 赳 譯、みすず書房

ジャン・ジャック・ルソー,『エミール‘上・中・下’』, 今野一雄 譯, 岩波文庫 (『에밀』, 한길사, 2003)

エドワード・グレイザー,『都市は人類最高の発明である』, 山形造生 譯、NTT出版 (『도시의 승리』, 해냄, 2011)

ビル・モリソン, レニー・ミア・スレイ,『パーマカルチャー 農的暮らしの永久デザイン』, 田口恒夫, 小祝慶子 譯, 農山漁村文化協會

島崎今日子,『安井かずみがいた時代』, 集英社

佐々木俊尚,『レイヤー化する世界 テクノロジーとの共犯關係が始まる』, NHK出版新書

宮下奈都,『羊と鋼の森』, 文藝春秋 (『양과 강철의 숲』, 위즈덤하우스, 2016)

느긋하게 밥을 먹고
느슨한 옷을 입습니다

1판 1쇄 찍음 2019년 11월 15일
1판 1쇄 펴냄 2019년 11월 22일

지은이   사사키 도시나오
옮긴이   이언숙
발행인   박근섭·박상준
펴낸곳   (주)민음사

출판등록   1966. 5. 19. 제16-490호
            서울시 강남구 도산대로 1길 62(신사동)
            강남출판문화센터 5층(06027)
대표전화   02-515-2000   팩시밀리 02-515-2007
홈페이지   www.minumsa.com

한국어판   ©㈜민음사, 2019. Printed in Seoul, Korea

ISBN 978-89-374-4362-6 (03330)